C·H·Beck
PAPERBACK

Joseph Croitoru

Die Hamas

Herrschaft über Gaza,
Krieg gegen Israel

C.H.Beck

Mit 1 Karte. © Peter Palm, Berlin

2. Auflage. 2024

Originalausgabe

www.chbeck.de
Umschlaggestaltung: geviert.com/Christian Otto
Umschlagabbildung: Von den Qassam-Brigaden, dem bewaffneten Arm der Hamas,
zerstörter israelischer Panzer an der Grenze zum Gazastreifen, 7. Oktober 2023.
© Abed Rahim Khatib/Anadolu Agency/picture alliance
Satz: C.H.Beck.Media.Solutions, Nördlingen
Druck und Bindung: Druckerei C.H.Beck, Nördlingen
Printed in Germany
ISBN 978 3 406 81697 0

myclimate

verantwortungsbewusst produziert
www.chbeck.de/nachhaltig

Inhalt

ANHANG

Einleitung

Am 7. Oktober 2023 wurde das israelische Grenzgebiet zum Gazastreifen Ziel eines terroristischen Überfalls, dessen Ausmaß an Gewalt und Brutalität in Israels Geschichte beispiellos war. Etwa zweitausendfünfhundert bewaffnete palästinensische Terroristen stürmten, gefolgt von einem Mob aus mehreren Hundert Zivilisten, knapp ein Dutzend israelische Militärbasen und fast dreißig Gemeinden und richteten ein verheerendes Blutbad an. Die Invasoren konnten den Hightech-Grenzzaun, der in Israels militärischen und politischen Führungskreisen als unüberwindbar galt, an zahlreichen Stellen offenbar mit Leichtigkeit durchbrechen. Die israelische Selbstüberschätzung hatte auch dazu geführt, dass nahe der Grenze erstaunlich wenig Truppen stationiert waren. Hinzu kam, dass die Militärbasen wegen des jüdischen Feiertags «Freude der Thora» unterbesetzt waren. Die wenigen israelischen Verteidiger, ob Soldaten in den Militärstützpunkten oder in sogenannten Bereitschaftstrupps organisierte bewaffnete israelische Zivilisten, leisteten den Angreifern zwar Widerstand. Sie konnten das Massentöten aber nicht verhindern. Die Terroristen, Mitglieder der Qassam-Brigaden der Hamas, der Al-Quds-Brigaden des Islamischen Dschihad und weiterer Milizen aus dem Gazastreifen, erschossen und massakrierten mehr als dreihundert israelische Soldatinnen und Soldaten und rund fünfhundert Zivilisten in den angegriffenen Ortschaften. Mehr als dreihundertfünfzig von etwa viertausendvierhundert Besuchern eines Musikfestivals, das in Grenznähe gerade stattfand, wurden ebenfalls Opfer eines Massakers. Vom Festivalgelände, den Militärbasen und aus den überfallenen Gemeinden wurden rund zweihundertfünfzig Menschen nach Gaza verschleppt.

Die israelischen Sicherheitskräfte waren schnell alarmiert, trafen aber an den angegriffenen Orten erst spät ein. Während die israelische Luftwaffe unverzüglich mit massiven Bombardements auf den Gazastreifen begann, brauchten die angerückten Armee- und Polizeieinheiten viele Stunden und bisweilen mehrere Tage, bis sie die letzten Terroristen in der Grenzregion ausschalteten. Etwa tausend Angreifer sollen getötet worden sein. Das Entsetzen über den Massenmord schien die zutiefst gespaltene israelische Gesellschaft mit einem Schlag zu einen. Zu dem Ruf nach Vergeltung gesellte sich schnell das Verlangen nach Rache, wie sie der von vielen für das Sicherheitsversagen verantwortlich gemachte israelische Ministerpräsident Benjamin Netanjahu noch während der letzten Kämpfe im Grenzgebiet versprach. Die Hamas – Alleinherrscherin im Gazastreifen seit 2007 und Hauptdrahtzieherin des Massakers – zu vernichten, wurde zum erklärten Ziel eines neuen Kriegs: eine weitere Antwort auf jenen terroristischen Zermürbungskrieg, den die islamistischen palästinensischen Kampfmilizen mit säkularen Verbündeten schon seit Jahrzehnten gegen Israel und seinen Besatzungsapparat führen.

Den Frieden, den die noch von Jassir Arafat geführte Palästinensische Befreiungsorganisation (PLO) und Israel 1993 schlossen, lehnten diese Radikalen von Anfang an ab. Die Islamische Widerstandsbewegung (arabisches Akronym: HAMAS), deren Geschichte in diesem Buch erzählt wird, war Ende 1987 im Gazastreifen auch mit dem Ziel gegründet worden, jeglichen palästinensischen Dialog mit den israelischen Besatzern zu torpedieren. Sie schrieb sich die Vernichtung des Staates Israel auf die Fahnen, die von der säkularen Rivalin Fatah, der dominanten Kraft innerhalb der PLO, inzwischen aufgegeben worden war. Die Hamas bediente sich dafür eines islamistischen und dschihadistischen Vokabulars, das ihren Ursprung in der Bewegung der ägyptischen Muslimbrüder bezeugte. Gegen den Friedensprozess zog die Hamas aber nicht nur mit Kampfparolen ins Feld. Die Islamisten-Organisation setzte schon in den frühen Neunzigerjahren Selbstmordattentäter ein, die sich in Israel in Bussen und auf belebten Plätzen in die Luft sprengten. In der schockierten und in ihrer

Selbstsicherheit zutiefst verletzten israelischen Gesellschaft ließen diese Terroranschläge ähnliche Rufe nach Vergeltung laut werden wie die heutigen. Solchen Rufen war Benjamin Netanjahu schon damals als Ministerpräsident gefolgt, als er die weitere Umsetzung der Oslo-Friedensverträge hinauszuzögern versuchte, aber schon nach drei Jahren abgewählt wurde. Hamas und Fatah, obgleich über das Verhältnis zu Israel zerstritten, kämpften in den Jahren der Al-Aqsa-Intifada zu Beginn des Jahrtausends für kurze Zeit Seite an Seite gegen ein zunehmend aggressives und wenig kompromissbereites Israel unter dem rechten Hardliner Ariel Scharon. Doch die Wege der beiden Rivalinnen trennten sich, als die Hamas 2006 die palästinensischen Wahlen gewann, die Macht mit der Fatah nicht teilen wollte und die säkulare Kontrahentin im Juni 2007 mit Gewalt aus dem Gazastreifen vertrieb.

Die Hamas, die zugleich politische Bewegung, Wohlfahrtsorganisation und Miliz ist, nutzte ihre Alleinherrschaft in Gaza, um die traditionell ausgerichtete palästinensische Gesellschaft des Gazastreifens noch weiter zu durchdringen und die militärischen Fähigkeiten ihrer Qassam-Brigaden auszubauen. Ihre Ziele, über alle Palästinensergebiete zu herrschen und nach Möglichkeit dem «zionistischen Wesen» ein Ende zu setzen, gab sie nicht auf, auch wenn sich ihre Anführer 2017 bereit erklärten, den vollständigen Rückzug Israels aus der Westbank als Grundlage für einen künftigen Dialog zu akzeptieren. Solche Signale der Mäßigung stießen jedoch in Israel, besonders bei Ministerpräsident Netanjahu, auf taube Ohren. In seiner langen Amtszeit rückte die israelische Parteienlandschaft immer weiter nach rechts. «Die Besatzung», wie Israel nicht nur von Palästinensern im Gazastreifen bezeichnet wird, festigte sich zunehmend, ob durch die strenge Abriegelung des Küstenstreifens oder den Ausbau der israelischen Siedlungen in der Westbank. Beides diente der Hamas und ihren verbündeten Milizen als Rechtfertigung dafür, Israel mit Raketen und das Grenzgebiet auch mit Mörsern zu beschießen. Jerusalem antwortete auf diesen wahllosen Beschuss immer wieder auch mit Bombardements von Wohngebieten im Gazastreifen. Sie wurden damit begründet, dass die Hamas Zivilisten und zivile Einrichtungen als

Schutzschilde missbrauche, und kosteten zwischen 2008 und September 2023 schon rund dreitausendachthundert palästinensische Zivilisten das Leben. Auf israelischer Seite waren im gleichen Zeitraum knapp hundertachtzig zivile Todesopfer zu beklagen. Sollte etwa der brutale Terrorangriff des 7. Oktober diese Asymmetrie aufbrechen? Durch Israels vernichtenden Gegenschlag wird sie jedenfalls aufrechterhalten, obwohl er sich offiziell nur gegen die Hamas und ihre Verbündeten richtet.

1.
Die wechselvolle Geschichte des Gazastreifens bis nach dem Sechstagekrieg 1967

Der Gazastreifen ist ein schmales dicht bebautes Küstengebiet am östlichen Mittelmeer. Er liegt zwischen Israel, das ihn größtenteils umgibt, und Ägypten, an das er im Süden grenzt, und ist rund 40 Kilometer lang und zwischen 6 und 14 Kilometern breit. Insgesamt umfasst er etwa 365 Quadratkilometer und ist damit knapp halb so groß wie die Fläche Hamburgs. Abgeriegelt von der Außenwelt leben dort etwa zwischen 2,2 und 2,3 Millionen Menschen.

Der Küstenstreifen, bei dem es sich um eine der heute am dichtesten besiedelten Regionen der Welt handelt, blickt auf eine jahrtausendealte Siedlungsgeschichte zurück. Ihre Anfänge liegen in prähistorischer Zeit. Einen ersten geschichtlichen Höhepunkt stellte die Herrschaft der alten Ägypter dar, die dort vom späten 4. Jahrtausend bis um die Mitte des ersten Jahrtausends v. Chr. regierten. In dieser Epoche war das Gebiet vom späten zweiten vorchristlichen Jahrtausend an vor allem von den Philistern bewohnt, einem Volk phönizischer Herkunft, das dort einen Städtebund gründete und mit dem alten Ägypten und den Königreichen Israel und Juda in einer Art Dauerkonflikt lag.

Vermutlich wurde bereits unter Pharao Ramses III. ein Teil der Philister aus der Region vertrieben. Als der babylonische König Nebukadnezar II. im Jahr 604 v. Chr. das Gebiet eroberte, wurden viele von ihnen Opfer von Massenvertreibung und Versklavung. Etwa sechs Jahrzehnte später geriet Gaza unter die Herrschaft der Perser, und König Kyros II. gestattete den vertriebenen Bewohnern, zurückzukehren. Seine Nachfolger bauten den Ort zu einer Garnisonsstadt aus, die der persischen Armee als Basis für Militäroperationen gegen die Ägypter diente. Die persische Besatzung endete 332 v. Chr. mit der Erstürmung der Festung Gaza durch Alexander den Großen, die Teil seines Feldzugs gegen Darius III., den letzten Perserkönig des Achämidenreichs, war.

Nach dem Tod Alexanders stand die Region unter der Herrschaft der hellenistischen Seleukiden und später der Römer und der Byzantiner. In ihrer Bezeichnung für das Land *Palastinoi* oder *Palaestina* lebte die Erinnerung an die Philister weiter. Die arabisierte Form *Filastin* wird von den Muslimen, die das Gebiet um das Jahr 638 eroberten, bis heute verwendet. Die islamische Epoche, die fast tausenddreihundert Jahre währte, kennzeichneten wiederholte Umbrüche. Auslöser waren neben innerarabischen Konflikten auch die Eroberung durch die Kreuzritter, die Gaza nach ihren Vorstellungen umbauten, und der Angriff der Mongolen, die im Jahr 1259 die Stadt und ihre Umgebung verwüsteten. Ein Jahr später vertrieben die Mamluken die Mongolen aus dem Gebiet und kontrollierten es von Ägypten aus. Die Mamlukenherrschaft dauerte mit Unterbrechungen fast fünfhundert Jahre. Erst Napoleons Ägyptenfeldzug, der auch durch das Gebiet von Gaza führte, machte ihr 1798 ein Ende.

In den folgenden Jahrzehnten unterstanden Gaza und Umgebung der Kontrolle des osmanischen Gouverneurs von Ägypten, Muhammad Ali Pascha, der eine eigene, bis 1953 herrschende Dynastie gründete. Mit ihm gewann Ägypten eine relative Unabhängigkeit vom Osmanischen Reich. Trotz siegreicher kriegerischer Auseinandersetzungen mit den Osmanen um Syrien und Palästina musste Muhammad Ali diese Gebiete schließlich 1841 räumen, da europäische Mächte, die um die Stabilität des Osmanischen Reiches fürchteten, militärisch interveniert hatten. Von da an bis zum Ersten Weltkrieg befand sich Palästina, darunter auch das Gebiet um Gaza, wieder unter direkter Verwaltung des Osmanischen Reiches. Allerdings unterhielt die Bevölkerung des Küstenstreifens weiterhin enge Beziehungen zu Ägypten, das seit 1882 unter britischer Kontrolle stand und somit auch den wirtschaftlichen Interessen Großbritanniens unterworfen war, etwa als Baumwoll-Lieferant. Wenig bekannt ist, dass das Gaza-Gebiet den Engländern damals Gerste für ihre Bierindustrie lieferte und damit einen erheblichen Teil zur palästinensischen Exportwirtschaft beitrug.

Im Ersten Weltkrieg marschierten die Briten von Ägypten aus in Palästina ein. Gerade in dem Gebiet um Gaza und besonders in der Stadt selbst trafen sie im Frühjahr 1917 auf harten Widerstand der gut vorbereiteten und vom verbündeten Deutschland unterstützten osmanischen Armee. Sie hatte sämtliche Einwohner zum Verlassen der Stadt gezwungen und die Evakuierung mit aller Härte durchgeführt. Der Großteil der Menschen wurde nach Syrien evakuiert – zu ihrem eigenen Schutz, wie es hieß.

Die kriegerischen Auseinandersetzungen, bei denen die Türken unterlagen, führten zu einer massiven Zerstörung Gazas. Die in Trümmern liegende Stadt wurde von den evakuierten arabischen Bewohnern, die nach dem Krieg dorthin zurückkehrten, wiederaufgebaut. Allerdings ging die Wiederbesiedlung unter der britischen Mandatsherrschaft, die bis 1948 andauerte, nur schleppend voran. Daran änderte auch der Umstand nichts, dass die Engländer sofort eine Eisenbahn bauten, die entlang der Küste den Suezkanal mit dem 1909 gegründeten Tel Aviv verband und auch durch den Gazastreifen führte. 1922 hatte Gaza-Stadt nur etwas mehr als siebzehntausend Einwohner – weniger als die Hälfte des Vorkriegsstandes. Erst zu Beginn der Vierzigerjahre wurde nach der Errichtung eines neuen Stadtteils der Bevölkerungsstand der Vorkriegszeit wieder annähernd erreicht.

Zur gleichen Zeit, als im Ersten Weltkrieg die Briten kurz vor der Eroberung Gazas gestanden hatten, hatte sich ihre Regierung mit der Balfour-Deklaration solidarisch mit dem Ziel des Zionismus erklärt, dem jüdischen Volk in Palästina eine nationale Heimstatt zu schaffen. Der anfängliche Anschein, dies könne im Einvernehmen mit arabischen Interessen geschehen, erwies sich jedoch als trügerisch. Im UN-Teilungsplan für Palästina vom November 1947, der den Konflikt zwischen Arabern und Juden lösen sollte, war der Gazastreifen als Teil des künftigen arabischen Staates vorgesehen. Nach seiner Verabschiedung gaben die britischen Mandatsherren bekannt, das Land bis Mitte Mai 1948 zu verlassen, was auch geschah. Am 14. Mai wurde der israelische Staat ausgerufen. Unmittelbar danach erklärten mehrere arabische Länder dem eben gegründeten Staat den Krieg. Die Nachbarstaaten Ägypten, Syrien, Libanon und Jordanien hatten sich mit dem Irak und Saudi-Arabien zu einer Allianz zusammengeschlossen. Die Invasion ihrer Armeen sollte die Etablierung des Staates Israel verhindern. Ägypten nutzte die Gelegenheit, um das Gebiet um und südlich von Gaza zu besetzen, und startete von dort eine Offensive gegen jüdische Ortschaften im Norden und Osten. Die Israelis, denen es gelang, diese Angriffe erfolgreich abzuwehren, drängten die Ägypter zurück in den Gazastreifen, wobei sie selbst kleine Teile des Küstenstreifens eroberten: die im Norden gelegene Stadt Beit Hanun und Gebiete in der Nähe von Rafah, dem einzigen Grenzübergang zwischen Ägypten und Gaza.

Die Bezeichnung «Gazastreifen» (Gaza Strip) für die Region bürgerte sich erst mit den 1949 zwischen Israel und seinen arabischen Nachbarn geschlossenen Waffenstillstandsabkommen ein. Über seinen Status wurde noch bis 1950 mit Ägypten weiterverhandelt. Schließlich mussten die Israelis ihre in Gaza besetzten Gebiete an Ägypten abtreten, auch wenn damals der israelische Ministerpräsident David Ben Gurion den gesamten Küstenstreifen gerne Israel einverleibt hätte.[1]

Dramatische Folgen für den Gazastreifen, dessen Bevölkerung bis zum Krieg rund neunzigtausend Menschen zählte, hatte der Zustrom der rund zweihunderttausend palästinensischen Flüchtlinge, die aus ihren Ortschaften im südlichen Palästina geflohen oder von den Israelis vertrieben worden waren und nun in Gaza Zuflucht suchten. Die meisten von ihnen wurden in den acht palästinensischen Flüchtlingslagern untergebracht, die vom «Hilfswerk der Vereinten Nationen für Palästina-Flüchtlinge im Nahen Osten» (UNRWA) bis heute betreut und versorgt werden. Noch während des Krieges installierte sich im von Ägypten kontrollierten Teil des Gazastreifens die «All-Palästina-Regierung». Palästinensische Politiker hatten sie im September 1948 unter der Ägide der Arabischen Liga im ägyptischen Alexandria gegründet. Ihren Sitz nahm sie in Gaza-Stadt. Sie erhob zwar den Anspruch, ganz Palästina zu regieren, war aber politisch machtlos, da sie weder über finanzielle noch militärische Mittel, geschweige denn einen funktionierenden Verwaltungsapparat verfügte. 1959 löste die ägyptische Regierung sie schließlich auf. Jedoch annektierte Kairo den Gazastreifen nicht, sondern unterstellte ihn einer Militärverwaltung, die viele der dort lebenden Palästinenser als Fremdbesatzung empfanden.

Unter ägyptischer Kontrolle sollte der Gazastreifen bis zum Sechstagekrieg 1967 bleiben. Allerdings unterbrach dies im Herbst 1956 für kurze Zeit der Sinai-Krieg. Er wurde durch die Verstaatlichung der mehrheitlich britisch-französischen Suezgesellschaft durch den ägyptischen Präsidenten Gamal Abdel Nasser ausgelöst. Ende Oktober griff die israelische Armee an der Seite Großbritanniens und Frankreichs Ägypten an und besetzte nicht nur den Gazastreifen, sondern auch die gesamte Sinai-Halbinsel. Auf Druck der Amerikaner musste sich Israel aber schon im Januar 1957 aus dem Sinai und zwei Monate später auch aus dem Gazastreifen zurückziehen.

Offenbar hegten die Israelis damals den Plan, auf Dauer im Gazastreifen zu verbleiben. Denn die israelische Militärbesatzung baute dort innerhalb kürzester Zeit einen eigenen Verwaltungsapparat auf. An die Spitze der Gemeinden stellte sie Kritiker der ägyptischen Besatzer und kontrollierte die städtische Verwaltung und die Wirtschaft. Die Banken in Gaza wurden geschlossen und an ihrer Stelle ein israelisches Geldinstitut eröffnet. Die Telefonleitungen und der Briefverkehr nach Ägypten wurden gekappt und ein israelisches Postamt eingerichtet. Bereits zu diesem Zeitpunkt strahlte das israelische Militärradio im gesamten Gazastreifen arabischsprachige Propagandasendungen aus, und in den Kinos liefen spezielle israelische Wochenschauen. Politisch verdächtige Lehrer wurden entlassen und eine Reihe ägyptischer Schulbücher verboten. Die Militärzensur sorgte dafür, dass in Israels Presse der Eindruck erweckt wurde, als seien den Palästinensern im Gazastreifen die israelischen Besatzer willkommen.

Außerdem erhob die Militärverwaltung umfangreiche Daten

von der im Gazastreifen und besonders in den dortigen Flüchtlingslagern lebenden Bevölkerung. Die hieraus gewonnenen Erkenntnisse wurden in einem 140 Seiten starken Bericht zusammengefasst, der in Israel lange unter Verschluss war. In Vergessenheit geriet auch die Tatsache, dass Israel schon Ende 1956 und Anfang 1957 in dem besetzten Küstenstreifen zwei Siedlungen gegründet hatte. Eine der Siedlungen befand sich auf einem verlassenen Stützpunkt der ägyptischen Armee in Rafah, wo sich Angehörige der Besatzungsarmee als Siedler niederließen und eilig begannen, Landwirtschaft zu betreiben, während das israelische Militär zur gleichen Zeit dort lebende Beduinen auf die ägyptische Sinai-Halbinsel vertrieb. Erst 2010 wurden diese Vorgänge wieder öffentlich bekannt.[2]

Zudem wurden Pläne für den Bau weiterer Siedlungen ausgearbeitet. Ministerpräsident David Ben Gurion hatte, wie erst Ende 2016 bekannt wurde, bis zuletzt die Absicht verfolgt, den gesamten Sinai sowie den Gazastreifen zu annektieren. Gegenüber dem Ausland begründete die israelische Regierung ihren Anspruch auf das Gaza-Gebiet mit dem Argument, es habe vorher niemandem gehört – die Ägypter seien lediglich Besatzer gewesen. Von der israelischen Präsenz, so wurde behauptet, würden die Araber wirtschaftlich profitieren, und zur Untermauerung legte man den Vereinten Nationen sogar ein befürwortendes Schreiben von Gemeindevorstehern aus dem Gazastreifen vor.[3]

Die während der Suezkrise 1956/57 gesammelten Erfahrungen und erhobenen Daten kamen den Israelis sehr zugute, als sie 1967 im Sechstagekrieg den Gazastreifen erneut einnahmen und für Jahrzehnte besetzt hielten. Nach dem Friedensabkommen, das der israelische Ministerpräsident Menachem Begin und der ägyptische Präsident Anwar al-Sadat am 26. März 1979 in Washington unterzeichneten, gab Israel die Sinai-Halbinsel bis 1982 schrittweise an das Nachbarland zurück. Die Israelis behielten den Gazastreifen, aus dem sie sich nach 38 Jahren Besatzung erst 2005 ohne Absprache mit der palästinensischen Seite zurückzogen. Dort aber hatte sich die Situation inzwischen vor allem in demographischer Hinsicht grundlegend geändert. In dem Jahrzehnt von 1956/57 bis

1967 war die Bevölkerung im Gazastreifen auf schätzungsweise 450 000 Menschen gewachsen. Zusammen mit der arabischen Bevölkerung der Westbank, die seit dem Sechstagekrieg ebenfalls von Israel besetzt war, waren es 1967 rund eine Million Palästinenser, die unter israelischer Kontrolle lebten – während zur gleichen Zeit die Gesamtbevölkerungszahl im israelischen Kernland 2,7 Millionen betrug.

Bereits eine Woche nach Kriegsende im Juni 1967 plädierten Mitglieder der israelischen Regierung intern dafür, den Gazastreifen zu annektieren, was Israel aus diplomatischen Gründen jedoch nicht tat. Gleichwohl wurde das Militär angewiesen, das Gebiet so zu behandeln, als sei es Teil des israelischen Staates. Ganz oben auf der Agenda stand die Frage, wie die dort erheblich gewachsene Bevölkerungszahl reduziert werden könnte. Tatsächlich verließen schon im ersten Jahr etwas mehr als fünfzigtausend Bewohner den Gazastreifen in Richtung Jordanien und Ägypten. Welchen aktiven Anteil genau die Israelis daran hatten, ist bis heute nicht geklärt. Mittlerweile ist jedoch bekannt, dass sie versuchten, noch mehr Palästinenser dazu zu bewegen, das Gaza-Gebiet zu verlassen – etwa mit der Finanzierung einer Ausreise nach Jordanien. Der Erfolg hielt sich jedoch in Grenzen, weil Ägypten und Jordanien sich gegen Israels Transferversuche wehrten, von gezielter Vertreibung sprachen und die Grenzen bald schlossen.[4]

Unterdessen installierten die Israelis blitzschnell eine Militärverwaltung, zum Teil mit demselben Personal, das schon ein Jahrzehnt zuvor im Gazastreifen eingesetzt gewesen war. Auch wenn sie auf der Erfahrung der kurzen Besatzung von 1956/57 aufbauen konnten, waren sie jetzt doch mit weit größeren Sicherheitsproblemen konfrontiert. Denn die Palästinenser hatten sich mittlerweile nicht nur politisch organisiert. Die im Januar 1964 auf Initiative des ägyptischen Präsidenten Gamal Abdel Nasser in Kairo ins Leben gerufene «Palästinensische Befreiungsorganisation» (PLO) verfügte inzwischen über einen eigenen militärischen Arm, die «Palästinensische Befreiungsarmee», die vom ägyptisch kontrollierten Gazastreifen aus regelmäßig Anschläge gegen Israel verübte. Nach dem Sechstagekrieg 1967 zogen sich ihre Mitglieder in den Untergrund zurück. Nun, als Angehörige der von Jassir Arafat 1959 in Kuwait gegründeten «Palästinensischen Befreiungsbewegung» (Fatah), die nach seiner Wahl zum PLO-Vorsitzenden im Februar 1969 zur dominanten Kraft innerhalb der PLO wurde, kämpften sie gegen die israelischen Besatzer und verfolgten palästinensische Kollaborateure.

Israel bekämpfte den palästinensischen Untergrund mit aller Härte. 1969 wurde General Ariel Scharon Chef des Südkommandos der israelischen Armee. Schon im Jahr darauf betraute er den damals jungen Offizier Meir Dagan mit der Bekämpfung des palästinensischen Widerstands im Gazastreifen. Dagan, der vier Jahrzehnte später von Scharon als Ministerpräsident zum Chef des Geheimdienstes Mossad ernannt wurde, hatte in Gaza freie Hand und setzte auch auf den Einsatz von Killerkommandos. In weniger als zwei Jahren wurden hundertachtzig Palästinenser, die den Besatzern Widerstand leisteten, getötet und zweitausend inhaftiert.[5] Die Eindämmung des Terrors war auch eine Voraussetzung dafür, dass Israel 1972 im Gazastreifen mit dem Siedlungsbau beginnen und hauptsächlich im Süden Siedlungen errichten konnte. In den Neunzigerjahren waren es bereits mehr als zwanzig.

2.
Die Muslimbrüder im Gazastreifen ergreifen die neue Chance

Parallel zur rücksichtslosen Bekämpfung suchten die israelischen Besatzer nach Wegen, die Bevölkerung in Gaza gegen die säkulare linksorientierte Fatah aufzubringen, und setzten dabei auf deren Gegner im religiösen Lager. In der Annahme, dass sie die Beschäftigung mit dem Koran und die Frömmigkeit vom Terror abhalten würden, räumte man den Religiösen Freiheiten ein. Vor allem die dortigen Anhänger der ägyptischen Muslimbruderschaft, die 1928 in der am Suezkanal liegenden Stadt Ismailiya von dem Lehrer Hassan al-Banna gegründet worden war, verstanden die neuen Freiheiten für ihre Ziele zu nutzen. Die Muslimbrüder waren eine straff organisierte Bewegung, die sich die Re-Islamisierung der ägyptischen Gesellschaft und die Übernahme der Macht im Land auf die Fahnen geschrieben hatte. Deshalb gerieten sie bald in Konflikt mit der säkularen ägyptischen Regierung und mit Präsident Gamal Abdel Nasser, der sie unerbittlich verfolgte, als sie begannen Terroranschläge zu verüben. Schon vor der israelischen Staatsgründung hatten sie zum Heiligen Krieg gegen die Zionisten in Palästina aufgerufen und überdies während des arabisch-israelischen Krieges von 1948 eine Freiwilligeneinheit an die Front in Gaza entsandt.

Bereits in den Jahrzehnten davor hatten die Muslimbrüder zwei Dutzend Aktivistenzellen in Palästina gegründet, so auch in Gaza. Dort hatte der palästinensische Zweig der Muslimbruderschaft unter der repressiven ägyptischen Besatzung jedoch kaum Aktivitäten entfalten können, was sich nun unter der Kontrolle der Israelis grundlegend änderte. In Gaza begann der junge Palästinenser

Ahmad Jassin, der sich 1955 den Muslimbrüdern angeschlossen hatte, die Aktivitäten der Bewegung neu zu beleben. Der 1936 geborene Lehrer stammte aus dem nördlich des Gazastreifens gelegenen, von den Israelis zerstörten palästinensischen Dorf al-Dschura und lebte im Flüchtlingslager Schati in Gaza. Dort hatte er schon vor 1967 in einer notdürftig eingerichteten Moschee ein Zentrum nach dem Vorbild der Muslimbrüder eröffnet, wo Koranunterricht erteilt und den Kindern im Ort Sportaktivitäten und Sommerlager angeboten wurden. Unter der israelischen Besatzung baute Jassin die Organisation weiter aus und sorgte dafür, dass im Gazastreifen, vor allem in den Flüchtlingslagern, weitere solcher Zentren entstanden.

Jassins Bewegung, die nunmehr weitgehend ungestört expandieren konnte, verfügte Anfang der Siebzigerjahre schon über eine größere zentrale Einrichtung in Gaza-Stadt: den *al-mudschama al-islami*, zu Deutsch «Islamisches Zentrum». Seine Arbeit war streng nach Bereichen gegliedert und in die Sektionen religiöse Leitung, Wohlfahrt, Erziehung, Soziales, Medizin und Sport unterteilt. 1979 wurde der *Mudschama* von den Israelis als gemeinnütziger Verein offiziell anerkannt und war bis zuletzt im gesamten Gazastreifen aktiv.[1] Von Anfang an war neben der religiösen Erziehung auch die Unterstützung der wirtschaftlich Schwachen ein Schwerpunkt seiner Arbeit.

Mitte der Siebzigerjahre begann der Einfluss von Arafats PLO in den Palästinensergebieten zu schwinden. Einer der Gründe war, dass die PLO-Milizen ab 1975 in den libanesischen Bürgerkrieg verwickelt wurden, wo sie zunächst einmal mit dem eigenen Überleben beschäftigt waren. Hinzu kam, dass in den Palästinensergebieten die Aktivisten der PLO von der israelischen Militärbesatzung erbarmungslos verfolgt wurden und die Israelis größtes Interesse an der Erstarkung der religiösen Konkurrenz hatten[2] – was nicht nur in Israel gerne unter den Tisch gekehrt wird. Auch Jassins Anhänger wollen bis heute nichts davon hören, mit den Israelis jemals gemeinsam Front gegen die säkularen Konkurrenten gemacht zu haben.

Vor diesem Hintergrund verwundert es kaum, dass es in den

folgenden Jahren immer häufiger zu gewalttätigen innerpalästinensischen Auseinandersetzungen kam. Nicht zuletzt war es wohl auch die wohlwollende Zurückhaltung der Israelis, die die islamistischen Aktivisten im Gazastreifen ermunterte, ihre Ziele nun zunehmend mit Gewalt durchzusetzen. Bereits Anfang der Achtzigerjahre, als es an den palästinensischen Universitäten immer wieder zu gewaltsamen Zusammenstößen zwischen Säkularen und Islamisten kam, schlug die Rivalität von Fatah und Hamas in Gewalt um. Besonders im weitgehend isolierten Gazastreifen kam es zu einer starken Islamisierung. Zwischen 1967 und 1987 verdoppelte sich hier die Zahl der Moscheen auf über hundertfünfzig, wobei die meisten hinzugekommenen von Jassin und seinen Anhängern gebaut wurden.

Neben den immer härteren Repressionen durch die israelische Besatzung führte der wachsende Einfluss der Muslimbrüder zu einer deutlichen Radikalisierung der palästinensischen Gesellschaft. Jassins Bewegung bekam nun auch von islamistischer Seite starke Konkurrenz, und zwar durch die noch radikalere Organisation des Islamischen Dschihad, eine von Iran und der libanesischen Hizbullah unterstützte Splittergruppe, die sich mit Terrorakten gegen die israelischen Besatzer Respekt verschaffte. Auf diese Herausforderung antworteten Jassin und seine Anhänger 1983 mit der Gründung der ersten bewaffneten Kampfgruppe der palästinensischen Muslimbrüder *Al-Mudschahidun al-Filastiniyun* (Die palästinensischen Heiligen Krieger). Allerdings deckten die Israelis sie gleich auf, klagten ihre Mitglieder und auch Scheich Jassin des Terrorismus an und verurteilten sie zu langen Haftstrafen. Jassin hatte das Glück, 1985 bei einem israelisch-palästinensischen Gefangenenaustausch freizukommen. Schon bald rief er eine neue militante Untergrundzelle ins Leben, die *Madschmuat al-Dschihad wa-l-Dawa* (Gruppe für Dschihad und Propaganda), deren Mitglieder im Gazastreifen als islamische Sittenwächter auftraten. Sie sanktionierten unislamisches Verhalten, spürten mit den Israelis kollaborierende palästinensische Informanten auf und töten sie. Damit war der Grundstein für die künftigen Waffeneinsätze der palästinensischen Muslimbrüder gelegt.

3.
Scheich Jassins Muslimbrüder gründen die Islamische Widerstandsbewegung Hamas

Am 8. Dezember 1987 ereignete sich in Gaza ein schwerer Verkehrsunfall zwischen einem israelischen Lastwagen und einem mit palästinensischen Arbeitern besetzten Fahrzeug, bei dem vier Palästinenser getötet und weitere schwer verletzt wurden. Kurz danach attackierten aufgebrachte Palästinenser, die hinter der Kollision Absicht vermuteten, einen in der Nähe des Flüchtlingslagers Dschabaliya postierten israelischen Wachposten mit Steinen und Molotowcocktails. Der Unfall wurde zum Auslöser einer nicht abreißenden Kette von gewalttätigen palästinensischen Aktionen und israelischen Reaktionen: Die erste Intifada brach aus.[1] Zwei Tage später beschlossen Scheich Jassin und seine Vertrauten, ihrer islamischen Bewegung einen neuen, militanteren Charakter zu verleihen, wovon auch ihr neuer Name zeugen sollte: *Harakat al-Muqawama al-Islamiya* (Die Islamische Widerstandsbewegung) deren Akronym HAMAS im Arabischen zugleich auch «Eifer» bedeutet.

In den Flugblättern, die sie wie die säkulare Konkurrentin Fatah schon in den ersten Wochen der Intifada unters Volk brachte, propagierte die Hamas ihren Kampf gegen die israelische Besatzung als Dschihad, als islamischen Heiligen Krieg. Es dauerte jedoch nicht lange, bis auch sie Nationalistisches in ihre Kommuniqués einfließen ließ. Jede der beiden Organisationen erhob Anspruch auf die alleinige Führung des Aufstands. Die Hamas beansprucht seitdem konsequent das Urheberrecht am Ausbruch der ersten Intifada, die tatsächlich im Stammgebiet der Islamisten, im Gazastreifen, ihren Anfang nahm.

Um ihren Führungsanspruch im Widerstand zu zementieren, baute die bis dahin vor allem im Gazastreifen aktive Hamas ab 1988 ihre Strukturen auch in der Westbank aus. Im Rennen um die Vorherrschaft im palästinensischen Befreiungskampf kam es jetzt zwischen den Islamisten und den Säkularen immer häufiger zu Konflikten, umso mehr, als die Vorstellungen vom Endziel des Aufstands immer weiter auseinanderdrifteten. Als die PLO im Februar 1988 von der Gründung eines unabhängigen palästinensischen Staates unter ihrer Führung sprach, wurde sie von der Hamas vehement kritisiert, die lautstark für ihr eigenes Ziel, die Errichtung eines «islamischen palästinensischen Staates auf dem reinen Boden Palästinas», warb.[2]

Die bis dahin eher theoretische Frage, wer die Palästinenser in ihren angestammten Gebieten führen soll, wurde Ende Juli 1988 endgültig virulent. Damals erklärte König Hussein von Jordanien, der 1950 die Westbank annektiert hatte, auf das Gebiet verzichten zu wollen und es der PLO zu überlassen, die er als einzige und legitime Vertreterin des palästinensischen Volkes anerkannte. Fast gleichzeitig kam zufällig ans Tageslicht, dass in Kreisen der Organisation, sowohl in den besetzten Palästinensergebieten als auch bei der Führung in der Diaspora, seit geraumer Zeit intensiv an einem Entwurf für die Gründung eines Palästinenserstaates unter der Führung der PLO gearbeitet werde. Ein entsprechendes Dokument war am 6. August an die Öffentlichkeit gelangt und sorgte international für Aufsehen. Die israelische Armee hatte es eine Woche zuvor bei einer Durchsuchung des Büros des Ostjerusalemer Publizisten und PLO-Kaders Faissal al-Husseini entdeckt. In den mit «Projekt zur Veröffentlichung der Unabhängigkeitserklärung» überschriebenen Schriftstück war von der Gründung eines unabhängigen palästinensischen Staates die Rede, der neben Israel existieren und von der PLO und Jassir Arafat geführt werden sollte. Die Intifada, hieß es in dem sogenannten «Husseini-Dokument» weiter, sollte von der Ebene des gewalttätigen Widerstands auf die politisch-diplomatische Ebene verlagert werden und damit neue Impulse erhalten.[3]

Das deutete darauf hin, dass die PLO beabsichtigte, den gewalttätigen Aufstand gegen die israelischen Besatzer zu beenden und den nationalen Befreiungskampf nur mehr mit politischen Mitteln fortzusetzen. Salah Khalaf, einer der Mitbegründer der Fatah, erklärte Mitte August gegenüber Vertretern der französischen Presse, die PLO ziehe die Gründung einer provisorischen Exilregierung und die Anerkennung Israels in Erwägung.[4]

Es dürfte kaum ein Zufall gewesen sein, dass die Hamas nur wenige Tage später, am 18. August 1988, ihre Gründungscharta veröffentlichte.[5] Die Charta leitete ein längeres Koranzitat (3:110–112) ein, in dem die geistige Auserwähltheit der Muslime apostrophiert und ihre Überlegenheit gegenüber den «Leuten der Schrift» *(ahl al-kitab)* – Juden und Christen – unterstrichen wird. An dieser Stelle verheißt der Koran den Sieg der Muslime über die Ungläubigen. Das theologisch definierte Feindbild wurde in der Hamas-Charta direkt im Anschluss an das Koranzitat politisch aktualisiert, und zwar mit der Aussage des «Märtyrers Imam Hassan al-Banna», des Gründungsvaters der ägyptischen Muslimbruderschaft: «Israel wird bestehen und so lange bestehen bleiben, bis der Islam es annulliert, so wie er davor Bestehendes annulliert hat.»

Die Verfasser spielten hier auf jene militärischen Siege islamischer Armeen an, die vom Mittelalter – mit Ausnahme der Unterbrechung durch die Kreuzzüge – bis 1917/18 die Kontinuität der islamischen Herrschaft über Palästina sicherten. Der Hinweis auf die organisationsgeschichtliche Nähe der Hamas zu den Muslimbrüdern erfolgte erst in Artikel 2 der Charta, der von der «Verbindung der Islamischen Widerstandsbewegung mit der Gemeinschaft der Muslimbrüder» handelte und in dem erklärt wurde, dass die Hamas «einer der Flügel der Muslimbrüder in Palästina» sei.

Diese Reihenfolge war bedeutsam, weil sie einen wichtigen Schlüssel zum Selbstverständnis der Organisation lieferte. So stand nicht die Tatsache im Vordergrund, dass die Hamas aus der ägyptischen Muslimbruderschaft hervorgegangen war. Vorrangig war vielmehr das Ziel der Rückeroberung Palästinas auf dem Weg des Dschihad, wofür nicht nur al-Banna und seine Anhänger, sondern auch der irakische Muslimbruder Amdschad al-Zahawi und seine Mitstreiter gekämpft hatten. Diese transnationale Perspektive wurde durch eine Passage in der Präambel der Charta noch untermauert. Demnach sei der Dschihad um Palästina auch als ein arabischer und islamischer Kampf gegen die Juden aufzufassen, in dem der Feind eine Niederlage erleiden und sich der Sieg Gottes offenbaren werde. Nach dieser Sichtweise erfüllte die Hamas einen göttlichen Plan, worauf die angeführte Koranstelle (58:21) verwies: «Gott hat bestimmt: Ich und meine Gesandten werden gewiss die Oberhand gewinnen. Gott ist stark und mächtig.»

Das erste Kapitel der Charta war der «Definition der Bewegung» gewidmet. In Artikel 1 erklärte die Hamas, der Islam sei die ausschließliche Quelle, aus der sie schöpfe, wobei ihr Religionsverständnis, wie Artikel 2 sogleich relativierte, auch von demjenigen der Bewegung der Muslimbrüder geprägt sei. Dass der Dschihad gegen die Unterdrücker – gemeint waren die Israelis – der Motor der Hamas sei, legte Artikel 3 dar, der mit «Struktur und Aufbau» betitelt war. Ihm entnahm man, dass die Reihen der Hamas all jene versammeln, die nicht nur «Gott ihre Treue gaben», sondern auch bereit waren, ihrer Pflicht nachzukommen, in den Heiligen Krieg zu ziehen. Zu diesem wurde in Artikel 4 mobilisiert und mit der Verheißung des göttlichen Lohns geworben. Das Endziel des Dschihad sei, wie Artikel 6 ausführte, «Gottes Banner auf jedem Fußbreit Palästinas zu hissen» und dort die Herrschaft des Islams zu etablieren. Hier wurde auch die Frage der nichtmuslimischen religiösen Minderheiten in Palästina thematisiert, denen die Islamisten ein unbehelligtes Leben unter der Oberhoheit des Islams garantierten.

In Artikel 7 zum «weltweiten Charakter der Islamischen Widerstandsbewegung» äußerten sich die Autoren auch zum nationalen Kampf der Palästinenser gegen die Zionisten, allerdings nur insoweit, als er religiös konnotiert war. Als Vorbild wurde der syrische Scheich Izz ad-Din al-Qassam gepriesen. Der Anführer der palästinensischen *Mudschahidun,* der 1935 in einem Gefecht mit britischen Sicherheitskräften bei Dschenin getötet wurde, hatte laut

Hamas die «kämpfenden Brüder von den Muslimbrüdern» an seiner Seite. Historisch lässt sich dies allerdings ebenso wenig belegen wie die Überlieferung, al-Qassam habe, kurz bevor er starb, ausgerufen: «Es ist der Heilige Krieg – Sieg oder Märtyrertod!» – ein Schlachtruf, den während der Intifada zahlreiche Flugschriften der Hamas enthielten.

Als weitere Stationen des palästinensischen, unter dem Banner des Islams geführten Kampfs gegen die Zionisten wurden der Kriegseinsatz der Muslimbrüder im Jahr 1948 sowie deren – begrenzte – Beteiligung an Guerilla-Aktionen gegen Israel im Jahr 1968 genannt. Dabei wurde allerdings ignoriert, dass die säkularen palästinensischen Kampforganisationen wie etwa die Fatah den weitaus bedeutenderen Beitrag zum bewaffneten nationalen Befreiungskampf seit den Sechzigerjahren geleistet hatten. In den Augen der Islamisten konnte der Kampf gegen die Juden nur ein religiöser sein, und so wurde an dieser Stelle mit einem Zitat aus dem *Hadith* (überlieferte Sprüche des Propheten, Buch *Sahih Muslim* 2922) auf seine eschatologische Bedeutung verwiesen:

> Die Stunde (der Auferstehung) wird nicht kommen, bis die Muslime gegen die Juden kämpfen. Die Muslime werden sie töten, bis sich der Jude hinter Stein und Baum verbirgt, und Stein und Baum dann sagen: «Oh Muslim, oh Diener Gottes! Da ist ein Jude hinter mir. Komm und töte ihn.»

Noch deutlicher trat die eschatologische Dimension der Islamischen Widerstandsbewegung, die von ihr verkündete Botschaft von Tod und Erlösung, in Artikel 8 zutage: Der Dschihad ist für sie der Weg zur Erlösung und der Tod für die Sache Gottes ihr erhabenster Wunsch. Während das kurze zweite Kapitel «Beweggründe und Ziele» nur noch einmal generell den universalen Herrschaftsanspruch des Islams hervorhob und den Auftrag der Hamas, nämlich die «Heimat» zurückzuerlangen und dort von den Moscheen herab den Ruf zum Gebet ertönen zu lassen, artikulierte, wurden im dritten Kapitel «Strategie und Mittel» der Bewegung weit ausführlicher beschrieben. Der erste Abschnitt (Artikel 11) betonte die Pflicht, Palästina als «Waqf-Land», also als islamisch geheiligt, zu betrachten:

> Die Islamische Widerstandsbewegung ist davon überzeugt, dass das Land Palästina ein islamisches Waqf-Land für die Generationen der Muslime bis zum Tag der Auferstehung ist. Weder darf es oder ein Teil von ihm aufgegeben werden, noch darf darauf oder auf einen Teil von ihm verzichtet werden; dazu sind kein arabischer Staat oder die Gesamtheit der arabischen Staaten, kein König oder Präsident oder die Gesamtheit der Könige und Präsidenten, keine – ob nun palästinensische oder arabische – Organisation oder die Gesamtheit der Organisationen befugt, denn Palästina ist ein islamisches Waqf-Land für die islamischen Generationen bis zum Tag der Auferstehung.

In dem Wettstreit mit den säkularen palästinensischen Kampforganisationen sahen sich die Islamisten indes veranlasst, ihren islamisch definierten Anspruch auf Palästina auch als patriotisch zu präsentieren. So widmete sich Artikel 12 dem Thema «Heimat und Patriotismus», wobei hier für die Vereinbarkeit von Islam und Patriotismus geworben und der Führungsanspruch der Hamas als die authentischste und erhabenste aller palästinensischen Kampforganisationen untermauert wurde. Ihre Auffassung von Patriotismus lehnte sich an die von Hassan al-Banna an: Da schon der Prophet Muhammad Patriotismus *(wataniya)* empfunden habe, sei er fester Bestandteil der islamischen Tradition. Deshalb wurde *wataniya* von der Hamas als «Teil des [islamisch] religiösen Glaubens» betrachtet. Der Dschihad, die Verteidigung islamischen Bodens gegen nicht-islamische Invasoren, verbunden mit dem Ziel, über Palästina das islamische Banner zu hissen, sei, wie Artikel 12 weiter ausführte, die höchste Form des Patriotismus. Und durch ebendiese zeichne sich die Vaterlandsliebe der Islamischen Widerstandsbewegung aus.

Nachdem die Hamas-Autoren für sich in Anspruch nahmen, die einzig wahren Patrioten zu sein, war es nur eine logische Konsequenz, sämtliche Friedensbemühungen zur Lösung des israelisch-palästinensischen Konflikts rigoros abzulehnen. Sie seien «lediglich eine Spielart unter anderen», wie es in Artikel 13 hieß, «um die Ungläubigen zu Herrschern auf dem Boden Palästinas zu machen». Vor allem vor dem Hintergrund der sich damals abzeichnenden Bereitschaft der PLO, mit Israel Verhandlungen aufzunehmen, war die Botschaft der Islamisten unmissverständlich: «Eine Lösung für die palästinensische Frage gibt es nur durch den Dschihad.» Und dieser war, wie Artikel 15 verlautbarte, «zu einer individuellen Pflicht für jeden Muslim» geworden, denn hier werde islamisches Gebiet vom Feind usurpiert. Als Voraussetzung für den Dschihad wurde die «Verbreitung des islamischen Bewusstseins unter den Massen» postuliert, und zwar auf «lokaler, arabischer und islamischer Ebene». Zu diesem Zweck müsse aber das gesamte Erziehungssystem von «den Folgen der geistigen Invasion» des Westens befreit und die Palästinafrage «im Geist der muslimischen Generationen dahingehend verankert werden, dass sie eine religiöse Frage ist und auf dieser Grundlage zu behandeln».

Mit der «Erziehung der Generationen» befasste sich denn auch Artikel 16, der einmal mehr manifestierte, wie stark das pädagogische Konzept der Hamas in einen kriegerischen Kontext eingebettet war. So müssten die jungen Generationen nicht nur die heiligen Schriften und die Geschichte des Islams studieren. Für den «kämpfenden Muslim», der stets über die aktuellen Ereignisse informiert und auf dem neuesten Stand der Entwicklungen sein müsse, sei es auch eine «Notwendigkeit, aufmerksam den Feind, seine materiellen und menschlichen Möglichkeiten zu studieren, seine Schwachpunkte und Stärken zu erkennen, die ihn unterstützenden und an seiner Seite stehenden Kräfte zu kennen» – was nichts anderes ist als die Aufgabe jeder Militäraufklärung.

Schon die ägyptischen Muslimbrüder hatten versucht, in ihre Dschihad-Kampagnen für Palästina auch die Frauen einzubeziehen. Artikel 17 der Charta folgte diesem Beispiel und unterstrich die Bedeutung der muslimischen Frau im Befreiungskampf, die «nicht geringer als die des Mannes ist, denn sie bringt die Männer hervor, und ihre Rolle in der Orientierung und Erziehung der Generationen ist eine bedeutende Rolle». Der Frau obliege es nicht nur, die Kinder, wie Artikel 18 präzisierte, «zur Erfüllung der religiösen Pflichten» zu erziehen, sondern sie auch auf ihre künftige Rolle als Gotteskriegerinnen vorzubereiten, und die Mädchen sollten bereits in der Schule an diese Aufgabe herangeführt werden.

Zu den fünf Glaubenssäulen des Islams zählt die Pflicht zum Zahlen der Almosensteuer *(zakat)*. Davon ausgehend, stellten Artikel 20 und 21 auch die «soziale Solidarität» in den Dienst des Dschihad. Es sei dieser Geist der Solidarität, der der Gesellschaft die Fähigkeit verleihe, dem Feind geschlossen entgegenzutreten. Dass es sich um einen besonders mächtigen Gegner handelte, ließ Artikel 22 wissen und meinte die «Kräfte, die den Feind unterstützen», zu entlarven. Hier wurden die Juden der Weltherrschaft bezichtigt, wohl in Anlehnung an die *Protokolle der Weisen von Zion,* denn die zu Beginn des zwanzigsten Jahrhunderts verfasste antisemitische Hetzschrift wurde an späterer Stelle auch als Quelle angeführt. Mit ihrem Vermögen hätten die Juden Revolutionen wie die französische oder die kommunistischen initiiert und die internationalen Medien wie auch die kolonialistischen Staaten unter ihre Kontrolle gebracht, desgleichen hätten sie hinter dem Ersten Weltkrieg gestanden, behauptete die Charta, deren Autoren das Leitmotiv der *Protokolle* weiterspannen. Die Zionisten hätten es nicht nur geschafft, den Staat des islamischen Kalifats zu beseitigen, sondern auch materielle Gewinne zu erzielen, die Kontrolle über viele Quellen des Reichtums zu erlangen sowie die Balfour-Erklärung zu erhalten und den Völkerbund zu schaffen, um durch ihn die Welt zu beherrschen. Die antisemitische Verschwörungstheorie wurde gleich auch noch auf den Zweiten Weltkrieg übertragen. Hinter diesem hätten die Juden ebenfalls gestanden, gewaltige Profite aus ihrem Handel mit Kriegsgütern erzielt und die Errichtung ihres Staates angebahnt, indem sie die Gründung der Vereinten Nationen sowie des Sicherheitsrates anstelle des Völkerbunds anregten. Beide Organisationen waren laut Hamas-Charta nur Instrumente der jüdischen Weltherrschaft.

Kapitel 4 definierte das Verhältnis zu anderen führenden Kräften des palästinensischen Widerstands wie auch zu den arabischen und islamischen Staaten und zu den Angehörigen anderer Religionen. Die Reihenfolge, in der die Genannten aufgeführt wurden, war Ausdruck ihrer Relevanz für die Hamas. An erster Stelle standen die «islamischen Bewegungen», gefolgt von den «patriotischen Bewegungen in der palästinensischen Arena». Erst dann wurde die PLO genannt, auf die die arabische und islamische Welt und schließlich die Andersgläubigen folgten. Aus Artikel 23 und 24 geht hervor, dass die islamischen Bewegungen als Mitstreiter galten, denen «Respekt und Wertschätzung» entgegengebracht wurde. Hingegen sicherte in Artikel 25 die Hamas den «patriotischen Bewegungen in der palästinensischen Arena» nur bedingt ihre Unterstützung zu und knüpfte daran Bedingungen. So dürften die nichtreligiösen Patrioten weder gegenüber dem «kommunistischen Osten» noch gegenüber dem «kreuzzüglerischen Westen» Loyalität hegen. Und mit einem Seitenhieb auf die säkularen Führungsfiguren der palästinensischen Widerstandsbewegung wurde nochmals unterstrichen, dass die Hamas dem Dschihad verpflichtet sei, «den Opportunismus verabscheut und (...) keine materiellen Gewinne oder eigenen Ruhm anstrebt».

Nach der Skizzierung des oben bereits dargelegten Verhältnisses zur PLO ergingen an die «arabischen und islamischen Staaten und Regierungen» Appelle. Artikel 28 hielt Israels Anrainerstaaten dazu an,

> ihre Grenzen den Kämpfern der arabischen und islamischen Völker zu öffnen, so dass sie ihre Rolle wahrnehmen und ihre Anstrengungen mit den Anstrengungen ihrer Brüder von [der Gemeinschaft der] Muslimbrüder in Palästina vereinen.

Von den übrigen arabischen und islamischen Staaten forderte die Hamas, doch zumindest den islamistischen Kämpfern die Ein- und Ausreise zu erleichtern, deren Kampf schließlich den Islam als Ganzes betreffe: «Israel ist mit seinem jüdischen Charakter und seinen Juden eine Herausforderung für den Islam und die Muslime.» Mobilisiert wurden für den Heiligen Krieg gegen die Zionisten auch, wie Artikel 29 und 30 nahelegten, nationale und religiöse Gremien und Vereinigungen sowie Institutionen und sämtliche Intellektuelle, von Schriftstellern und Medienleuten bis hin zu Predigern sowie Lehrern und Erziehern. Ihre Unterstützung sei unerlässlich, denn

> der Dschihad ist nicht darauf beschränkt, die Waffen zu tragen und die Feinde zu bekämpfen. Das gute Wort, der treffliche Artikel, das nützliche Buch, die Unterstützung und Hilfe, all das gehört – sofern die Absichten rein sind, das Banner Gottes das höchste sein zu lassen – zum Dschihad auf dem Wege Gottes.

Obgleich die Charta die Angehörigen der anderen Buchreligionen, Christen wie Juden, herabsetzte, versicherte ihr Artikel 31, dass die Hamas eine «humane Bewegung» sei, die «die menschlichen Rechte beachtet und sich an die Toleranz des Islams im Hinblick auf die Angehörigen der anderen Religionen gebunden fühlt». Die Rechte dieser Minderheiten könnten allerdings nur dann garantiert werden, wenn sie dem Islam die Souveränität über sein Gebiet überließen – damit dürfte Palästina gemeint gewesen sein. Denn nur die Oberhoheit des Islams könne ein Miteinander in Ruhe und Sicherheit gewährleisten, für das, so wurde suggeriert, die Beseitigung des israelischen Staates die Voraussetzung sei. Unklar blieb freilich, wie die viel gepriesene und in Artikel 7 beschworene Toleranz des Islams mit der grundsätzlichen Haltung der Hamas gegenüber den als Feind markierten Juden und mit der Vision von der Judenverfolgung am Tag der Auferstehung zu vereinbaren sei. Um eine Auflösung dieser Widersprüche waren die Verfasser aber ebenso wenig bemüht wie um korrekte Geschichtsbilder. Denn mit der irreführenden Behauptung, «Der Islam gewährt jedem sein Recht und verbietet den Angriff auf die Rechte der anderen», wurde unter den Tisch gekehrt, dass Juden und Christen unter islamischer Herrschaft in vielerlei Hinsicht diskriminiert und erniedrigenden Gesetzen unterworfen waren.

In Artikel 32, dem vorletzten Abschnitt des vierten Kapitels, knüpften die Autoren an das in Artikel 22 unterstellte Bündnis zwischen dem «internationalen Zionismus» und den «kolonialistischen Kräften» an. Ziel dieser Allianz sei es, sukzessive möglichst alle arabischen Staaten aus der «Arena des Kampfes mit dem Zionismus» zu stoßen, um so die Palästinenser in ihrem Kampf zu isolieren. Den noch weiter gesponnenen Verschwörungstheorien dienten erneut die *Protokolle der Weisen von Zion* als Quelle. Auch wenn, wie insinuiert, die Zionisten bereits große Teile der Welt beherrschten, so hatten sie nach Ansicht der Autoren für den arabischen Raum noch einiges geplant:

> Das zionistische Vorhaben ist grenzenlos, und nach Palästina streben sie nach der Expansion vom Nil bis zum Euphrat. Wenn sie das Gebiet völlig verschlungen haben, zu dem sie vorgedrungen sind, trachten sie nach einer weiteren Expansion und so fort. Ihr Vorhaben steht in den *Protokollen der Weisen von Zion*, und ihr gegenwärtiges Tun ist der beste Beleg für das, was wir sagen.

Denjenigen, die «die Arena des Kampfes mit dem Zionismus verlassen», wurde Hochverrat vorgeworfen und unter Bezugnahme auf den Koran (8:16) unverblümt mit der Hölle gedroht: «Wer ihnen alsdann den Rücken kehrt (…), der verfällt dem Zorn Gottes, und die Hölle wird ihn (dereinst) aufnehmen. Ein schlimmes Ende!» An ihrer Führungsrolle im «Kampf mit dem internationalen Zionismus» ließ die Hamas keinen Zweifel. Zwar vereine die Islamische Widerstandsbewegung ihre «Anstrengungen mit den Anstrengungen all jener, die in der palästinensischen Szene wirken», betrachte sich selbst aber als «Speerspitze». In diesem Sinne waren unter dem Slogan «Auf zum Dschihad!» in Artikel 33, dem letzten des vierten Kapitels, alle arabischen und islamischen Staaten zur Unterstützung der Hamas aufgerufen.

Artikel 34 und 35 im fünften und letzten Kapitel versicherten, am Ende dieses Heiligen Krieges werde die Niederlage der Zionisten stehen – so, wie die großen islamischen Feldherren Saladin beziehungsweise Qutuz und Baibar einst auch den Kreuzfahrern und den tatarischen Eroberern eine Niederlage beibrachten. Unter der programmatischen Überschrift «Die Islamische Widerstandsbewegung sind Soldaten» wurde in dem Schlusskapitel noch einmal das Selbstverständnis der Hamas als Kampforganisation artikuliert, die «gegen keinen der Söhne unseres Volkes gerichtet [ist] (...), um dessen Konkurrent zu sein oder danach zu streben, seinen Platz einzunehmen». Dass dieses Credo allerdings kaum mit der zuvor gemachten Erklärung in Einklang zu bringen war, die Hamas sei die Speerspitze des palästinensischen Befreiungskampfes, war in ihrer Charta nur einer von mehreren Widersprüchen, die offenbar mit der überbordenden Brüderlichkeitsrhetorik des gemeinsamen Kampfs gegen die Zionisten verschleiert werden sollten. So verlautete es am Ende des ersten Absatzes gleichsam als Schlussakkord, dass die Hamas

> nichts als eine Hilfe für alle Vereinigungen und Organisationen sein [wird], die gegen den zionistischen Feind und die unter seinem Einfluss Stehenden aktiv sind.

Nach der erneuten Beteuerung, dass die Hamas dem Islam verpflichtet sei und jedem, «der sich auf den Islam als Lebensweise» stütze, «ob Organisation, Staat oder eine andere Gruppe», nur «als Soldaten» diene, und der Bitte, Gott möge sie rechtleiten, schloss die Charta mit der Formel: «Unser letztes Gebet ist: Lob sei Gott, dem Weltenherren.»

Die Veröffentlichung ihrer Charta blieb für die Hamas nicht ohne Folgen. Spätestens jetzt mussten die israelischen Besatzungsbehörden der Tatsache ins Auge sehen, dass die Umwandlung des palästinensischen Zweigs der Muslimbrüder-Bewegung in eine Kampforganisation in vollem Gange war. Schon in den folgenden Wochen wurden führende Hamas-Mitglieder verhaftet, Scheich Jassin allerdings blieb von einer Festnahme verschont. Auch die PLO hatte die Kampfansage der islamistischen Rivalin zur Kenntnis genommen und ihr Ton gegenüber Jassins aufstrebender Organisation wurde unverzüglich schärfer. In einem nun zum ersten Mal direkt an sie adressierten Flugblatt warnte die PLO die Islamisten davor, Generalstreiks im Alleingang auszurufen, weil mit derartigen Aktionen die Einheit des palästinensischen Volkes untergraben würde. Auch wenn gleichzeitig der Widerstand der Hamas als wichtiger Beitrag zur «nationalen Aktion» begrüßt wurde, warfen die Verfasser Jassin und seinen Mitstreitern vor, sie würden versuchen, dem Volk ihren Willen mit Gewalt aufzuzwingen, womit sie letztlich nur dem Feind in die Hände spielten. Die angeprangerten Gewaltaktionen wurden auch genannt, so das Anzünden von Läden und die Zerstörung anderen Eigentums derer, die dem Streikaufruf der Hamas nicht gefolgt waren.[6]

Die Hamas wiederum dachte nicht daran, sich eine derartige Bevormundung gefallen zu lassen, und holte in ihren Flugblättern zum Gegenschlag aus. Sie konterte, die von ihr ausgerufenen Streiks würden auch deshalb auf volle Zustimmung beim Volk stoßen, weil sie aus «seinem tiefsten Inneren» kämen. Den Vorwurf der säkularen Rivalin, sie würde die nationale Einheit aushöhlen, wies sie zurück und appellierte an alle Widerständler, denen sie ihre Unterstützung zusicherte, im Kampf gegen die Juden die Einigkeit des Volkes zu bewahren. Auch ihrer ablehnenden Haltung gegenüber der PLO-Entscheidung, Friedensverhandlungen mit Israel aufzunehmen, verliehen die Islamisten Nachdruck. Kurz vor der für den 15. November 1988 anberaumten Sitzung des Palästinensischen Nationalrats (PNC) in Algier, von der die offizielle Bekanntmachung des Kurswechsels der PLO erwartet wurde, ließ die Hamas in ihrem Kommuniqué keinen Zweifel daran, dass sie den Dschihad bis zur «totalen Befreiung des gesamten Palästinas» führen wolle. Um dieses Ziel zu verwirklichen, habe sie auch den Ausbruch der Intifada am 8. Dezember 1987 initiiert. Das gesamte palästinensische Volk, verkündete das Hamas-Flugblatt, habe sich an ihre Seite gestellt. Die Islamische Widerstandsbewegung habe seine latenten Kräfte aktiviert, die es befähigten, in der tagtäglichen Konfrontation mit dem feindlichen Usurpator Wunder zu vollbringen. Noch einmal wurde nachdrücklich bekräftigt, die «Strategie des totalen Dschihad» zu verfolgen und so lange Widerstand gegen die israelischen Besatzer zu leisten, bis ganz Palästina befreit sei – wie lange auch immer der Kampf dauern möge und wie zahlreich die damit verbundenen Opfer auch sein würden. Den Palästinensischen Nationalrat warnten die Islamisten davor, das «zionistische Wesen» anzuerkennen, und sprachen seinen Mitgliedern das Recht ab, im Namen des gesamten palästinensischen Volkes Verhandlungen aufzunehmen. Das sei Defätismus, und dafür hätten sich die Märtyrer der Intifada nicht geopfert.[7]

Indessen konnte der Propagandafeldzug gegen die säkularen Konkurrenten nicht das Rad der Geschichte aufhalten und den sich abzeichnenden Kurswechsel der PLO verhindern. Am 15. November 1988 rief der Palästinensische Nationalrat, die oberste Instanz der PLO, in Algier den unabhängigen Staat Palästina aus. In ihrer Unabhängigkeitserklärung, die nicht frei von Widersprüchen war, fand auch der als UN-Resolution 181 bekannte UN-Teilungsplan für Palästina aus dem Jahr 1947 Erwähnung. Die PLO führte ihn als Beleg für das international anerkannte Recht der Palästinenser auf einen eigenen Staat in Palästina ins Feld. Dass der Teilungsplan das gleiche Recht auch den Juden zugestand, erwähnte die palästinensische Deklaration allerdings mit keinem Wort. An anderer Stelle der Unabhängigkeitserklärung wurde erneut auf die «Beschlüsse der Vereinten Nationen seit 1947» verwiesen – und damit auf die hier nicht explizit benannten UN-Resolutionen 242 und 338. Damit sollte das Recht auf einen eigenen Palästinenserstaat nochmals untermauert werden, aber eine Anerkennung Israels war damit nicht zum Ausdruck gebracht, allenfalls angedeutet. Das verlangte nach einer Erklärung, und so sah sich Arafats politischer Berater Bassam Abu Scharif gezwungen, gegenüber der Presse eine Stellungnahme zu den PNC-Beschlüssen abzugeben:

> Die PLO hat ihre Position offiziell geändert von einer totalen Ablehnung von Israels Existenzrecht als exklusivem zionistischen Staat zur vollen Anerkennung Israels entsprechend den Bedingungen der Sicherheitsresolution 242, die den Rückzug Israels aus den 1967 besetzen Gebieten fordert. Die PLO, die einst prinzipiell Verhandlungen mit Israel ablehnte, hat jetzt offiziell ihrem Wunsch nach Gesprächen mit Israel im Rahmen einer internationalen Friedenskonferenz Ausdruck gegeben, mit dem Ziel, eine Zwei-Staaten-Lösung des palästinensisch-israelischen Problems zu finden.[8]

Die Antwort der Hamas auf diesen Beschluss war unmissverständlich. «Die Teilung Palästinas wurde 1947 vom palästinensischen Volk [und] den islamischen und arabischen Regierungen und Völkern abgelehnt – und heute?!», lautete denn auch die Überschrift ihres zehn Tage später veröffentlichten Flugblatts, in dem sie, um ihrer kategorischen Ablehnung der Friedenspläne des PNC noch einmal nachhaltig Ausdruck zu verleihen, erneut darauf pochte, dass das Ziel der Intifada die «Befreiung von ganz Palästina» sei.[9] Von da an spielten sich Jassin und seine Muslimbrüder zunehmend als ultimative Moralinstanz auf. Nur ein Jahr nach dem Beginn der Intifada war es der Hamas nicht nur gelungen, sich in der palästinensischen Gesellschaft Respekt zu verschaffen. Sie hatte sich auch als national-religiöses und bedeutendes Gegengewicht zu Jassir Arafats säkularer Befreiungsorganisation etabliert.

Im Rückblick könnte man fragen, ob die Kursänderung der PLO in Richtung einer friedlichen Lösung des Konflikts nicht zuletzt auch der Selbsterhaltung geschuldet war. Denn angesichts des Erstarkens der Hamas sah es so aus, als müssten die Säkularen inzwischen um ihre Vormachtstellung bangen. Sie durch eine Kooperation mit Israel zu sichern, lag da nahe. Tatsächlich waren die Israelis jetzt dabei, im Umgang mit der PLO und der Hamas die Koordinaten zu ändern. Während Arafats Organisation vom Feind zum Friedenspartner mutierte, wurden die anfangs geduldeten palästinensischen Muslimbrüder, die einen Friedensschluss immer vehementer ablehnten, für Israel zu einer ernsthaften Gefahr.

4.
Die Hamas opponiert gegen die Friedensbemühungen der PLO

Auch wenn Arafats PLO die weltweite Akzeptanz der palästinensischen Unabhängigkeitserklärung vom November 1988 als großen Triumph feierte und die Hamas sich erst einmal geschlagen geben musste, konnte bei Scheich Jassin und seinen Mitstreitern von Aufgeben keine Rede sein. Man setzte alles daran, den Friedenskurs der PLO, die mit der Beteiligung ihrer palästinensischen Unterhändler an der Friedenskonferenz von Madrid Ende Oktober 1991 einen weiteren Erfolg verbuchen konnte, zu durchkreuzen. Unterdessen eskalierten die Konfrontationen zwischen den Islamisten und der israelischen Besatzungsmacht, die mittlerweile das Gefahrenpotenzial der Hamas in ihrem ganzen Ausmaß erkannt hatte.

Auf die schon im Herbst 1988 erfolgte erste Verhaftungswelle gegen führende Mitglieder seiner Organisation reagierte Jassin mit der Rekrutierung einer neuen Kaderschicht. Wegen des rigorosen Vorgehens der Israelis war man nun gezwungen, neue Verstecke für die geheime Nachrichtenübermittlung zu finden, für die bis dahin Spendenkästchen und Brieffächer in Moscheen gedient hatten. Jetzt wurden die Botschaften unter Müllbehältern, Steinen und in Mauerritzen deponiert oder Graffiti als Botschaftsträger genutzt. Mit der Verwendung grüner Schriftzüge, der Symbolfarbe des Islams, setzten die Hamas-Aktivisten ihre Graffiti-Sprüche von den schwarzen der Fatah oder den roten der linksorientierten «Volksfront für die Befreiung Palästinas» ab. Auch waren die Islamisten bemüht, ihre Propaganda so zu gestalten, dass man sie von der ihrer säkularen Kontrahenten auf den ersten Blick unterscheiden konnte. Ihre Parolen waren umso leichter erkennbar, als sie nun keinerlei Hehl mehr aus dem zunehmend militanten Charakter der Bewegung machten: «Mit Gewalt, und nur mit Gewalt, werden wir den Boden Palästinas befreien», hieß etwa eine der Propaganda-Formeln. Und um die von ihren Aktivisten hochgehaltenen Nationalfahnen von jenen der Säkularen abzusetzen, wurden sie mit dem islamischen Glaubensbekenntnis «Es gibt keinen Gott außer Gott» versehen.[1]

In der Westbank verfügte die Bewegung mittlerweile über ähnliche Strukturen wie Jassins Organisation im Gazastreifen. Die Kontakte zu diesem Zweig der Hamas wurden mit Geld aus Kreisen der befreundeten Muslimbrüder in Jordanien unterstützt. Eine weitere Finanzquelle waren die als Spenden für die Opfer der Intifada getarnten Geldmittel, die etwa von Kuwait ebenfalls über Jordanien an die Organisation gelangten.

Ein Teil dieser Mittel floss in den Ausbau des militärischen Arms der Hamas, den Jassin höchstpersönlich vorantrieb. Unter seinem ersten Chef Salah Schachada konzentrierten sich die Aktivitäten des militärischen Flügels im ersten Jahr der Intifada vor allem auf die Rekrutierung und Ausbildung neuer Mitglieder im Gazastreifen. Die Hamas ermordete nicht nur Palästinenser, die im Verdacht der Kollaboration mit dem israelischen Feind standen, sondern begann jetzt auch, gegen die Besatzungsmacht Terroranschläge zu begehen, zu denen sie sich allerdings nicht öffentlich bekannte. Ihre Terroristen griffen israelische Militärpatrouillen mit Molotowcocktails und Sprengstoffladungen an und verübten Brandanschläge gegen landwirtschaftliche Einrichtungen im israelischen Kernland. Im März 1988 nahm eine der militanten Zellen der Hamas auch schon israelische Zivilisten ins Visier. So wurde in Gaza von ihrer «Zelle 101» ein von der Stadtverwaltung mit dem Bau eines Brunnens beauftragter israelischer Wasserbauingenieur angeschossen und schwer verletzt.[2]

Mitte Februar 1989 machten sich zwei als orthodoxe Juden verkleidete Mitglieder dieser Zelle auf den Weg nach Israel, wo sie südlich der Stadt Aschdod den israelischen Soldaten Avi Sasportas, der als Anhalter unterwegs war, in eine Falle lockten. Kurz nachdem Sasportas in ihr Auto gestiegen war, töteten sie ihn mit einem Kopfschuss und verscharrten seine Leiche an einer Kreuzung in der Nähe der Stadt Aschkelon. Die vom israelischen Militär kurz darauf gestartete umfangreiche Suchaktion, bei der Dutzende von Moscheen im Gazastreifen durchsucht wurden, blieb erfolglos. Anfang Mai schlugen die beiden Täter nach dem gleichen Muster wieder zu und ermordeten den israelischen Soldaten Ilan Saadon, der sich als Tramper auf dem Weg nach Aschkelon befand. Sein Leichnam wurde ebenfalls unmittelbar nach der Tat vergraben, und wieder suchte die israelische Armee in einer groß angelegten Aktion vergebens nach dem verschollenen Soldaten. Sie stieß dafür aber auf die sterblichen Überreste Avi Sasportas'.

Bei der großen mit dieser Suchaktion einhergehenden Verhaftungswelle wurden über zweihundertfünfzig führende Mitglieder und Sympathisanten der Hamas festgenommen – darunter diesmal auch Scheich Jassin, der Gründungsvater der Bewegung. Dies hinderte die Organisation nicht daran, in einer mit «Die Heldentaten der Hamas» überschriebenen Flugschrift die beiden Gewalttaten zu glorifizieren, wobei man sich besonders der Ermordung Avi Sasportas' rühmte, der, wie angeblich seinen Papieren zu entnehmen war, nicht nur Mitglied einer israelischen Eliteeinheit, sondern auch Fallschirmjäger und Marinesoldat gewesen sei. Tatsächlich gibt es Hinweise darauf, dass Sasportas der geheimen und legendenumwobenen israelischen Spezialeinheit «Magellan» angehörte, wo er allerdings nicht als Kämpfer, sondern als Sanitäter eingesetzt gewesen sein soll. In dem Pamphlet wurde er kurzerhand zu einem gefährlichen Killer erklärt, der an der Tötung von Khalil al-Wazir, dem Militärchef der Fatah, durch eine israelische Spezialeinheit am 20. April 1988 in Tunis beteiligt gewesen sei. Diese Version sollte das Ansehen der Hamas als Kampforganisation steigern und zugleich die Aktivisten der säkularen Gegenspielerin Fatah als Amateure hinstellen – unfähig, den Mord an ihrem Militärchef zu rächen. Die Ermordung des Soldaten Ilan Saadon feierte die Flugschrift als «neuen Höhepunkt bei den Operationen gegen den zionistischen Feind» und bejubelte beide Bluttaten zudem als Sieg in der psychologischen Kriegsführung gegen Israel, weil das «große Medienecho zu einer psychologischen Krise beim jüdischen Volk und seinem Militär» geführt habe.[3] Später wurden die beiden Anschläge zum Gründungsmythos der 1991 ins Leben gerufenen Kampf- und Terrorgruppen der Hamas, der «Izz ad-Din al-Qassam-Brigaden».[4]

Scheich Ahmad Jassin musste sich nun vor Gericht für die Mordtaten verantworten. In dem Anfang Januar 1990 eröffneten Prozess, der sich über zwei Jahre hinzog, fanden lediglich drei Verhandlungen statt, und zwar nicht wie bis dahin üblich in Gaza, sondern aus Sicherheitsgründen in der Nähe des israelischen Checkpoints Erez. Diese Vorsichtsmaßnahme konnte allerdings nicht verhindern, dass er weltweit zur Symbolfigur des palästinensischen Befreiungskampfes avancierte. Jassin wurde, nachdem er das Angebot, freiwillig ins Exil zu gehen, ausgeschlagen hatte, schließlich zu lebenslänglich plus fünfzehn Jahren Haft verurteilt. Der Scheich bestritt bis zuletzt, an der Planung der Entführung und Tötung der beiden israelischen Soldaten beteiligt gewesen zu sein. Tatsächlich war ihm eine Komplizenschaft nicht nachzuweisen, sodass das Gericht diesen Anklagepunkt fallen lassen musste. Am Ende wurde Jassin unter anderem wegen Mitgliedschaft in einer verbotenen Organisation und Beteiligung an deren Finanzierung, Anstiftung zur Tötung palästinensischer Kollaborateure in vier Fällen sowie unerlaubten Waffenbesitzes und Volksverhetzung verurteilt. Der Leichnam des zweiten entführten Soldaten Ilan Saadon konnte erst 1996 nach jahrelangen Ermittlungen des israelischen Inlandsgeheimdienstes Schabak geborgen werden.

Die Massenverhaftungen der führenden Hamas-Mitglieder zwangen die Islamisten, eine neue Führung zu installieren, was das Ende der Ära Jassin markierte. Der Scheich saß noch bis 1997 im Gefängnis. Um die Gefahr einer erneuten Zerschlagung der Führungsspitze durch die israelische Besatzungsarmee zu verringern, wurde die Führungsebene ins Ausland verlegt, nach Springfield im US-Staat Virginia sowie ins jordanische Amman und zeitweise auch nach London. Mit der Reorganisation, an der auch die jordanischen Muslimbrüder beteiligt waren, wurde Mussa Abu Marzuq, eine Schlüsselfigur der amerikanisch-palästinensischen

Exilgemeinde, betraut und zum Vorsitzenden des Hamas-Politbüros ernannt. Der Gazastreifen und die Westbank erhielten jeweils ein «Generalleiter-Büro» und zur Koordination ihrer Zusammenarbeit wurde das «Westbank-Gaza-Büro» als übergeordnete Instanz eingerichtet. Sie wiederum stand in engem Kontakt mit Abu Marzuqs Hamas-Politbüro in den USA. Von da an setzte die Organisation sowohl auf struktureller und organisatorischer Ebene als auch bei der internen Kommunikation auf die strikte Trennung von politischer Arbeit und militärischen Aktionen.

Trotz aller Vorsicht, mit der die Islamisten bei ihren Aktivitäten in den besetzten Gebieten vorgingen, wurden die Organisationsstrukturen von den Israelis, die die Hamas 1989 als Terrororganisation eingestuft und für illegal erklärt hatten, Ende 1990 und Anfang 1991 sukzessive aufgedeckt. Eine erneute Verhaftungswelle rollte über die Palästinensergebiete hinweg, nachdem bei einer Serie blutiger Messerattacken etliche Israelis, meist Zivilisten, auf zum Teil grausame Weise ermordet worden waren. Zu den Angriffen hatte die Islamische Widerstandsbewegung aufgerufen – als Rache für die achtzehn palästinensischen Opfer, die bei der in Gewalt eskalierenden Demonstration vom 8. Oktober 1990 auf dem Jerusalemer Tempelberg von israelischen Sicherheitskräften erschossen worden waren.[5]

Die Islamisten brüsteten sich damit, dass die Täter ihrem Aufruf, wann immer möglich Juden zu töten, gefolgt waren. In den Internet-Annalen der Organisation wurde unter der den Anschlägen der Hamas gewidmeten Rubrik «Glorie» der «Krieg der Messer» als großer Erfolg gepriesen, wobei völlig ausgeblendet blieb, dass die meisten der getöteten Israelis unschuldige Zivilisten waren. Man hatte auch keine Hemmungen, gezielt Geschichtsklitterung zu betreiben, etwa mit der falschen Behauptung, die Getöteten seien israelische Siedler gewesen. In einem der dort dokumentierten Fälle, bei dem im Dezember 1990 drei Israelis in ihrer Schlosserei in Jaffa von zwei palästinensischen Angestellten brutal erstochen worden waren, wurde der Tatort kurzerhand in den Gazastreifen verlegt, um so zu suggerieren, die Tat habe in einer israelischen Siedlung auf palästinensischem Gebiet stattgefunden.[6]

Die Massenverhaftungen von 1990/91 zwangen die Hamas erneut zu einer organisatorischen Neuorientierung. Die Bezirke Gazastreifen und Westbank wurden jetzt endgültig voneinander abgekoppelt und direkt der Führung im Ausland unterstellt, die nun von den USA, Großbritannien und Jordanien aus operierte. Die Kommunikation zwischen den Hamas-Führern in den Palästinensergebieten und den Führungskadern im Ausland erfolgte jetzt in erster Linie über Telefon und Fax, daneben dienten aber auch gegenseitige Besuche zur Übermittlung von Nachrichten. Ferner sollte ständige Personalrotation einer erneuten Verhaftung des Führungspersonals entgegenwirken.

Das Vorgehen der Israelis machte auch den Umbau des militärischen Arms erforderlich. Der 1963 im Flüchtlingslager Nuseirat südlich von Gaza geborene Walid Aqel übernahm diese Aufgabe. In der ersten Jahreshälfte 1991 baute er hauptsächlich in den Flüchtlingslagern des Gazastreifens eine Reihe bewaffneter Kampfzellen auf, die sich überwiegend aus den Verwandtschafts- und Freundschaftsnetzen ihrer Anführer rekrutierten – ein häufiges Rekrutierungsumfeld der palästinensischen Kampforganisationen. Die ersten Einsätze dieser Kampfgruppen richteten sich gegen Palästinenser, die verdächtigt wurden, mit den Israelis zusammenzuarbeiten. Im Sommer des gleichen Jahres wurde von Aqels lokalem Mordkommando der im Flüchtlingslager Nusseirat lebende und unter Kollaborationsverdacht stehende Ahmad Matar erdrosselt und seine Leiche an den Straßenrand geworfen. Die Täter bekannten sich per Graffiti zu der Mordtat, und zwar im Namen der «Izz ad-Din al-Qassam-Brigaden», deren Namensgeber schon in der Hamas-Charta als Held gepriesen worden war.

Mit ihrem Bekenner-Graffiti machten die Islamisten die Existenz dieser Kampforganisation zum ersten Mal öffentlich bekannt. Die nächste, nur wenige Tage später am gleichen Ort und auf ähnliche Art verübte Strafaktion wurde mit einem Flugblatt publik gemacht, das bereits mit «Izz ad-Din al-Qassam-Brigaden» unterzeichnet war. Diesem Muster folgten die Killerkommandos bei den insgesamt neunzehn Tötungen mutmaßlicher Kollaborateure von Juni bis Dezember 1991. Wurden die Opfer anfänglich in der

Regel stranguliert oder erstochen, machte man mit der Zeit zunehmend von Schusswaffen Gebrauch. Die Ausstattung der Qassam-Brigaden mit Feuerwaffen diente aber vor allem zum Zwecke der Vorbereitung von Anschlägen gegen israelische Ziele, mit denen unter dem Kommando von Aqels Nachfolger Baschir Hamad schon bald begonnen wurde.[7]

Inzwischen wurde für die Kampforganisation auch öffentlich geworben. Zu Mobilisierungszwecken kursierte offensichtlich bereits 1991 ein Videoband, das Mitglieder der Qassam-Brigaden beim Training zeigte. Nach mehreren fehlgeschlagenen Sprengstoffanschlägen auf israelische Militärpatrouillen erschossen Aktivisten zu Jahresbeginn 1992 einen Israeli aus der Siedlung Kfar Darom im Gazastreifen. Das Attentat gab den Startschuss für eine Reihe von Feuerüberfällen und Autobombenanschlägen gegen Israelis. Gestärkt durch die breite Akzeptanz, auf die das gewalttätige Vorgehen gegen die Besatzungsmacht in der palästinensischen Bevölkerung stieß, nutzte die Islamische Widerstandsbewegung die Gunst der Stunde und forderte mit Graffitis wie «Hamas ist die Alternative zur PLO» oder «Hamas ist die einzige legitime Vertreterin des palästinensischen Volkes» die säkulare Gegenspielerin aufs Neue heraus.[8]

Zu diesem Zeitpunkt war das Verhältnis zwischen den beiden rivalisierenden Bewegungen längst auf einem neuen Tiefpunkt angelangt. Alle Versuche der PLO, die Islamisten für die sich abzeichnenden Friedensverhandlungen mit Israel mit ins Boot zu holen, scheiterten. Als der israelische Ministerpräsident Itzhak Schamir bei seinem USA-Besuch im Mai 1989 einen Friedensplan präsentierte, lehnte ihn die Hamas nicht nur kategorisch ab, sondern appellierte an die friedensbereite Rivalin, diesen keinesfalls zu akzeptieren, da er lediglich darauf abziele, die Intifada zum Stillstand zu bringen. Der Plan sah vor, dass nach freien Wahlen in den Palästinensergebieten die gewählte Führung mit Israel in Verhandlungen über eine «palästinensische Autonomie» auf der Grundlage des Camp-David-Abkommens zwischen Israel und Ägypten vom 17. September 1978 treten würde. Auch von der PLO wurde der Friedensvorschlag zurückgewiesen, was aber nicht auf den Appell der Hamas zurückging. Der Grund war vielmehr, dass der israelische Regierungschef direkte Verhandlungen mit der Exilführung der PLO ebenso ausschloss wie die Gründung eines palästinensischen Staates.

Um mäßigend auf die Islamisten einzuwirken, bot ihnen die PLO an, sich ebenfalls dem Palästinensischen Nationalrat (PNC) anzuschließen. Er versammelte damals neben der dominanten Fatah mehr als ein halbes Dutzend kleiner palästinensischer Kampforganisationen und sollte im September 1991 über den weiteren Verlauf der Friedensverhandlungen mit Israel entscheiden. Die Hamas antwortete auf dieses Angebot mit der Forderung, ihr mindestens 40 bis 45 Prozent der PNC-Sitze zu überlassen, was für Arafats Fatah, den Führungskern der PLO, das Ende des von ihr eingeschlagenen Friedenskurses bedeutet hätte. Denn angesichts des sich damals abzeichnenden Schulterschlusses der Islamisten mit dem PLO-Flügel der Oslo-Gegner hätten die Friedensverweigerer den PNC dominiert. Die PLO-Führung lehnte daher ab.

Mittlerweile schlug die zunehmende Rivalität zwischen Hamas und Fatah auch immer wieder in Gewalt um. Im April und Juni 1990 kam es in Tulkarem und Nablus zu blutigen Zusammenstößen zwischen Aktivisten beider Organisationen. Auch eine in der Zwischenzeit von den Konfliktparteien eilends verfasste Versöhnungserklärung, in der von gegenseitigem Respekt und dem Beginn einer neuen Ära ihrer Beziehungen die Rede war, konnte für keinerlei Befriedung sorgen. Vielmehr ritten die Islamisten zur gleichen Zeit in einem Pamphlet mit dem Titel «Die Islamische Widerstandsbewegung Hamas zwischen Qual der Gegenwart und Hoffnung auf die Zukunft» eine massive rhetorische Attacke gegen die säkulare Rivalin, der sie erneut den Führungsanspruch streitig machten.

Mit bislang ungekannter Schärfe holte die PLO daraufhin im Fatah-Organ *Filastin al-Thawra* (Palästina der Revolution) zum Gegenschlag aus: Die Islamisten besäßen doch tatsächlich die Unverschämtheit, sich als Alternative zur Fatah zu präsentieren, wo es doch Arafat und seine Weggefährten gewesen seien, die dem nationalen Widerstand den Weg geebnet hätten. Man forderte von den Islamisten nun nicht nur Beweise für die angeblichen Erfolge im bewaffneten Kampf gegen die israelischen Besatzer. Sie wurden auch massiv dafür gerügt, die Opfer der säkularen und linksgerichteten Kampforganisationen nicht als islamische Märtyrer anzuerkennen.[9]

Der Streit drohte zu eskalieren. Mehrere Versöhnungstreffen konnten die Feindseligkeiten nicht eindämmen, ebenso wenig eine im September 1990 veröffentlichte weitere gemeinsame Erklärung. Sie enthielt unter anderem einen Verhaltenskodex für den Umgang miteinander und die Verpflichtung, sich nicht in die Aktivitäten des anderen einzumischen. Als sich im April 1991 immer deutlicher die Absicht der PLO herauskristallisierte, in Friedensverhandlungen mit Israel einzutreten, lieferten sich Säkulare und Islamisten in Nablus regelrechte Straßenkämpfe, mitunter auch mit Schusswaffen. Und als Ende September der Palästinensische Nationalrat auf seiner zwanzigsten Sitzung in Algier grünes Licht für Friedensgespräche mit Israel gab, waren schwere Krawalle die Folge, bei denen auf beiden Seiten Tote und Verletzte zu beklagen waren. Die Islamisten erklärten diesen Beschluss für illegal und geißelten ihn als einen Akt des «Ausverkaufs Palästinas» und der Kapitulation.[10]

Die Hamas verfolgte nun auch das Ziel, die Friedensbemühungen auf internationaler Ebene zu torpedieren, wobei sie zunehmend auf die Unterstützung des Iran setzen konnte. Dort war man entschlossen, die Führungsrolle im Kampf gegen den Friedensprozess zu übernehmen, und veranstaltete in Teheran Mitte Oktober 1991 – kurz vor der für Ende des Monats anberaumten Friedenskonferenz in Madrid – die erste «Internationale Konferenz zur Unterstützung der islamischen Revolution in Palästina», auf der auch die Hamas mit ihrem Sprecher Ibrahim Ghuscha vertreten war. Einhellig verurteilten die versammelten Friedensgegner die bevorstehende Madrider Konferenz, die der «islamischen Revolution» in Palästina ein Ende setzen wolle, und sprachen dem «zionistischen Wesen», also Israel, das Existenzrecht ab. Und ähnlich wie in der Hamas-Charta wurde Palästina offiziell zum geheiligten islamischen Boden erklärt, der der gesamten muslimischen Gemeinschaft gehöre und niemals aufgegeben werden dürfe.[11]

Die nur als Verständigungsforum gedachte Madrider Friedenskonferenz fasste keine Beschlüsse, machte aber den Weg für weitere Friedensverhandlungen frei. An ihrem Eröffnungstag, dem 30. Oktober 1991, rief die Hamas in den Palästinensergebieten einen Proteststreik aus, gegen den PLO-Aktivisten vorzugehen versuchten, indem sie Händler mit Gewalt zwangen, ihre Läden zu öffnen. In den Monaten danach wie auch im gesamten nächsten Jahr herrschten bürgerkriegsähnliche Zustände. Der Hass der Konfliktparteien brach sich ungehemmt Bahn, die Gewaltpalette reichte von Straßenkrawallen, Drohschreiben und tätlichen Übergriffen bis hin zum Mord. Sämtliche Schlichtungsversuche blieben erfolglos. Die Islamisten führten jetzt gegen die Friedensbemühungen der PLO einen Hetzfeldzug von nie da gewesenem Ausmaß, woraufhin Jassir Arafat ihnen offen mit Gewalt drohte.

Parallel zur Eskalation des innerpalästinensischen Konflikts intensivierte die Hamas jetzt ihre Guerilla- und Terroraktionen gegen israelische Ziele. In dieser Zeit töteten die Qassam-Brigaden auch zahlreiche Palästinenser, die man verdächtigte, mit Israel zu kollaborieren – ein weiterer Versuch der Islamisten, sich gegenüber der Fatah zu profilieren, die mittlerweile deutlich zurückhaltender agierte. Im Juni 1992 erlebte der Radikalismus der Hamas einen weiteren Höhepunkt, als sie dem Journalisten Tawfiq Abu Hussa, der dem Führungskreis der Fatah angehörte, die Leichname zweier ermordeter Palästinenser mit der Drohbotschaft «Unser Geschenk an Abu Hussa» vor die Haustür legten. Es war die Quittung dafür, dass Abu Hussa wenige Tage zuvor in Gaza die immer brutaleren Liquidierungen von «Kollaborateuren» öffentlich verurteilt hatte, über die schon seit dem Vormonat in der palästinensischen Öffentlichkeit debattiert wurde. Obgleich die damals im Gazastreifen operierenden Mitglieder der Qassam-Brigaden von israelischen Spezialeinheiten sukzessive gefasst beziehungsweise getötet wurden, gelang es den Islamisten nur zwei Wochen später, sich mit weiteren Morden in Szene zu setzen. Am 25. Juni 1992, einen Tag nach dem offiziellen Wahlsieg Itzhak Rabins, der in Israel eine politische Wende herbeiführte und den Friedensprozess zügig vorantrieb, wurden in Gaza zwei israelische Gemüsehändler von Angehörigen der Qassam-Brigaden erstochen, die am Tatort die mit «Hamas» unterzeichnete Botschaft «Das ist unsere Antwort auf Rabin» an die Wand schmierten.[12]

Entsprechend radikalisierte sich auch die Rhetorik der Hamas. Sie hob jetzt noch stärker auf die Dschihad-Dimension des Widerstands an, indem sie ihn als *intifada dschihadiya* (Dschihad-Intifada) bezeichnete. Ende Juli 1992 sprach sie zum ersten Mal von einer «Märtyrertod-Operation» *(amaliya istischhadiya),* die die Qassam-Brigaden gegen einen israelischen Militärposten in Khan Yunis ausgeführt hätten. Der arabische Begriff ist eine Wortschöpfung der proiranischen libanesischen Schiitenmiliz Hizbullah: So hatte sie 1985 nachträglich ihr erstes Selbstmordattentat vom November 1982 gegen die Zentrale der israelischen Besatzungsmacht in der südlibanesischen Stadt Tyros genannt. Mit der Verwendung dieses Begriffs signalisierte die Hamas ihren Opferwillen, Kämpfer auf Selbstmordkommandos zu schicken, was der Anschlag in Khan Yunis allerdings nicht war. An ihrer Bereitschaft, von dieser Kampfmethode Gebrauch zu machen, hatten die Islamisten im Übrigen schon im Dezember 1990 in ihrer Hauszeitschrift *Filastin al-Muslima* keinen Zweifel gelassen: «Wer, wohlwissend um das Schicksal, das ihn erwartet, ein Messer trägt, um einen Soldaten zu erstechen, würde ebenso, hätte er die Möglichkeit dazu, eine Autobombe in die Knesset steuern.»[13]

Die Einstimmung auf den Einsatz von Selbstmordattentätern war auch eine Folge der Annäherung an die vom Iran unterstützten Kampforganisationen, die als Reaktion auf die Madrider Friedenskonferenz damals gemeinsam Front gegen den Osloer Friedensprozess machten. Dazu gehörte neben der radikalislamischen libanesischen Hizbullah auch die säkulare «Volksfront für die Befreiung Palästinas – Generalkommando» (PFLP-GC). Letztere hatte sich bereits in den 1970er Jahren einen Namen gemacht, als sie unter der Führung des palästinensisch-syrischen Ex-Offiziers Ahmad Dschibril das Selbstmordattentat in die nahöstliche Terrorszene einführte und diese Kampfmethode weiter systematisierte. Die PFLP-GC konnte die weltweit erste Selbstsprengung eines Selbstmordkommandos für sich beanspruchen, das im April einen Terroranschlag gegen Zivilisten im israelischen Kirjat Schmona verübte. Sie lieferte damals auch das noch Jahrzehnte später als Vorbild dienende Muster für die mediale Abschiedsinszenierung von Selbstmordattentätern.[14] In den Achtzigerjahren kam es im Zuge der Annäherung von Syrien und Iran zwischen der PFLP-GC und Teheran, das die palästinensische Organisation finanziell unterstützte, zu einer immer engeren Kooperation. Sie gipfelte darin, dass zu Beginn der Neunzigerjahre die PFLP-GC ihre terroristischen Aktivitäten offen in den Dienst iranischer Interessen stellte. Ihr Chef Dschibril hatte unterdessen schon im Juni 1990 gegenüber der arabischen Presse erklärt, dass er Khomeinis Meinung teile, Israel sei ein Krebsgeschwür, das ausgemerzt werden müsse.[15]

Um diese Zeit stieß auch die Hamas zu der syrisch-iranischen Allianz der radikalen Israel-Gegner. Schon vor ihrer Teilnahme an der erwähnten Teheraner «Internationalen Konferenz zur Unterstützung der islamischen Revolution in Palästina» im Oktober 1991 waren Delegationen der Hamas und der ihr nahestehenden jordanischen Muslimbrüder im selben und im Jahr davor gemeinsam in die iranische Hauptstadt gereist. Auf Einladung der Iraner eröffnete die Hamas dort kurz nach dem Kongress ein Büro, das Imad al-Ilmi leitete, einer ihrer hohen Funktionäre, der Anfang 1991 von den Israelis des Landes verwiesen worden war. Als im Oktober 1992 der Leiter des Hamas-Politbüros Mussa Abu Marzuq mit einer Delegation die iranische Hauptstadt besuchte, um die gegenseitigen Beziehungen zu vertiefen, wurden die palästinensischen Islamisten von Revolutionsführer Ayatollah Khomeini persönlich empfangen. Teheran sicherte den Palästinensern nicht nur finanzielle und militärische Unterstützung zu. Es wurde zudem vereinbart, dass Widerstandskämpfer der Hamas von nun an in iranischen militärischen Einrichtungen – im Iran selbst oder im Libanon – ausgebildet werden. Zu dieser Zeit wurde wohl auch mit der Ausbildung von Hamas-Kämpfern in den militärischen Trainingslagern der PFLP-GC begonnen, deren Existenz

Dschibril allerdings erst 1994 zugab. Gelegenheit, ihre Beziehungen zu vertiefen, bot eine Konferenz im Januar 1992 in der syrischen Hauptstadt Damaskus, auf der zehn palästinensische Widerstandsorganisationen, darunter die PFLP-GC, der palästinensische Islamische Dschihad und die Hamas, den Friedenskurs der PLO verurteilten und erklärten, den bewaffneten Kampf gegen Israel weiterzuführen.[16]

Im Dezember 1992 erreichten die Anschläge der Hamas mit der Ermordung des israelischen Grenzschutzpolizisten Nissim Toledano einen vorläufigen Höhepunkt. Auch er wurde, wie seinerzeit die Soldaten Avi Sasportas und Ilan Saadon, gekidnappt, jedoch nicht sofort getötet, sondern erst Stunden nach seiner Entführung. Die seit Juni des Jahres amtierende Regierung Rabin reagierte auf das Attentat mit der Ausweisung von vierhundertfünfzehn zum Führungskreis hauptsächlich der Hamas, aber auch des Islamischen Dschihad gehörenden Mitgliedern in den Libanon sowie der Verhaftung tausendsechshundert weiterer Aktivisten der beiden islamistischen Kampforganisationen. In Jerusalem, wo man die Friedensverhandlungen mit der PLO vorantreiben wollte, ging man davon aus, dass diese drakonische Strafmaßnahme die beiden Islamisten-Organisationen schwächen würde. Doch weit gefehlt. Sie hatte die aus dem Untergrund agierenden Mitglieder des militärischen Arms der Hamas kaum getroffen und wurde für Israel schließlich zum Bumerang. Denn nachdem sich die libanesische Regierung weigerte, die Deportierten aufzunehmen, richteten sie sich am Rand der von Israel beanspruchten Sicherheitszone im Südlibanon in einem Zeltlager ein. Das «Lager der Rückkehr», wie seine Insassen es symbolisch nannten, wurde zum globalen Medienereignis, und die Exilierten erfuhren viel internationale Solidarität.

Das Vertriebenen-Camp im israelisch-libanesischen Niemandsland trug zur weiteren Festigung der Beziehungen zwischen der islamistischen Hamas und Dschibrils säkularer PFLP-GC bei, die sich um die Versorgung der Exilierten kümmerte und sie auch ihren Rundfunksender *Radio Al-Quds* nutzen ließ.[17] Israelische Sicherheitsexperten behaupteten später, die Terrorexperten der

Hamas seien über die deportierten Aktivisten an zusätzliches militärisches Know-how gelangt. Tatsächlich verübte die Hamas schon am 16. April 1993 ihr erstes Selbstmordattentat, wobei die Wahl des Datums alles andere als zufällig war. Denn am selben Tag fand auch ein Protestmarsch der Deportierten statt, sodass maximale mediale Aufmerksamkeit garantiert war, als sich der erste Todesfahrer der Hamas mit seinem Fahrzeug zwischen zwei Bussen in die Luft sprengte, die vor einem Imbisslokal in der Nähe der im Jordantal gelegenen israelischen Siedlung Mechola parkten. Ein israelischer Araber, der in dem Lokal angestellt war, und der Täter kamen bei dem Anschlag ums Leben, sieben israelische Soldaten und ein Zivilist wurden verletzt. Der Attentäter Saher al-Tamam stammte aus einer wohlhabenden Familie in Nablus, war Absolvent der dortigen Al-Nadschach-Universität, gehörte den Qassam-Brigaden an und war schon früher an Anschlägen gegen Israelis beteiligt gewesen.[18]

Der Selbstmordanschlag markierte den Beginn einer neuen Phase im Terrorismus der Hamas, die neben israelischen Soldaten jetzt auch zunehmend Zivilisten ins Visier nahm. Gestützt auf die Erfahrung der Selbstmordattentate der palästinensischen Fedayin in den Siebzigerjahren, wählte man – wie schon seinerzeit – dieses Kampfmittel, um die Annäherung Jassir Arafats an Israel zu hintertreiben. Fäden im Hintergrund zog jetzt auch Ahmad Dschibril, der am 9. November 1993, vier Tage vor der Unterzeichnung der israelisch-palästinensischen Osloer Prinzipienerklärung, in Damaskus Morddrohungen gegen Arafat aussprach und eine Welle blutiger Anschläge in ganz Israel ankündigte.

Bereits am Vorabend der Unterzeichnung des Friedensabkommens schickte die Hamas zwei ihrer Attentäter los, um Selbstmordanschläge auf israelische Busse zu verüben. Sie schlugen jedoch fehl, weil in dem einen Fall die Handgranate versagte und in dem anderen die Autobombe nicht detonierte. Beide Täter wurden bei ihrem Einsatz getötet, wobei es einem, ehe er erschossen wurde, noch gelang, den Busfahrer mit einem Messer tödlich zu verletzen. Die beiden Anschläge zeigten unmittelbar Wirkung. So appellierte Israels rechte Opposition an die Regierung Rabin, das

Friedensabkommen mit der PLO nicht zu unterzeichnen, und versuchte so, aus den Attentaten politisch Kapital zu schlagen. Ihre gegen das Osloer Friedensabkommen gerichtete Politik wurde in den nächsten Jahren immer radikaler und stieß, je brutaler und zahlreicher die Terroranschläge der Islamischen Widerstandsbewegung wurden, in der israelischen Bevölkerung zunehmend auf Rückhalt. Allein im Jahr 1993 kosteten meist von der Hamas verübte Anschläge neunundfünfzig Israelis das Leben.

Scheiterten zunächst mehrere weitere Selbstmordattentatsversuche der Hamas, wurden im Jahr darauf die Einsätze ihrer Selbstmordterroristen immer effizienter. Beflügelt von der Durchschlagskraft der ersten Todesoperationen der Qassam-Brigaden, ließen die Drahtzieher immer mehr Selbstmordattentäter, deren Hauptziele weiterhin Busse waren, ausschwärmen, was in Israel die Zahl der zivilen Todesopfer in die Höhe trieb. Den Islamisten dürfte das Hebron-Massaker, bei dem im Februar 1994 der jüdische Siedler Baruch Goldstein neunundzwanzig betende Muslime in der Ibrahimi-Moschee erschossen hatte, gerade recht gekommen sein: Selbstmordattentate ließen sich nun zusätzlich als Vergeltung rechtfertigen.

Im Machtkampf mit der PLO waren die Terroranschläge der Hamas auch eine indirekte Reaktion auf den 1994 begonnenen Aufbau der Palästinensischen Autonomiebehörde, in den die Mehrheit der Palästinenser ihre Hoffnung auf Freiheit und Unabhängigkeit setzte und der auch deshalb nicht mehr aufzuhalten war. Den Islamisten blieb im Moment nicht viel anderes übrig, als darauf zu hoffen, dass sich diese Erwartungen nicht erfüllten und ihnen ein Scheitern des von Arafat eingeschlagenen Friedenskurses wieder Aufwind geben würde. Um hier nachzuhelfen, verfolgte die Hamas von jetzt an eine Doppelstrategie. Auf der einen Seite sollte mit einer Serie blutiger Selbstmordattentate gegen Zivilisten im israelischen Kernland ein Meinungsumschwung in Israel bewirkt und so der Osloer Friedensprozess behindert werden. Dies hätte gleichzeitig auch Arafats Friedenspolitik diskreditiert und sie bei den Palästinensern immer unpopulärer gemacht. Auf der anderen Seite mussten sich die Islamisten mit der entstehenden

Autonomiebehörde arrangieren, um nicht in den Verdacht zu geraten, die Hamas stelle ihre eigenen Interessen über die des palästinensischen Volkes und habe vor, einen Bürgerkrieg anzuzetteln. Indessen verfuhr die Autonomiebehörde nach dem Prinzip Zuckerbrot und Peitsche. Im Winter 1994/95 ließ Arafat zahlreiche Hamas-Mitglieder verhaften, wobei es zu gewalttätigen Zusammenstößen zwischen Islamisten und Sicherheitskräften der Autonomiebehörde kam. Doch wenige Monate später wurde nicht nur ein Großteil von ihnen wieder freigelassen, sondern auch auf die zuvor angekündigte vollständige Entwaffnung der Hamas-Miliz verzichtet.

Versuche, Versöhnungsgespräche auf den Weg zu bringen, blieben erfolglos, weil die Hamas an ihrer Strategie des Terrors festhielt. Im Laufe des Jahres 1995 verübten ihre Qassam-Brigaden mehrere blutige Anschläge und drei Selbstmordattentate, was die Islamisten als durchschlagenden Erfolg verbuchen konnten. Denn ihre Terroraktionen hatten eine erhebliche Radikalisierung der israelischen Gesellschaft zur Folge und gaben der rechten, gegen das Osloer Friedensabkommen arbeitenden Opposition weiter Rückenwind. Dieser Radikalisierungsprozess gipfelte am 5. November 1995 in der Ermordung des israelischen Ministerpräsidenten Itzhak Rabin durch den jüdischen religiösen Fanatiker Igal Amir.

Für das israelische Friedenslager hatte das Attentat verheerende Folgen. Denn durch den Mord an Rabin änderte sich die Dynamik des Friedensprozesses dramatisch, zumal die erstarkende israelische Rechte Palästinenserführer Jassir Arafat nach wie vor nicht als verlässlichen Friedenspartner ansah, sondern wie einen unverbesserlichen Terroristen behandelte. Der PLO-Chef setzte jetzt alles daran, die Islamisten dazu zu bewegen, dem Terror abzuschwören – jedoch ohne Erfolg. Auch Arafats Versuche, die Hamas für eine Teilnahme an den ersten demokratischen Wahlen in den Palästinensergebieten am 20. Januar 1996 zu gewinnen, liefen ins Leere. Zwar verhalf der Wahlboykott der Islamisten und anderer friedensfeindlicher Gruppierungen Arafats Fatah letzten Endes zu einem überragenden Wahlsieg, mit dem die Machtverhältnisse vorläufig geklärt waren – so schien es jedenfalls. Doch der blutige Terror der Islamisten hörte nicht auf.

Ende Februar 1996 rissen Selbstmordbomber der Qassam-Brigaden bei zwei Busanschlägen in Jerusalem und Aschkelon siebenundzwanzig Menschen mit in den Tod. Anfang März schlugen die Selbstmordterroristen erneut zu. Einer sprengte sich in Jerusalem in einem Bus in die Luft, der andere tags darauf vor einem Tel Aviver Einkaufszentrum. Dabei wurden über dreißig Israelis getötet und eine große Zahl verletzt. Ziel der Anschläge war, bei den in Israel anstehenden Wahlen einen Rechtsruck herbeizuführen, um so den Fortgang des Friedensprozesses zu blockieren. Arafat erkannte die Gefahr und ließ nur wenige Tage später seine Sicherheitskräfte eine Woche lang Moscheen und Einrichtungen der Hamas durchkämmen und Hunderte ihrer Aktivisten festnehmen. Die Islamisten warfen dem Chef der Autonomiebehörde Despotismus vor und beschuldigten ihn, ein Erfüllungsgehilfe der Israelis zu sein, unter dessen Herrschaft es den Palästinensern nicht einen Deut besser gehe als vorher unter der Besatzung.[19]

Obgleich damals die palästinensische Polizei mit aller Härte einschließlich Folter gegen die Hamas-Aktivisten vorging, war in Israel der radikale Meinungsumschwung nicht mehr aufzuhalten. Der Oppositionspolitiker und Chef der rechten Likud-Partei Benjamin Netanjahu gewann mit dem Slogan «Sicherheit vor Frieden» in Israel die Wahlen Ende Mai 1996. Danach stockte der Friedensprozess. Die Islamisten konnten einen weiteren Sieg verzeichnen und mit dem Verweis auf die angebliche Nutzlosigkeit des Oslo-Abkommens ihre Popularität steigern. Die nach weiteren gewalttätigen Auseinandersetzungen zwischen Hamas-Mitgliedern und Arafats Polizei erneut unternommenen Versöhnungsversuche des Palästinenserführers waren nun auch dadurch massiv erschwert, dass die Hamas inzwischen mit mehreren Zungen sprach – eine Folge tief greifender Verschiebungen in der Organisation.

Während nämlich die unter der Besatzung lebende politische Spitze in den Palästinensergebieten begann, gegenüber der Autonomiebehörde Kooperationsbereitschaft zu signalisieren, nahm der Ton der Hamas-Auslandsführung immer weiter an Schärfe zu.

Die schwelenden Kontroversen traten deutlich zutage, als Politbüro-Chef Mussa Abu Marzuq im Sommer 1995 von dem radikalen Friedensgegner Khalid Meschal abgelöst wurde. Für Meschal, der die Führung der Autonomiebehörde schon vor seinem Amtsantritt als Verbrecher und Kollaborateure mit dem Feind anprangerte, gab es auf Arafats Friedenspolitik nur eine «richtige» Antwort: die Fortsetzung der Selbstmordanschläge. Und der in Gaza aktive Hamas-Mitbegründer Mahmud al-Zahar warf den Kadern im Ausland Ignoranz bezüglich der in den Autonomiegebieten herrschenden Situation vor, die von der dortigen Hamas-Führung bei ihren Entscheidungen schließlich berücksichtigt werden müsse.

Spätestens im Juli 1996 brach sich der Konflikt zwischen den Hamas-Flügeln noch weiter Bahn, als auf Initiative der iranischen Regierung in Teheran ein Treffen mit Vertretern der Hamas-Auslandsführung stattfand, auf dem über die Lage beraten wurde. Diskutiert wurde auch manch in den Augen der Auslandsführer als inakzeptabel angesehenes Verhalten prominenter Hamas-Mitglieder aus den Palästinensergebieten, wozu offenbar auch al-Zahar zählte, und man nahm sich vor, die Aktivitäten der Organisation in den Autonomiegebieten künftig noch strenger zu überwachen. Außerdem wurde beschlossen, Hamas-Kämpfer von den Revolutionsgarden im Iran künftig nicht nur wie bisher militärisch trainieren,[20] sondern jetzt auch zu Sprengstoff-Experten ausbilden zu lassen. Mit einem vom Chef der Revolutionsgarden überreichten Scheck über 7 Millionen Dollar im Gepäck kehrte die Delegation zurück. Als die Beschlüsse bekannt wurden, machte Mahmud al-Zahar seinem Unmut Luft und warf der Auslandsführung vor, sich in Fünf-Sterne-Hotels herumzutreiben und keine Ahnung von der tatsächlichen Lage in den Palästinensergebieten und dem Leben unter der Besatzung zu haben. Um Kompromisse mit der Autonomiebehörde komme man hier nicht herum.[21]

Dass Fatah und Hamas derweil und in den nächsten Jahren eine Art Burgfrieden wahrten, war dem Umstand geschuldet, dass die beiden Rivalinnen mal mehr, mal weniger gegen einen gemeinsamen Feind Front machten: gegen den israelischen Ministerpräsidenten Benjamin Netanjahu, der alles tat, um den Friedensprozess zu verschleppen und den Siedlungsbau weiter zu forcieren. Dass die innerpalästinensische Solidarität weiter wuchs, hing auch damit zusammen, dass Netanjahu nach dem Selbstmordanschlag der Hamas auf ein Tel Aviver Café im März 1997 damit begann, der Palästinensischen Autonomiebehörde und gar Arafat persönlich die Verantwortung für die Terroranschläge der Islamisten zuzuschreiben. Der PLO-Chef seinerseits konterte und behauptete, der israelische Inlandsgeheimdienst Schabak stecke hinter den Selbstmordattentaten. Er rief zur Fortsetzung des Widerstands gegen Israel auf, was in israelischen Militärkreisen wiederum den Verdacht schürte, der Palästinenserführer nutze die Anschläge der Islamisten, um Druck auf die israelische Regierung auszuüben.[22]

Die israelisch-palästinensischen Beziehungen waren nun erneut auf dem Tiefpunkt. In den Palästinensergebieten bestimmten Ausgangssperren und Abriegelungen den Alltag der Menschen. Auch verhaftete die Besatzungsmacht immer mehr Terrorverdächtige. Die Handhabe dazu bot ein Terroranschlag in Jerusalem mit siebzehn Todesopfern und 178 Verletzten. Als Antwort darauf hatte die israelische Regierung dem Militär die Erlaubnis erteilt, auch in den Autonomiegebieten, der sogenannten A-Zone, zu operieren. Arafat wiederum drohte Israel mit einer Fortsetzung der Intifada, appellierte aber kurze Zeit später an die Hamas-Führung, die Anschläge einzustellen, die jedoch nicht daran dachte. Kurz vor der geplanten Vermittlungsreise der amerikanischen Außenministerin Madeleine Albright Anfang September 1997 entsandte die Hamas gleich drei ihrer Terroristen nach Jerusalem, die sich einer nach dem anderen in der Fußgängerzone in die Luft jagten, was wieder Menschenleben und zahlreiche Verletzte forderte.

Nach den Attentaten sagte die Regierung Netanjahu jegliche Friedensverhandlungen ab. Sie verfolgte die palästinensischen Islamisten mit aller Härte und erhöhte weiter den Druck auf die Hamas. Zwei Agenten des israelischen Geheimdienstes Mossad verübten am 25. September 1997 in Amman einen Mordanschlag auf den Leiter des Politbüros der Hamas, Khalid Meschal. Doch die Aktion misslang und die beiden Israelis wurden in Jordanien verhaftet. Um ihre Auslieferung zu erreichen, erklärte sich die israelische Regierung schließlich bereit, im Austausch auch Scheich Jassin freizulassen, der unmittelbar nach seiner Entlassung aus der Haft am 1. Oktober nach Jordanien ausgewiesen wurde. Doch nur wenige Tage später musste Israel den Hamas-Gründer von Amman nach Gaza einfliegen lassen, wo die Heimkehr des mittlerweile einundsechzigjährigen Geistlichen mit einer Massenveranstaltung im Yarmuk-Stadion in Gaza-Stadt gefeiert wurde. Die Islamisten konnten sich nun über einen doppelten Triumph freuen: Der Chef der Autonomiebehörde hatte durch die Rückkehr Jassins nach Gaza einen massiven Ansehensverlust erlitten und der israelische Regierungschef war durch den gescheiterten Liquidierungsversuch politisch beschädigt worden. Netanjahu und Arafat, die sich des Ernstes der Lage bewusst waren, trafen sich acht Monate später wieder zu Gesprächen und kündigten eine engere «Zusammenarbeit auf allen Ebenen» an, um gemeinsam den Kampf gegen den Terror aufzunehmen und den Friedensprozess weiterzuführen.[23]

Israel und die Palästinensische Autonomiebehörde intensivierten immer weiter ihre Kooperation im Sicherheitsbereich. Im Januar 1998 gelang es ihnen, in einer gemeinsamen Aktion mehrere Kampfzellen der Qassam-Brigaden in der Westbank auszuheben. Als im Oktober die Friedensverhandlungen auf dem von US-Präsident Bill Clinton initiierten israelisch-palästinensischen Gipfeltreffen im amerikanischen Wye Plantation kurz vor dem Durchbruch zu stehen schienen, griff ein Hamas-Terrorist eine Bushaltestelle in Beersheva im Süden Israels mit Handgranaten an. Der Anschlag, bei dem über sechzig Menschen verletzt wurden, überschattete zwar die Gespräche. Er verhinderte aber nicht, dass beide Seiten am 23. Oktober 1998 vor dem Weißen Haus das sogenannte Wye-Abkommen, das im Wesentlichen einen weiteren Abzug der Israelis aus der Westbank innerhalb der nächsten drei Monate sowie Verhandlungen über einen endgültigen Friedensvertrag vorsah, unterzeichneten. Nur kurz danach schlug die Hamas erneut zu. So ließ Ende Oktober ein israelischer Soldat sein Leben, als er einen ihrer Todesfahrer, der bei Khan Yunis im Gazastreifen einen israelischen Schulbus ansteuerte, mit seinem Begleitfahrzeug abdrängte und damit die Autobombe vorzeitig zur Explosion brachte. Als die Autonomiebehörde daraufhin Hamas-Mitglieder verhaftete, drohten die Qassam-Brigaden, auf die palästinensischen Polizisten zu schießen, die wiederum angewiesen wurden, auf jeden sich ihnen nähernden Hamas-Kämpfer das Feuer zu eröffnen.

Inzwischen sorgte auch die Nachricht für Unruhe, Arafat werde zunehmend von palästinensischen Extremisten, insbesondere der Islamischen Widerstandsbewegung, mit dem Tode bedroht. In den letzten Monaten seien mehrere vom Iran aus gesteuerte Attentatsversuche der Hamas auf ihn vereitelt worden. Dass zwei Terroristen des Islamischen Dschihad Anfang November ein Selbstmordattentat auf demselben Jerusalemer Gemüsemarkt verübten, auf dem im Juli 1997 schon einmal zwei Selbstmordbomber der Hamas ein verheerendes Blutbad angerichtet hatten, heizte die innerpalästinensischen Spannungen noch zusätzlich an. Obgleich das Attentat eine weitere Verhaftungswelle auslöste, ließ sich die Hamas nicht einschüchtern. Im Gegenteil, ihre Qassam-Brigaden stellten der Autonomiebehörde jetzt ein Ultimatum zur Aufhebung des Hausarrests von Scheich Jassin, unter dem er seit dem Attentatsversuch auf den israelischen Schulbus in Khan Yunis stand. Für den Fall, dass die Frist ungenutzt verstreichen sollte, drohte die Hamas weitere Anschläge auf israelische Ziele an – was die Wirkung nicht verfehlte. Zwei Tage vor Fristablauf am 25. Dezember konnte sich der Scheich wieder frei bewegen, was bei der israelischen Regierung auf heftige Kritik stieß.[24]

Unterdessen ließ Israels Premier Netanjahu nichts unversucht, um die Durchführung des Wye-Abkommens hinauszuzögern, mit der Ende Dezember 1998 begonnen werden sollte. Unter anderem sollten sich die israelischen Truppen teilweise aus dem Gebiet um Dschenin zurückziehen und zweihundertfünfzig palästinensische Häftlinge freigelassen werden. Als Vorwand kamen ihm Arafats flammende Reden gerade recht, mit denen er versuchte, der patriotischen Rhetorik der Islamisten etwas entgegenzusetzen und die eigene Militanz zu demonstrieren. Als Antwort auf die Verzögerungstaktik Netanjahus kündigte der PLO-Führer die Proklamation eines unabhängigen Palästinenserstaates mit Ostjerusalem als Hauptstadt für den 4. Mai 1999 an. An diesem Tag endete die in den Oslo-Verträgen vorgesehene fünfjährige Übergangsfrist, in der Israel und die PLO sich über den Endstatus der Palästinensergebiete geeinigt haben mussten. Der Palästinenserführer lieferte damit Netanjahu den Anlass zu der Behauptung, dass die palästinensische Führung nicht beabsichtige, sich an das Wye-Abkommen zu halten. Und Arafat warf im Gegenzug dem israelischen Regierungschef vor, den Friedensvereinbarungen nicht nachkommen zu wollen.[25] Der Friedensprozess kam zum Erliegen.

In Jerusalem wurde die Friedensbereitschaft der palästinensischen Führung jetzt vor allem daran gemessen, wie konsequent sie die Islamisten verfolgte. Zwar befanden sich zahlreiche der im Oktober 1998 verhafteten Hamas-Anhänger inzwischen wieder auf freiem Fuß, jedoch saßen Anfang Februar 1999 noch immer knapp zweihundert Islamisten in palästinensischer Haft. Ihre Freilassung forderte die Hamas jetzt mit Massenprotesten, an denen auch Scheich Jassin teilnahm und bei denen sich immer wieder militante Demonstranten einer Festnahme mit Waffengewalt widersetzten. Nach einem solchen Vorfall in Rafah Anfang Februar 1999 behauptete Razi al-Dschabali, der Polizeichef der Autonomiebehörde in Gaza, der Scheich würde als Mittelsmann zwischen dem Iran und der Hamas fungieren. Laut al-Dschabali hatte der iranische Geheimdienst dem militärischen Arm der Hamas kurz zuvor 35 Millionen Dollar überwiesen, um eine Reihe von Anschlägen in Israel zu verüben, damit sich die friedensfeindliche Likud-Regierung weiter an der Macht halte. Angeblich hatte man Pläne für ein Selbstmordattentat auf einen israelischen Bus im letzten Moment aufgedeckt.[26]

In Israel kamen Nachrichten wie diese gut an. Für die Likud-Regierung hatte das Ausbleiben neuer Terroranschläge jedoch einen ungewollten Nebeneffekt: Die relative Ruhe stärkte das Friedenslager und bewirkte bei den vorgezogenen Parlamentswahlen im Mai 1999 die Rückkehr der sozialdemokratischen Arbeitspartei an die Regierung unter der Führung des Ex-Generalstabschefs

Ehud Barak. Arafat und seine Mitstreiter, die die Israelis aufgerufen hatten, dem «Frieden», also Baraks Arbeitspartei, ihre Stimme zu geben, konnten aufatmen. Zumal in PLO-Kreisen vor dem Urnengang befürchtet worden war, dass eine weitere Verzögerung des Friedensprozesses durch einen Wahlsieg der israelischen Rechten die Palästinenser noch weiter radikalisieren und der Hamas in die Arme treiben könnte, die dann versuche, Arafat zu stürzen. Scheich Jassin blieb indes von dem Wahlausgang in Israel unbeeindruckt. Er beharrte darauf, dass die Arbeitspartei sich in nichts von Netanjahus Likud unterscheide, denn beide hätten es darauf angelegt, den Palästinensern das Land zu rauben und ihnen das Recht auf einen eigenen Staat zu verwehren. Der militärische Arm der Hamas, verkündete der Scheich, werde weiterhin Anschläge gegen Israel verüben[27] – eine vollmundige Ansage angesichts der Tatsache, dass Arafats Sicherheitskräfte in der ersten Hälfte des Jahres 1999 die Rekordzahl von zweitausend Hamas-Angehörigen verhaftet hatten.

Die palästinensischen Friedenshoffnungen wurden von Ehud Barak erst einmal enttäuscht. Denn auch er hatte Vorbehalte gegenüber dem Interimsabkommen von Wye und vertrat die Ansicht, dass ein weiterer Abzug der israelischen Truppen aus der Westbank ein erhebliches Risikopotenzial mit sich brächte, weil dann eine Reihe israelischer Siedlungen isoliert und damit stärker gefährdet würde.[28] Bewegung in den Friedensprozess kam erst Anfang September 1999 mit der Unterzeichnung des Sharm-el-Sheikh-Memorandums, das das Wye-Abkommen bekräftigte und vorsah, den noch nicht umgesetzten Vereinbarungen binnen weniger Monate nachzukommen.

Kurz darauf traf die Hamas ein empfindlicher Schlag. Nachdem Jordanien im Oktober 1994 Frieden mit Israel geschlossen hatte, wurden bei einer groß angelegten Durchsuchungs- und Verhaftungsaktion gegen führende Funktionäre der Organisation auch Politbüro-Chef Khalid Meschal und ihr Sprecher Ibrahim Ghuscha festgenommen und angeklagt. In den durchsuchten Hamas-Büros, die alle geschlossen wurden, stieß die jordanische Polizei auf zahlreiche Beweise, dass von Amman aus immer wieder Terroranschläge gegen israelische Ziele koordiniert wurden. Man fand etwa gefälschte Pässe, mit denen Aktivisten aus den Palästinensergebieten zur militärischen Ausbildung in den Iran und nach Syrien reisten. Schließlich wurden in einer Nacht-und-Nebel-Aktion Meschal, Ghuscha und zwei weitere inhaftierte Mitglieder der jordanischen Hamas-Auslandsführung am 21. November 1999 nach Qatar ausgeflogen, was das Ende der jordanischen Hamas-Ära besiegelte. Kurz nach der Jahrtausendwende verlagerte die Organisation ihre Aktivitäten in die syrische Hauptstadt Damaskus, wo sie erst einmal ihr Büro im dortigen palästinensischen Flüchtlingslager Yarmuk ausbaute.[29]

Da die Hamas von den miteinander kooperierenden palästinensischen und israelischen Sicherheitskräften nunmehr ständig überwacht wurde, war es ihr kaum noch möglich, Guerillaaktionen und Terroranschläge durchzuführen. Allerdings war die israelisch-palästinensische Sicherheitskooperation durch die erneute Stagnation des Friedensprozesses zunehmend gefährdet. Das kam von den Differenzen, die zwischen dem Chef der Autonomiebehörde und dem israelischen Premier besonders in der Jerusalem-Frage bestanden. Barak weigerte sich, die von Arafat beanspruchten arabischen Ortschaften im Großraum Jerusalem – wie im Wye-Abkommen vorgesehen – an die Palästinenser zu übergeben. Immerhin konnten sich beide Seiten auf dem von Ägypten vermittelten israelisch-palästinensischen Gipfeltreffen im ägyptischen Sharm-el-Sheikh darauf einigen, dass Israel die vereinbarten weiteren 6,1 Prozent der Westbank an die Palästinenser abgibt. Doch nachdem im März die Rückgabe an die Autonomiebehörde erfolgt war, dümpelten die israelisch-palästinensischen Friedensgespräche erneut vor sich hin. In der Hoffnung auf eine Vereinbarung über ein Rahmenabkommen zum Endstatus holte der amerikanische Präsident Bill Clinton Barak und Arafat im Juli wieder an den Verhandlungstisch zurück. Bei den zweiwöchigen Verhandlungen im amerikanischen Camp David kam man jedoch zu keiner Einigung. Barak wies Arafats Forderung zurück, dem künftigen Palästinenserstaat die Souveränität über den arabischen Ostteil Jerusalems und den muslimischen Tempelberg zu überlassen. Über die Gründe für das Scheitern der Gespräche wurde in Israel noch Jahre später debattiert. Einer der Versionen zufolge habe der israelische Regierungschef Arafat ein großzügiges territoriales Angebot von mehr als 90 Prozent der Westbank unterbreitet, dabei aber auf der israelischen Souveränität über den Tempelberg bestanden – in der Gewissheit, dass Arafat ablehnen würde. 2007 räumte Barak gegenüber dem israelischen *Haaretz*-Journalisten Akiva Eldar sogar ein, ohnehin sicher gewesen zu sein, dass die Gespräche ohne Ergebnis bleiben würden – zumal er gewusst habe, dass Arafat für September einen bewaffneten Aufstand plane. Die Sicherheitsfunktionäre, die Barak damals berieten, bestritten jedoch, dass ihnen ein derartiger Plan bekannt war.[30]

Ariel Scharon, der Vorsitzende der rechten Likud-Partei, meinte jedenfalls, Israels Anspruch auf die Herrschaft über den Tempelberg nachdrücklich untermauern zu müssen, als er am 28. September 2000 in Begleitung mehrerer Parteifreunde sowie zahlreicher Sicherheitskräfte und Journalisten auf den Berg stieg. Dort wurde er von wütenden palästinensischen Demonstranten mit Hasstiraden und Steinen empfangen. Der Zeitpunkt für die medienwirksame Provokation des israelischen Oppositionsführers war wohlkalkuliert. In Washington waren gerade israelische und palästinensische Unterhändler darum bemüht, den stockenden Friedensprozess wieder in Gang zu bringen. Die Ausschreitungen auf dem Tempelberg, die der demonstrative Besuch des Likud-Chefs auslöste, waren der Auftakt zu einer Serie von Gewaltausbrüchen, die in den darauffolgenden Tagen auch auf die Palästinensergebiete überschwappten. Die sogenannte «Al-Aqsa-Intifada» hatte begonnen.

5.
Die Al-Aqsa-Intifada lässt die Hamas erstarken

Aus der erneuten Gewalt schlugen die extremistischen Kräfte beider Seiten Profit. Die Hamas nutzte die antiisraelische Stimmung, um die aus ihrer Sicht jetzt endgültig gescheiterte Friedenspolitik Jassir Arafats an den Pranger zu stellen, und forderte lautstark seinen Rücktritt. Der Chef der Autonomiebehörde wiederum wollte nun seinerseits militärische Stärke beweisen und ließ den Tanzim-Milizen, dem militärischen Arm der Fatah, freie Hand bei der Durchführung von Feuerüberfällen und Sprengstoffanschlägen auf Israelis. Auf den Lynchmord an zwei israelischen Soldaten, die sich im Oktober 2000 in Ramallah verfahren hatten, reagierte Israel mit Luftangriffen auf die Stadt sowie auch auf Gaza und Jericho. Scheich Ahmad Jassins Sekretär Ismail Hanijeh kündigte daraufhin Vergeltung für die «Massaker» an, und Arafat sprach von einer israelischen «Kriegserklärung».[1]

In den ersten Wochen dominierten die Tanzim-Kämpfer die Gewaltszene der Al-Aqsa-Intifada. Ende Oktober meldete sich dann der Islamische Dschihad wieder mit einem – allerdings misslungenen – Selbstmordanschlag zurück, als sich einer seiner Terroristen auf einem Fahrrad an einem israelischen Militärposten im Gazastreifen in die Luft sprengte und einen Soldaten leicht verletzte. Keine zwei Wochen später machte auch die Hamas mit einem ebenfalls fehlgeschlagenen Selbstmordattentat auf sich aufmerksam. Das mit Sprengstoff beladene Fischerboot, mit dem der Attentäter vor der Küste von Rafah ein israelisches Patrouillenboot ansteuerte, explodierte zu früh.

Obwohl weitere ihrer Attentatsversuche scheiterten, sah sich die Islamische Widerstandsbewegung jetzt nicht zuletzt auch deshalb im Aufwind, weil die Al-Aqsa-Intifada noch stärker als der erste Palästinenseraufstand mit religiösen Motiven verbrämt werden konnte. So schlugen die Islamisten nun in einschlägigen Flugblättern Alarm, dass Israel die Absicht habe, die Al-Aqsa-Moschee zu zerstören, um an ihrer Stelle den jüdischen Tempel wieder zu errichten.[2] Hinzu kam, dass die Wahl des rechten Oppositionsführers Ariel Scharon zum neuen israelischen Ministerpräsidenten im Februar 2001 ihre Rolle als Oppositionsbewegung zu Arafats PLO stärkte. Mit dem Verweis auf den «Terroristen» und «Verbrecher» Ariel Scharon als Friedenspartner der PLO konnte die Hamas nun außerdem in der gesamten arabischen Welt punkten, wo sich Israels neuer Premier seit seiner umstrittenen Verstrickung in die blutigen Massaker in den Beiruter Flüchtlingslagern Sabra und Schatila 1982 den Ruf eines «Schlächters» erworben hatte.

Nachdem es in den ersten Monaten des Aufstands eine Art Schulterschluss zwischen der Hamas und Arafats Tanzim-Milizen gegeben hatte, wollten die Islamisten im Frühjahr 2001 offenbar wieder ihren eigenen Weg gehen. Dies umso mehr, als sie glaubten, nun immer mehr Anzeichen dafür zu sehen, dass ihre friedensfeindliche Haltung aufgrund der israelischen Aggression bei der palästinensischen Bevölkerung immer mehr Zustimmung fand.[3] Auch nahmen sie Anstoß daran, dass sich andere Organisationen öffentlich zu den von der Hamas ausgeführten Anschlägen bekannten und sie somit in den Schatten stellten. Hinzu kam, dass die Fatah-Kämpfer inzwischen mit dem Einsatz eines neuen Kampfmittels für Aufsehen sorgten: Sie feuerten Mörsergranaten auf israelische Siedlungen im Gazastreifen und in der Negev-Wüste.

Die Hamas aber wollte als Hauptakteur im Zentrum der Aufmerksamkeit stehen, wofür kein anderes Mittel besser geeignet schien als das Selbstmordattentat. Eines seiner zentralen Ziele formulierte Scheich Jassin Anfang März nach einem von der Hamas verantworteten blutigen Selbstmordanschlag in der israelischen Stadt Netanya: «Das israelische Volk soll genauso leiden wie das palästinensische.»[4] Für den Einsatz dieser Waffe gegen die israelische Zivilbevölkerung lieferte einer ihrer Kader schon 1997 eine fadenscheinige Rechtfertigung. In der Schrift *Die Märtyrertod-Operationen aus der Sicht des Religionsgesetzes* wies der Hamas-Ideologe Nawaf al-Takruri zwar darauf hin, dass das Töten von Zivilisten im Islam grundsätzlich verboten sei. Allerdings gebe es auch Ausnahmen, und die träfen auf den israelischen Fall zu, da es sich bei Israelis und Israelinnen in der Regel um Soldaten und der Armee zur Verfügung stehende Reservisten handele und somit nicht um schutzwürdige Zivilpersonen. Dass bei den Selbstmordanschlägen auch Kinder ums Leben kämen, sei von den Gotteskriegern keinesfalls beabsichtigt[5] – pure Heuchelei angesichts der Tatsache, dass eines der bevorzugten Ziele für die Selbstmordanschläge der Hamas Linienbusse waren, die gerade auch von Schulkindern frequentiert werden.

Mit zwei Dutzend Selbstmordanschlägen bombten sich die Qassam-Brigaden der Hamas 2001 an die Spitze der palästinensischen Terrorszene. Nur der Islamische Dschihad griff seinerzeit ebenfalls zu dieser Waffe und verübte im gleichen Zeitraum sieben Selbstmordattentate. Scheich Jassin, der damals erklärte, die Autonomiebehörde verzichte darauf, die Hamas-Kämpfer zu verfolgen, kündigte im Mai in Damaskus neue, jedoch nicht näher erläuterte Kampfmethoden der Islamisten an. Aus prominenten Hamas-Kreisen hieß es nun, man kooperiere jetzt noch enger mit der pro-iranischen Hizbullah. Die im Libanon Anfang der Achtzigerjahre zum Zwecke des Kampfes gegen westliche Eingreiftruppen und insbesondere gegen die israelische Besatzung im Süden des Landes mithilfe der iranischen Revolutionsgarden aufgebaute schiitische Miliz gilt als libanesischer verlängerter Arm der Islamischen Republik Iran und wird auch von dessen Verbündetem Syrien unterstützt. Sie kooperiert seit seiner Entstehung Ende der Achtzigerjahre auch mit dem palästinensischen Islamischen Dschihad. Zu einer Annäherung mit der Hamas kam es ein Jahrzehnt später. Dass sich ihre Beziehungen zunehmend intensivierten, zeigte sich schon im Frühjahr 2001 unter anderem daran, dass der Hizbullah-Propagandasender *Al-Manar* seine umfassende Berichterstattung über die Al-Aqsa-Intifada auch der Inszenierung der

Selbstmordattentäter und Granatenangriffe der Hamas widmete. Mittlerweile schossen auch die Islamisten mit Mörsern auf israelische Siedlungen.

Obgleich die Autonomieführung regelmäßig zum Gewaltverzicht aufrief und die Qassam-Brigaden aufforderte, mit dem Granatenbeschuss aufzuhören, zeigte sie sich beim Umgang mit den Islamisten doch unentschlossen. Sie ließ zwar nach zwei von der Hamas verübten Selbstmordattentaten Ende April einen ihrer ranghohen Anführer, den Kinderarzt Abdelaziz al-Rantisi, verhaften, setzte ihn jedoch bald wieder auf freien Fuß. Ein ähnliches Spiel wurde Anfang Dezember getrieben, nachdem zwei Selbstmordattentäter der Qassam-Brigaden in Haifa und in Jerusalem abermals Blutbäder angerichtet hatten und al-Rantisi erneut verhaftet werden sollte. Als er sich seiner Festnahme mit zahlreichen bewaffneten Anhängern widersetzte, die sich wilde Schießereien mit der Polizei in den autonomen Gebieten lieferten, wurde al-Rantisi am Ende nur unter Hausarrest gestellt.[6]

Der Zwischenfall war ein weiteres Zeichen dafür, dass Arafat die Kontrolle über die Autonomiegebiete entglitt. Neben dem innerpalästinensischen Konkurrenzgerangel war der Machtschwund des Autonomiechefs vor allem auch durch Scharons Vergeltungspolitik bedingt, der bei der Terrorismusbekämpfung auf Kollektivbestrafung setzte: Belagerung palästinensischer Ortschaften, Abriegelungen und Ausgangssperren, Zerstörung von Einrichtungen der Autonomiebehörde und die Tötung zahlreicher führender Islamisten und Tanzim-Mitglieder, bei denen häufig unbeteiligte Zivilisten ums Leben kamen. So trafen die Strafmaßnahmen der israelischen Regierung in erster Linie die palästinensische Bevölkerung. Der Ruf nach Rache wurde lauter, und vor allem die jüngere Generation der Fatah Tanzim, die Arafats Politik inzwischen für viel zu moderat hielt, forderte immer energischer ein sehr viel offensiveres Vorgehen gegen die israelische Besatzung.

Zu diesem Zweck hatten radikale Tanzim-Aktivisten schon gegen Ende des Jahres 2000 die Al-Aqsa-Brigaden ins Leben gerufen, die sich nicht mehr nur auf Angriffe gegen Soldaten und Siedler in den Palästinensergebieten beschränkten, sondern auch zivile

Ziele in israelischen Ballungszentren mit Sprengstoffanschlägen terrorisierten. Dass bei den Terroraktionen des neu gegründeten bewaffneten Fatah-Arms der Konkurrenzdruck und das Erregen von Aufmerksamkeit eine zentrale Rolle spielten, zeigte sich zu Jahresanfang 2002, als die Al-Aqsa-Brigaden nicht nur ebenfalls zur spektakulären Waffe des Selbstmordattentats griffen, sondern dabei auch noch mit einem Novum überraschten: Sie schickten eine Frau auf die Todesmission, die in einem Jerusalemer Einkaufszentrum die Bombe in ihrer Tasche zündete.[7] In dem Jahr gelang es den Säkularen, mit mehr als zwanzig Selbstmordanschlägen die Islamisten zu übertrumpfen, die es nur etwa auf die Hälfte solcher Todesoperationen brachten. Unterdessen untermauerte die Hamas im Frühjahr ihren Führungsanspruch im militanten Widerstand mit dem Einsatz einer neuen Waffe: den Qassam-Kurzstreckenraketen, die anfangs etwa 10 Kilometer Reichweite hatten. Die Säkularen wollten den Islamisten in nichts nachstehen und verbreiteten Videoaufzeichnungen von den ersten Abschüssen ihrer Al-Aqsa-Raketen[8] – der Hamas auch hier die Führung abzutrotzen, gelang aber nicht.

Die Radikalisierung der Fatah war auch Resultat der massiven Angriffe der Regierung Scharon auf ihre politische und militärische Führung. Er ließ im Dezember 2001 nicht nur Arafats Residenz in Ramallah teilweise zerstören und ihn de facto unter Hausarrest stellen, sondern vier Monate später auch Tanzim-Chef Marwan al-Barghuti verhaften. Zwar verhalf diese harte Gangart dem israelischen Ministerpräsidenten im Januar 2003 erneut zum Wahlsieg. Den palästinensischen Terror konnte sie jedoch nicht stoppen, und die Spirale von Gewalt und Gegengewalt drehte sich immer schneller. Neben Anschlägen war Israel jetzt zunehmend Mörsergranaten- und Raketenangriffen aus dem Gazastreifen ausgesetzt, die hauptsächlich auf das Konto der Hamas gingen, die im blutigen innerpalästinensischen Konkurrenzkampf mit einem Dutzend Selbstmordattentaten jetzt wieder die Führung übernahm. Israel beantwortete die Anschläge mit einer Intensivierung der Luftangriffe wie auch dem verstärkten Einsatz von Bodentruppen und begann, führende Mitglieder militanter Palästinensergruppen systematisch zu töten. Bei diesen Aktionen, die sich vor allem gegen Hamas-Kader richteten, starben wie auch bei den israelischen Militäroffensiven in den Autonomiegebieten zahlreiche unschuldige Zivilisten.

Die gezielte Tötung des prominenten Hamas-Führers und Zahnarztes Ibrahim Maqadme am 9. März 2003 in Gaza[9] trug jedoch nur weiter zur Popularität der Islamistenorganisation bei, und Jassir Arafat geriet zunehmend unter Druck. Noch im gleichen Monat zwang das ein Jahr zuvor gegründete sogenannte Nahost-Quartett – es bestand aus ranghohen Vertretern der USA, Russlands, der Europäischen Union und der Vereinten Nationen – den Palästinenserführer, einen Teil seiner Vollmachten als Vorsitzender der Autonomiebehörde zugunsten des neu geschaffenen Postens eines palästinensischen Ministerpräsidenten abzugeben. Kurz darauf legte das Nahost-Quartett den Konfliktparteien ein von der Regierung George W. Bush initiiertes Friedenskonzept vor, das die Errichtung eines unabhängigen palästinensischen Staates in drei Phasen bis 2005 vorsah – die sogenannte *Roadmap,* einen Fahrplan zur Lösung des israelisch-palästinensischen Konflikts.

Der von Arafat zum ersten palästinensischen Ministerpräsidenten ernannte Jurist und Politologe Mahmud Abbas (Abu Mazen) konnte die Hamas, wie zu erwarten, für den neuen Friedensplan nicht gewinnen, den sie im Gegenteil mit einer Serie von vier Selbstmordattentaten innerhalb von drei Tagen zu torpedieren versuchte. Nicht nur, dass Abbas' Appelle, alle Gewaltaktionen gegen Israelis einzustellen und den bewaffneten Aufstand zu beenden, ins Leere liefen. Auch scheiterten seine Versuche, den innerpalästinensischen Dialog wieder in Gang zu bringen, woraufhin Israel drohte, seine Politik der gezielten Tötung führender Hamas-Mitglieder noch zu verschärfen. Dass die Israelis es damit ernst meinten, machten sie bereits im Juni deutlich, als israelische Kampfhubschrauber in Gaza das Fahrzeug des prominenten Hamas-Mitbegründers Abdelaziz al-Rantisi mit Raketen beschossen. Al-Rantisi konnte zwar leicht verletzt entkommen, aber bei dem Anschlag kamen sein Leibwächter und eine Passantin ums Leben.[10]

Nach weiteren Einschüchterungsmaßnahmen und Drohungen signalisierte die Hamas-Führung Ende Juni 2003 ihre grundsätzliche Bereitschaft, die Waffen erst einmal niederzulegen. Auch wenn die innerpalästinensischen Gespräche, in die sich jetzt auch der Chef der ägyptischen Militäraufklärung Omar Suleiman als Vermittler eingeklinkt hatte, schließlich zu einer Übereinkunft führten, waren Fatah und Hamas noch weit davon entfernt, die tiefe Kluft zwischen ihnen zu überbrücken. Da die Islamisten sich nach wie vor strikt weigerten, die *Roadmap* anzuerkennen, war es nicht möglich, sich auf eine gemeinsame Waffenstillstandsvereinbarung zu einigen. Während die Hamas und der Islamische Dschihad bekannt gaben, in den nächsten drei Monaten die Waffen ruhen zu lassen, verpflichtete sich die Palästinensische Autonomiebehörde in ihrem anschließend abgegebenen Kommuniqué zu einem unbefristeten Gewaltverzicht. Die israelische Regierung stand den palästinensischen Erklärungen allerdings mit Skepsis gegenüber, denn dort vertrat man generell die Ansicht, die Feuerpause würde von palästinensischer Seite nur ausgenutzt, um ihre durch die israelischen Militäraktionen weitgehend zerstörten Terrorstrukturen wieder aufzubauen. Einmal mehr wurde die schon in der Vergangenheit erhobene Forderung laut, die palästinensischen Terrororganisationen endgültig zu zerschlagen, anstatt mit ihnen über eine Waffenruhe zu verhandeln.[11]

Israel drängte nun noch energischer darauf, dass die Autonomiebehörde ihrer in der *Roadmap* festgeschriebenen Verpflichtung zur Terrorbekämpfung nachkomme, und forderte von Abbas, endlich mit der Entwaffnung aller nicht der Autonomiebehörde unterstehenden Milizen zu beginnen. Die palästinensische Führung wies diese Forderung jedoch zurück und warnte vor der Gefahr, damit zwangsläufig einen palästinensischen Bruderkrieg auszulösen. Dass die Autonomiebehörde dann zudem von weiteren Verhaftungen militanter Hamas-Führer absah, offenbarte, wie stark – auch in militärischer Hinsicht – die Position der Hamas inzwischen war.

Israel setzte jetzt die Verhaftungen und gezielten Tötungen von Terrorverdächtigen in den autonomen Gebieten fort, was die Palästinenser als Bruch des Waffenstillstands ansahen. Dieser brach endgültig zusammen, nachdem sich Mitte August ein Selbstmordattentäter der Hamas in einem Jerusalemer Bus in die Luft gesprengt und vierundzwanzig Passagiere mit sich in den Tod gerissen hatte. Daraufhin töteten israelische Kampfhubschrauber in einer Vergeltungsmaßnahme den prominenten Hamas-Führer Ismail Abu Schanab in Gaza mit einem gezielten Raketenangriff. Am 6. September 2003 trat Mahmud Abbas vom Amt des Ministerpräsidenten zurück und gab Arafat, Israel und der amerikanischen Regierung die Schuld am Scheitern seiner Friedenspolitik.

Sowohl Israel als auch die Hamas sorgten jetzt dafür, dass sich die Gewaltspirale immer weiter hochschraubte. Kaum war Arafats enger Vertrauter Ahmad Qurei (Abu Ala) zu Abbas' Amtsnachfolger ernannt, flog die israelische Luftwaffe ihren nächsten Angriff auf Gaza, diesmal auf ein Wohnhaus, in dem sich kein Geringerer als Hamas-Gründer Scheich Jassin aufhielt. Wie die dort anwesenden weiteren Kader der Bewegung kam Jassin mit dem Leben davon und wurde lediglich leicht verletzt. Die Hamas übte zwei Tage später blutige Rache mit zwei Selbstmordattentaten auf israelische Busse, bei denen sechzehn Menschen umkamen.

Über ägyptische Vermittlung ließen sich die Islamisten schließlich dazu bewegen, in Kairo mit der Fatah Gespräche über eine Waffenruhe zu führen. Die sich über Wochen hinziehenden Verhandlungen erklärten sie jedoch Anfang Dezember für beendet und sprachen Ministerpräsident Qurei und der Autonomiebehörde das Recht ab, die Palästinenser bei Verhandlungen mit Israel zu vertreten. Selbstbewusster denn je nannte Scheich Jassin seine Bedingungen für einen befristeten Frieden: Ende der Besatzung sowie Räumung sämtlicher jüdischen Siedlungen, Anerkennung des Rechts auf Rückkehr der 1948 vertriebenen palästinensischen Flüchtlinge in ihre Heimat und die Errichtung eines Palästinenserstaats, vorläufig auf der Grundlage der Waffenstillstandslinie von 1967. Das Waffenstillstandsangebot bedeutete allerdings nicht, wie Jassin in aller Deutlichkeit zu verstehen gab, dass die Hamas den israelischen Staat damit anerkannte.[12]

Nachdem ein Ausweg aus der festgefahrenen innenpolitischen

Situation in den autonomen Gebieten in weite Ferne gerückt schien, zog der israelische Regierungschef Konsequenzen. Mitte Dezember gab er den sogenannten «Trennungsplan» bekannt, der, für den Fall, dass der Friedensprozess scheiterte, eine einseitige Abtrennung der palästinensischen Autonomiegebiete von Israel vorsah. Gleichzeitig kündigte Scharon die ebenfalls unilaterale Räumung einiger tief in palästinensischem Gebiet liegenden jüdischen Siedlungen an, womit, wie sich bald herausstellte, der einseitige Abzug aus dem Gazastreifen sowie aus der nördlichen Westbank gemeint war. Ein Rückzug auf die Linie von 1967 kam für ihn nicht infrage.

Diese Verlautbarung des israelischen Premiers münzte die Hamas kurzerhand in ein Zeichen für den kommenden «Sieg» des palästinensischen Widerstands über die israelische Besatzung um und verlieh dieser Auslegung eindringlich Nachdruck, als sie Mitte Januar 2004 ihre erste Selbstmordattentäterin entsandte, die am nördlichen Erez-Übergang zu Israel vier israelische Soldaten mit sich in den Tod nahm. Als sich die Al-Aqsa-Brigaden ebenfalls zu dem Anschlag bekannten, sah sich Scheich Jassin höchstpersönlich zu der Klarstellung veranlasst, dass die Attentäterin eine Aktivistin seiner Organisation und ihr Einsatz Teil einer «neuen Entwicklung im Kampf gegen den Feind» sei.[13] Angetrieben dazu hatte die Hamas offenbar nicht nur der terroristische Überbietungswettbewerb mit der Fatah. Entscheidend war wohl auch, dass beim Islamischen Dschihad schon 2003 zwei Selbstmordattentäterinnen zum Einsatz gekommen waren, womit die islamistische Konkurrentin das Tabu der Religiösen, Frauen auf Todeseinsätze zu schicken, gebrochen hatte. Dass die Hamas offensichtlich alle konkurrierenden Organisationen zu übertrumpfen trachtete, war unschwer daran festzumachen, dass ihre Selbstmordattentäterin Rim Saleh al-Riyaschi, im Gegensatz zu ihren meist noch unverheirateten und kinderlosen Vorgängerinnen, die Mutter von kleinen Kindern war. Bei der Abschiedsinszenierung ließ sie sich denn auch mit ihrem dreijährigen, eine Mörsergranate in der Hand haltenden Sohn auf dem Arm fotografisch verewigen.[14]

Die noch gebieterischer auftretende Hamas-Führung signalisierte jetzt parallel zur immer weiter gesteigerten Militanz auch Kompromissbereitschaft. Ende Januar 2004 erneuerte Abdelaziz al-Rantisi das von Scheich Jassin noch im alten Jahr unterbreitete Angebot, zu einer zehnjährigen Waffenruhe bereit zu sein, wenn Israel sich auf die Linie von 1967 zurückziehe. Zu diesem Zeitpunkt war in Israel aber bereits die Entscheidung gefallen, die gezielten Tötungen führender palästinensischer Islamisten fortzusetzen. Mit ein Anlass dafür war wohl der Mitte März von zwei Selbstmordattentätern in der südlichen Küstenstadt Aschdod verübte Doppelanschlag, bei dem zehn Israelis ums Leben kamen. Kurz darauf, am 22. März 2004, feuerten in Gaza israelische Kampfhubschrauber mehrere Raketen auf Scheich Jassin, der gerade vom Morgengebet aus einer Moschee kam. Der infolge eines Unfalls in jungen Jahren an den Rollstuhl gefesselte Gründer und geistige Führer der Hamas sowie sieben seiner Begleiter wurden bei dem Angriff getötet. Tausende wütende Palästinenser gingen in Gaza wie auch Ramallah und anderen Städten in der Westbank auf die Straße und schworen blutige Rache. Abdelaziz al-Rantisi, der Jassins Nachfolge antrat, erklärte Israel den Krieg. In zahlreichen Orten wurde der Generalstreik ausgerufen, und Palästinenserführer Arafat ordnete eine dreitägige Staatstrauer an. Der tödliche Raketenangriff auf den Scheich, den Israel damit rechtfertigte, dass seine Organisation für eine lange Reihe blutiger Terroranschläge verantwortlich sei, wurde in der arabischen Welt allseits verurteilt. Auch die Europäische Union kritisierte das Attentat scharf, und selbst in der israelischen Regierung gab es Stimmen, die Zweifel anmeldeten. Innenminister Avraham Poraz etwa war der Meinung, der Schaden wiege schwerer als der Nutzen und Jassins Tötung würde die Hamas nicht ausmerzen.[15]

Nach dem tödlichen Anschlag auf ihren Gründungsvater schlug der Hamas eine weltweite Welle der Sympathie entgegen. Das war aber nicht der einzige Grund, weshalb die Fatah-Führung jetzt um ihre Stellung fürchtete. Ein israelischer Abzug aus dem Gazastreifen, wie Scharon ihn angekündigt hatte, barg nämlich die Gefahr, die Islamisten in ihrem Stammgebiet zusätzlich zu stärken. Und tatsächlich forderte al-Rantisi bei den nun wieder aufgenommenen innerpalästinensischen Verhandlungen, der Hamas künftig die vollständige Kontrolle über den Gazastreifen zu überlassen, was die Fatah freilich ablehnte. Unterdessen holte sich Scharon in Washington Rückendeckung nicht nur für seinen Trennungsplan. US-Präsident George W. Bush schloss sich auch der israelischen Forderung an, das Rückkehrrecht der Palästinenser auf die Gebiete eines zukünftigen palästinensischen Staates zu beschränken, und segnete außerdem den Ausbau der israelischen Sperranlage ab. Mit ihrer im Sommer 2002 begonnenen Errichtung an der Nahtstelle zwischen dem israelischen Kernland und der Westbank hatte Scharon ein Zeichen gesetzt, dass die Rückkehr Israels zu der Waffenstillstandslinie von 1967 ausgeschlossen sei. Der «Trennungszaun», der an manchen Stellen aus einer 8 Meter hohen Mauer besteht, dringt immer wieder tief ins palästinensische Gebiet ein. Der offiziellen Version zufolge wurde er gebaut, um palästinensische Terroranschläge und besonders auch Selbstmordattentäter abzuwehren.

Die israelisch-amerikanische Erklärung höhlte die ohnehin schon bröckelnde Autorität der Führung der Autonomiebehörde, die laut dagegen protestierte, noch weiter aus. Der Friedensprozess, aus dem sie ihre Legitimität schöpfte, schien in immer weitere Ferne zu rücken. Die Hamas hingegen sah sich in ihrem Beharren auf bewaffnetem Widerstand als einziger Option bestärkt und drängte die Fatah-Führung, die Friedensverhandlungen für beendet zu erklären. Al-Rantisi rief sie dazu auf, nationale Einigkeit zu demonstrieren und sich mit den Oppositionsgruppen im «Schützengraben des Widerstands» zu verschanzen.[16] Dazu und für weitere Forderungen hatte al-Rantisi selbst keine Gelegenheit mehr: Am 17. April 2004 trafen ihn in seinem Wagen in Gaza israelische Raketen tödlich, mit ihm starben auch sein Sohn und ein Leibwächter. An seiner Stelle wurde jetzt der nicht weniger militante Arzt Mahmud al-Zahar Chef der Hamas-Inlandsführung, und zu seinen Stellvertretern wurden Ismail Hanijeh und Said Siyam ernannt.

Der Rückzug Israels aus Gaza erfolgte erst im August 2005 nach einem Zermürbungskrieg zwischen der israelischen Besatzungsarmee und den palästinensischen Kampforganisationen, der sich über ein Jahr hingezogen hatte. Noch vor dem Rückzug drängte sich auf palästinensischer Seite die Frage der künftigen Machtverteilung im Gazastreifen auf. Auflösungserscheinungen und ein Generationenkonflikt innerhalb der Fatah destabilisierten die Autonomiebehörde weiter. Derweil nahmen Popularität und Einfluss der Hamas stetig zu, zumindest in ihrem Stammgebiet. Ein Zeichen dafür war, dass die Qassam-Brigaden trotz der massiven Angriffe der israelischen Armee ihren militärischen Widerstand ungebrochen fortsetzten. Dass die Islamisten nun zunehmend Rückenwind verspürten, zeigte auch die Selbstsicherheit, mit der Mahmud al-Zahar im Juni in einem Pressegespräch die Möglichkeit einer künftigen Beteiligung an Parlamentswahlen in Erwägung zog, sofern solche nach dem israelischen Abzug stattfinden sollten.[17] Diese Aussage ließ aufhorchen, denn offensichtlich hielt die Hamas nun die Zeit für gekommen, die politische Bühne zu betreten. Dort interessierte die Islamisten außer der Beteiligung am Sicherheitsapparat der Autonomiebehörde insbesondere das Gesundheits- und das Erziehungsressort: ebenjene Bereiche, in denen sie mit ihrem breiten Netz an sozialen und pädagogischen Einrichtungen ohnehin schon tief in der palästinensischen Gesellschaft verankert war.

6.
Die Hamas kommt an die Macht

Jassir Arafat hatte gute Gründe, palästinensische Kommunalwahlen immer wieder zu verhindern. Die Fatah wäre nämlich bei Lokalwahlen von der in der Bevölkerung als Sozialbewegung mittlerweile tief verwurzelten Hamas vermutlich vielerorts ausgestochen worden. Erst nach dem Tod Arafats im November 2004 ließ sein designierter Nachfolger Mahmud Abbas am 23. Dezember 2004 eine erste Kommunalwahlrunde in sechsundzwanzig Gemeinden der Westbank abhalten – noch bevor er im Januar 2005 in seinem Amt als Präsident der Autonomiebehörde demokratisch bestätigt wurde. Sie galten zwar alle als Bastionen der Fatah-Bewegung, aber aufgrund interner Machtrangeleien gelang es in vielen dieser Kommunen nicht, eine offizielle Kandidatenliste aufzustellen. So ließen sich dort bei den nominierten Kandidaten oftmals Vertreter der Fatah-Partei kaum von solchen unterscheiden, die unabhängig auftraten. Von diesem Verwirrspiel profitierten die islamistischen Herausforderer, die sich mit einer einzigen Liste geschlossen präsentierten und die, anders als die säkularen Konkurrenten, häufig auch durch ihre Tätigkeit in den sozialen oder Erziehungseinrichtungen der Hamas der lokalen Wählerschaft gut bekannt waren. Die Fatah errang deshalb in dieser Wahlrunde nur in fünfzehn Gemeinden die absolute Mehrheit, während die Islamisten in acht Gemeinden gewannen und in den übrigen Wahlbezirken unabhängige Kandidaten das Rennen machten. Der Wahlsieg der Fatah begünstigte auch den Erfolg von Mahmud Abbas, der die Präsidentschaftswahlen im Januar mit mehr als 60 Prozent der Stimmen gewann.[1]

Bei der zweiten Etappe der ersten Kommunalwahlrunde Ende Januar ergab sich schon ein anderes Bild. Die Hamas ging im Gazastreifen, wo sie mit dem Slogan «Wandel und Reform» *(taghyir wa-islah)* warb, in sieben von zehn Wahlkreisen als Sieger hervor. Der Aufwärtstrend der Islamisten hielt auch bei der am 5. Mai 2005 in vierundachtzig Gemeinden in der Westbank und im Gazastreifen durchgeführten zweiten Runde der Kommunalwahlen an, über deren Ausgang ein heftiger Streit entbrannte, da jede Seite behauptete, Wahlsiegerin zu sein. Tatsächlich konnte sich mit einem nur kleinen Vorsprung die Fatah behaupten.[2] Während sich noch beide Seiten Wahlbetrug vorwarfen, entschied Präsident Abbas, die vorgesehenen Autonomieratswahlen bis auf Weiteres zu verschieben. Nun stand erst einmal die dritte Runde der palästinensischen Kommunalwahlen an, die in einhundertvier Gemeinden in der Westbank für Ende September 2005 angesetzt waren. Die Hamas fuhr jetzt geschickt eine Doppelstrategie: Während sie in ihrer seit Mai erscheinenden Wahlkampfzeitschrift *Minbar al-Islah* (Kanzel der Reform) Stärke demonstrierte und es darauf anlegte, die Schwächen der säkularen Rivalin bloßzustellen, bemühte sie sich nach außen, auf keinen Fall den Eindruck zu erwecken, die Macht an sich reißen zu wollen. Damit versuchte sie auch Bedenken der Israelis im Hinblick auf den geplanten Abzug aus dem Gazastreifen zu zerstreuen.

Der Kurs bewährte sich. Im August zog die israelische Armee ab, was die Islamisten als Sieg für sich verbuchten. Ihr Image als heroische Widerstandskämpfer wurde auch noch dadurch gefördert, dass die Israelis vor der dritten Lokalwahlrunde rund dreihundert Hamas-Kader verhafteten, darunter etliche potenzielle Kandidaten für die mittlerweile für den 25. Januar 2006 angesetzten Autonomieratswahlen – eine Maßnahme, mit der offenbar einem Sieg der Islamisten vorgebeugt werden sollte. Doch die Hamas-Liste gewann trotz dieses Rückschlags die dritte Wahlrunde in rund der Hälfte der größeren Ortschaften in der Westbank. Die gleiche Tendenz zeigte sich auch in der letzten Runde der Kommunalwahlen, die Mitte Dezember 2005 in neununddreißig Gemeinden in der Westbank und drei kleinen Ortschaften im Gazastreifen stattfanden. Die Islamisten eroberten hier nicht nur die größten Städte der Westbank – darunter Nablus, Al-Bireh und

Dschenin –, sondern bekamen sogar in Ramallah, der Hochburg der Fatah, in etwa so viele Stimmen wie die säkulare Kontrahentin.[3]

Noch selbstbewusster zog die Hamas jetzt in den Wahlkampf für die Autonomieratswahlen. In ihrem Wahlprogramm präsentierte sie sich als geradlinige Partei und versuchte nicht, ihren islamistischen Charakter zu verbergen. In ihrer Wahlkampfwerbung aber ließ sie die Wähler im Unklaren darüber, was unter der von ihr propagierten islamisch orientierten Gesellschaftsreform konkret zu verstehen war. Diese Ambivalenz ließ sich auch schon an dem Namen der Hamas-Liste «Wandel und Reform» *(taghyir wa-islah)* ablesen. *Islah* bedeutet im modernen Arabisch «Verbesserung» oder auch «Reform». Im Koran (etwa 11:88) wird der Begriff aber mit der göttlichen Ordnung assoziiert. Ähnlich vage blieb auch der von anderen islamistischen Bewegungen bekannte Slogan «Der Islam ist die Lösung», der auf etlichen Wahlplakaten der Islamisten neben dem grünen Halbmond, einem Erkennungszeichen ihrer Liste, prangte. Anstatt ihre politischen Ziele zu konkretisieren, wurde das Wahlvolk mit Plattitüden abgespeist, wie etwa, dass der Frau ihre Rechte gemäß dem Glauben gewährt würden. Dass das letztlich nichts anderes bedeutete, als dass die Frauen der *Scharia,* dem islamischen Religionsgesetz, unterworfen sein würden, wurde auf den Plakaten verschleiert – anders als im Wahlprogramm, wo auch in diesem Zusammenhang explizit von der *Scharia* die Rede war und das, anders als mancher Beobachter meinte, keineswegs auf eine Mäßigung der Hamas hindeutete.[4]

Dort war nämlich gleich in der Einleitung davon die Rede, dass man «zu einem freien, unabhängigen und souveränen palästinensischen Staat auf dem gesamten Gebiet der Westbank, des Gazastreifens und Jerusalems ohne Verzicht auf einen Zoll des historischen Palästinas» stehe.[5] Der auch schon in der Gründungscharta der Hamas festgeschriebene palästinensische, arabische und islamische Anspruch auf ganz Palästina wurde hier keineswegs aufgegeben, auch wenn sie nun Bereitschaft signalisierte, der Gründung eines Palästinenserstaats weitgehend in den Grenzen von 1967 zuzustimmen. Allerdings brachten die Hamas-Kader immer wieder unmissverständlich zum Ausdruck, mit Israel nicht verhandeln zu wollen. Und auch ihre Wahlkampfzeitschrift *Minbar al-Islah* wies kurz vor der Wahl auf ihrer Titelseite noch einmal nachdrücklich darauf hin: «Wir werden das zionistische (Staats)Wesen nicht anerkennen und nicht mit ihm verhandeln.» Auch wenn sie jetzt im demokratischen Spiel mitspielten, wähnten sich die Islamisten noch immer im Heiligen Krieg, was nicht nur aus öffentlichen Äußerungen ihrer Wortführer hervorging, sondern auch aus ihrem Wahlprogramm und ihrer Wahlwerbung.[6]

Ihr geschicktes Taktieren verhalf der Hamas bei den Autonomieratswahlen am 25. Januar 2006 zu einem überraschenden Erdrutschsieg, bei dem sie mit 74 von 132 Sitzen ins Parlament einzog, während die Fatah es lediglich auf 45 Mandate brachte. Noch vor der Regierungsbildung boten die Islamisten der Fatah-Spitze die Beteiligung an einer Einheitsregierung an und lösten damit ihr mehrmals erneuertes Versprechen ein. Wie zu erwarten, lehnte die geschlagene Fatah-Führung das Angebot ab, und Präsident Abbas ging auf Konfrontationskurs. Er erklärte, dass die Fatah, sollte es zur Bildung einer Hamas-Regierung kommen, die Befehlsgewalt über die diversen Sicherheitsdienste der Autonomiebehörde keinesfalls abgeben werde.

Auch die israelische Regierung, die die Nachricht vom Wahlsieg der Hamas wie ein Blitz traf, ging auf Konfrontationskurs. Der stellvertretende Ministerpräsident Ehud Olmert – Premier Scharon lag seit Anfang Januar 2006 nach einem Schlaganfall im Koma – stellte für die Aufnahme politischer Gespräche Bedingungen. Er forderte von der Hamas neben der Entwaffnung ihrer Miliz auch, dass sie die zur Vernichtung Israels aufrufenden Passagen aus ihrer Charta streicht und sich an sämtliche von der Autonomieführung eingegangenen Verpflichtungen gegenüber Israel hält.

Einen der Autonomiebehörde vonseiten Israels und des Westens drohenden Boykott versuchte Abbas abzuwenden, indem er signalisierte, dass die Fatah nun doch bereit sei, sich an der Bildung einer «Regierung der Nationalen Einheit» zu beteiligen. Aber bei den Koalitionsgesprächen kam es zu keiner Einigung, weil die

Hamas sich weiterhin weigerte, Israel und die mit der israelischen Regierung vereinbarten Friedensverträge anzuerkennen – was Abbas bereits in der konstituierenden Sitzung des palästinensischen Parlaments als Voraussetzung für eine Regierungskoalition gefordert hatte. Um zu verhindern, dass die palästinensische Politik endgültig in die Sackgasse geriet, ernannte der Vorsitzende der Autonomiebehörde schließlich in der letzten Februarwoche Hamas-Führer Ismail Hanijeh zum Ministerpräsidenten und beauftragte ihn mit der Regierungsbildung.

1962 im Flüchtlingslager Schati in Gaza geboren, schloss sich Ismail Hanijeh schon in jungen Jahren den Muslimbrüdern an. Bereits in seiner Studentenzeit Anfang der Achtzigerjahre gehörte er dem Kreis der engsten Vertrauten von Scheich Jassin an, der aus dem gleichen Dorf stammte wie Hanijehs Eltern. Als Student der arabischen Literatur leitete er Mitte der Achtzigerjahre die studentischen Aktivitäten der Hamas an der Islamischen Universität in Gaza. Nach Ausbruch der ersten Intifada wurde Hanijeh von den Israelis mehrmals festgenommen und 1989 für drei Jahre inhaftiert. Er befand sich unter den zahlreichen Hamas-Kadern, die Israel 1992 in den Südlibanon auswies, und wurde nach seiner Rückkehr ein Jahr später Mitglied des Kuratoriums und dann Dekan der Islamischen Universität in Gaza. Als Scheich Jassin 1997 aus der Haft entlassen wurde, avancierte Hanijeh zunächst zu seinem Sekretär und 2003 zu einem der Sprecher der Organisation. Nach der gezielten Tötung von Abdelaziz al-Rantisi durch die Israelis im April 2004 stieg Hanijeh als einer der Stellvertreter von dessen Nachfolger Mahmud al-Zahar in die oberste Führungsriege auf. Die im Wahlkampf um ein moderates Image bemühte Hamas stellte den populären und als eher pragmatisch geltenden Ismail Hanijeh, der immer wieder den Dialog mit der Fatah und anderen Gruppen suchte, Ende 2005 als Spitzenkandidaten für die Parlamentswahl auf.[7]

Hanijehs Kabinett bildeten neben ihm als Ministerpräsidenten vierzehn Minister aus der Westbank und zehn aus dem Gazastreifen. Die neue palästinensische Regierung wurde am 29. März in Gaza von Abbas vereidigt – per Videokonferenz, da die Israelis den Hamas-Ministern aus der Westbank die Einreise in den Gazastreifen verwehrten. Die Hamas konnte jetzt die Verwirklichung ihrer politischen Ambitionen feiern, zumal es ihr gelungen war, trotz der unversöhnlichen Haltung gegenüber Israel und des herausfordernden Auftretens gegenüber der PLO an die Macht zu kommen. Der Triumph der Islamisten bescherte den Palästinensern allerdings nicht viel Gutes. Außenpolitisch hatte die Bildung der Hamas-Regierung zur Folge, dass schon bald nicht nur Israel und die USA die Autonomiebehörde boykottierten, sondern auch die Europäische Union und die Staaten der Arabischen Liga. Und innenpolitisch erwies sich die Konstellation einer Kohabitation zwischen Präsident Abbas und der Hamas-Regierung als äußerst problematisch und führte zu einem Stillstand in der palästinensischen Politik. Abbas, für den nach wie vor nicht infrage kam, der regierenden Hamas die Kontrolle über die verschiedenen Sicherheitsdienste der Autonomiebehörde kampflos zu überlassen, begann nun seine Präsidentengarde zu einem eigenständigen Sicherheitsapparat auszubauen. Die Islamisten antworteten darauf mit der Ankündigung, die ihnen unterstehende Autonomiepolizei sukzessive auszubauen.[8]

Die außenpolitischen Folgen der Regierungsbildung hatten bald auch innenpolitische Konsequenzen. Immer wieder kam es zu Schießereien zwischen Hamas-Polizisten und aufgebrachten Fatah-Sicherheitskräften, die wegen des Ausbleibens der ausländischen Hilfsgelder nicht mehr bezahlt werden konnten. Da sich die wirtschaftliche Lage in den Palästinensergebieten verschärfte, geriet die Hamas innenpolitisch unter Druck und konnte sich der Bildung einer Nationalen Regierungskoalition nicht mehr offen verweigern. Mit vagen Absichtserklärungen, wie etwa Umbildung des Kabinetts und Neubesetzung der Ministerposten durch unabhängige Experten, versuchten die Islamisten zumindest nach außen hin den Eindruck zu vermitteln, sich um eine Aufhebung oder wenigstens Lockerung der internationalen Sanktionen zu bemühen. Teil ihrer Strategie war, Präsident Abbas weiterhin mit den Israelis Friedensverhandlungen führen zu lassen. Obgleich die Hamas-Regierung international isoliert war und Israel massiv gegen sie vorging – im Juni 2006 wurden über zwanzig ihrer politischen Kader aus der Westbank verhaftet, darunter acht Minister –, machte sie keinerlei Anstalten, in grundsätzlichen Fragen wie der Anerkennung Israels oder der israelisch-palästinensischen Friedensverträge von ihrer kompromisslosen Haltung abzurücken.

Auch dem bewaffneten Kampf wollte die Hamas nicht abschwören, zumindest nicht dem vermeintlich defensiven Kampf, denn aus offensiven Aktionen hielt sie sich seit der Regierungsbildung weitgehend heraus. Während das israelische Militär inzwischen nahezu alle Selbstmordattentatsversuche im israelischen Kernland vereitelte, stellten die Raketen der Qassam-Brigaden mit ihrer zwar langsam, aber stetig wachsenden Reichweite und Zerstörungskraft für die israelische Bevölkerung eine immer größere Gefahr dar und wurden zur wichtigsten strategischen Angriffswaffe der militanten Palästinensergruppen. Schon damals folgte die Hamas mit dem offenkundigen Bemühen, Reichweite und Schlagkraft ihrer «Qassam-Raketen» sukzessive zu erhöhen, dem Vorbild der proiranischen libanesischen Schiitenmiliz Hizbullah, die im Libanonkrieg 2006 den Norden Israels in einem bis dahin ungekannten Ausmaß zu terrorisieren vermochte. Auch baute die Hamas, ähnlich wie zuvor die Hizbullah im Südlibanon, in den nächsten Jahren ihre im Gazastreifen schon vor 2006 angelegten Tunnel zu einem weitverzweigten unterirdischen System aus.[9] Ferner inspirierte der höchst effiziente Panzerabwehrkampf der Hizbullah gegen die israelischen Bodentruppen die Qassam-Brigaden: Noch während des Libanonkriegs prangte auf einer der Titelseiten der Hamas-Zeitschrift *Filastin al-Muslima* eine Fotomontage, auf der neben Hizbullah-Kämpfern Mitglieder der Qassam-Brigaden zu sehen waren, die bezeichnenderweise Panzerfäuste trugen. In der Bildunterschrift wurde denn auch der gemeinsame Kampf beschworen: «Das zionistische Wesen in der Zange von Hamas und Hizbullah».[10]

Nicht nur ihr Gang in die Politik, den die libanesisch-schiitische Organisation schon Jahre zuvor erfolgreich absolviert hatte, offenbarte, dass sich die Hamas damals immer stärker am Vorbild der

Hizbullah orientierte. Sie suchte jetzt auch die Unterstützung des Iran, wofür die mehrtägigen Besuche von Ministerpräsident Ismail Hanijeh in Damaskus und Teheran Ende November und Anfang Dezember 2006 ein untrügliches Zeichen waren. Und in der Medienpolitik waren die palästinensischen Islamisten mit dem im Oktober gestarteten eigenen Satellitensender *Al-Aqsa* dem Beispiel der Hizbullah und ihrem TV-Sender *Al-Manar* gefolgt.

Dass die Hamas auf den bewaffneten Kampf gegen Israel nicht verzichten wollte, hing auch damit zusammen, dass die Israelis weiterhin militärisch mit aller Härte gegen ihre Kämpfer und seit der zweiten Jahreshälfte 2006 auch gezielt gegen ihre Einrichtungen vorgingen. Das Blockieren ihrer politischen Arbeit durch die Festnahme des Großteils ihrer politischen Führung – neben der militärischen – war ebenfalls Teil des massiven israelischen Vorgehens. Dieses und der internationale Boykott ihrer Regierung lieferten den Islamisten den Vorwand, sich, obgleich an der Macht, zu Widerständlern und Unterdrückten zu stilisieren, die sich dem Druck des Westens nicht beugen.[11] Hinter der patriotischen Fassade führte die Hamas unterdessen in ihren eigenen Publikationen und im Internet eine systematische Hetz- und Verleumdungskampagne gegen die Fatah-Spitze. So präsentierte sie beispielsweise auf ihrer Website noch aus der Zeit der Fatah-Regierung stammende Dokumente wie Überweisungsscheine und Ähnliches, um Korruptheit und Vetternwirtschaft der Fatah-Funktionäre zu demonstrieren. Es fand sich dort auch eine Fotomontage, die Muhammad Dahlan, den Sicherheitsminister der Fatah, inmitten eines Haufens von Dollarscheinen zeigte. Der nationale Aufstand der Säkularen wurde hier als «Aufstand der Korrupten» geschmäht.[12]

Der säkularen Rivalin sprach man die Legitimation ab, Palästina zu regieren, nicht nur in moralischer, sondern auch in politisch-nationaler Hinsicht. Bereits seit dem Winter 2006/07 hatte sich im Sprachgebrauch der Hamas für Fatah-Mitglieder, die sich der Islamisten-Regierung nicht fügen wollten, die Bezeichnung «Umstürzler» etabliert. Die Führung der Fatah wurde als unpatriotisch, überaltert und volksfern verunglimpft und gar als verlängerter Arm der USA diffamiert. Sie sei längst außerstande, das palästinensische Volk zu führen. In dieser Weise wurde auch das PLO-Exekutivkomitee von einem Hamas-Minister beschimpft, als es nach wochenlangen Streitereien und dem Scheitern der Koalitionsgespräche Präsident Abbas Anfang Dezember 2007 zur Auflösung der Hamas-Regierung und Ankündigung von Neuwahlen riet. Wie der innerpalästinensische Machtkampf ausgehen würde, war zu diesem Zeitpunkt noch nicht abzusehen. Ein Paradigmenwechsel in der palästinensischen Politik war der Hamas aber offenbar gelungen: Die jahrzehntelange Dominanz der säkularen Rivalin PLO schien ein für alle Mal gebrochen. Mit dem Putsch der Islamisten im Gazastreifen im Juni 2007 wurde sie dort kurzerhand von der Bildfläche gefegt.

7.
Mit Gewalt zur Alleinherrschaft im Gazastreifen

Der gewaltsamen Machtübernahme der Hamas in Gaza im Juni 2007 gingen in brutale Gewalt ausartende Auseinandersetzungen mit der Fatah voraus. Seit April 2006 kam es dort fortgesetzt zu Feuergefechten zwischen den Milizen der beiden verfeindeten Organisationen, wobei die Hamas immer gewalttätiger vorging. Angesichts der eskalierenden Lage drohte Palästinenserpräsident Abbas den Islamisten Mitte Dezember 2006 mit der Auflösung des Parlaments, falls es nicht bald zu einer Verständigung auf die Bildung einer Einheitsregierung kommen sollte.[1] Die in den nächsten Wochen ständig aufflammenden bewaffneten Kämpfe der verfeindeten Lager forderten allein bis Ende Januar 2007 mehr als sechzig Todesopfer. Nach dem Scheitern mehrerer Vermittlungsversuche vor allem Ägyptens und Jordaniens folgten die Konfliktparteien der Einladung des saudischen Königs Abdullah zu einem Versöhnungstreffen in Mekka. Dort einigten sich Hamas und Fatah am 8. Februar 2007 auf eine gemeinsame Regierung und unterzeichneten die sogenannte «Erklärung von Mekka».

Dem Text der Vereinbarung war als Motto ein Koranzitat (17:1) vorangestellt: die Sure *al-Isra* (Die Nachtreise), die von der nächtlichen Reise des Propheten Muhammad von Mekka nach Jerusalem handelt und mit der die Muslime ihren Anspruch auf die islamischen Heiligtümer auf dem Tempelberg – einer der zentralen Streitpunkte im Nahostkonflikt – religiös untermauern. Dass die Unterzeichnung der Übereinkunft im Zeichen religiöser Symbolik und dazu noch in Mekka stattfand, war ein weiteres Indiz für die schleichende Islamisierung der palästinensischen Agenda. Sie offenbarte sich auch darin, dass in der Schlusserklärung der Konferenz unter anderem der Schutz der Al-Aqsa-Moschee zu einem der nationalen Ziele erklärt wurde, gleich nach der Jerusalem- und der Flüchtlingsfrage.[2]

Mit dem Abkommen, das Palästinenserpräsident und PLO-Vorsitzender Mahmud Abbas und der Chef des Hamas-Politbüros Khalid Meschal unterzeichneten, verpflichteten sich beide Seiten, das Blutvergießen zu beenden, Konflikte künftig friedlich zu lösen und der Bildung einer Regierung der Nationalen Einheit oberste Priorität einzuräumen. Ferner wurde vereinbart, gemeinsam auf eine Beendigung der israelischen Besatzung hinzuwirken und die PLO dahingehend zu reformieren, dass nun auch die Hamas aufgenommen werden sollte. Abbas sollte einen Fatah-Politiker zu Hanijehs Stellvertreter bestimmen und die Regierung insgesamt vierundzwanzig Ministerressorts umfassen: Acht Posten sollte die Hamas und sechs die Fatah erhalten, die übrigen wollte man mit parteiunabhängigen Fachleuten und Vertretern anderer Parteien besetzen.

Weil die Besetzung der Posten erneut zum Streit führte, zögerte sich der Amtsantritt der neuen Einheitsregierung bis zum 17. März 2007 hinaus. Entgegen der ursprünglichen Vereinbarung versammelte das mittlerweile 25-köpfige Kabinett schließlich zwölf Hamas- beziehungsweise den Islamisten nahestehende Mitglieder, während sich die Fatah weiterhin mit nur sechs Ministerämtern begnügen musste. Auch erfüllte das Regierungsprogramm nicht die für eine Beendigung des internationalen Boykotts zur Bedingung gemachten Forderungen des Nahost-Quartetts: Anerkennung des israelischen Staates, Verpflichtung zum Gewaltverzicht und Akzeptanz der bisherigen PLO-Verträge mit Israel einschließlich der *Roadmap.* In diesen Punkten war der Unterschied zum Programm der vorangegangenen Hamas-Regierung lediglich semantischer Art.[3] Israel appellierte denn auch unmittelbar nach der Vereidigung des neuen Parlaments an die internationale Staatengemeinschaft, den Boykott der Palästinensischen Autonomiebehörde fortzusetzen, ein Kurs, dem sich das Nahost-Quartett anschloss.

Der Hamas war, was im Westen weitgehend unterging, diese Entwicklung nicht unwillkommen, bestärkte sie doch die Islamisten in ihrer damals schon seit nahezu zwei Jahrzehnten konsequent verfolgten Strategie, den Friedensprozess zu blockieren. Hier erwies sich die Politik der neuen nationalen Einheitsregierung als direkte Fortsetzung der ihrer Vorgängerin: Auch jetzt überließ man es Präsident Abbas, mit Israel Friedensgespräche zu führen, die allerdings angesichts der Verweigerungshaltung der Islamisten-Fraktion, die Kabinett und Parlament dominierten, von vornherein zum Scheitern verurteilt waren. Die Fatah fand sich jetzt in einer für sie äußerst heiklen politischen Situation wieder. Denn fast eineinhalb Jahrzehnte nach Abschluss des bahnbrechenden Osloer Friedensabkommens waren ihre Minister nun Teil einer Regierung, deren Programm die Anerkennung des Existenzrechts Israels nicht vorsah. Alle Versuche, die Hamas umzustimmen, blieben vergeblich. Um zu verhindern, dass es auch innerhalb der PLO zu einer solchen Entwicklung kommt, blockierte die Fatah den von beiden Fraktionen beschlossenen Plan, die Hamas unter das Dach der PLO zu holen. Immerhin wurde die PLO seit 1993 auch von Israel als Vertreterin des palästinensischen Volkes anerkannt.[4]

In die Frage der Kontrolle über die Sicherheitsdienste war unter der neuen Einheitsregierung ebenfalls kaum Bewegung gekommen. Hamas und Fatah hatten sich zwar prinzipiell auf einen Umbau des von Jassir Arafat ins Leben gerufenen Nationalen Sicherheitsrats, dem die Sicherheitsorgane der Autonomiebehörde direkt unterstanden, geeinigt. Jedoch war keine der beiden Seiten bereit, die Kontrolle über die eigenen Sicherheitskräfte aus der Hand zu geben. Die Folge waren gewalttätige Zusammenstöße zwischen den rivalisierenden Sicherheitsorganen, die sich noch verschärften, als der parteiunabhängige und um Vermittlung bemühte Innenminister Hani al-Qawasmi Mitte Mai 2007 das Handtuch warf.[5]

Alle Aufrufe, das Blutvergießen zu beenden, liefen ins Leere. Schon am Tag nach al-Qawasmis Rücktritt fanden bei bewaffneten Auseinandersetzungen zwischen den verfeindeten Palästinensergruppen siebzehn Menschen den Tod, als Hamas-Kämpfer ein Ausbildungslager von Abbas' Präsidentengarde in der Nähe des Grenzübergangs Karni angriffen, dem wichtigsten Einfuhrweg für Waren nach Gaza. Die Attacke, die am frühen Morgen mit Raketen- und Mörsergranatenbeschuss begann, gipfelte in der kaltblütigen Erschießung von acht Gardisten. Auch die Stadt Gaza, die mittlerweile in Hamas- und Fatah-kontrollierte Sektoren aufgeteilt war, wurde an diesem Tag wieder zum Schauplatz blutiger Scharmützel, die ebenfalls mehrere Todesopfer forderten, diesmal aufseiten der Islamisten.[6]

Ein von ägyptischer Seite vermitteltes Treffen ranghoher Fatah- und Hamas-Vertreter, das kurz darauf in der ägyptischen Botschaft in Gaza stattfand, führte zu einer kurzfristigen Beruhigung der Gewalt. Es war der Auftakt zu einer Reihe von Vermittlungsgesprächen in Kairo, die zu einer kurzzeitigen Entspannung der Lage beitrugen – wie indirekt auch die anhaltenden israelischen Luftangriffe auf Ziele der Hamas und des Islamischen Dschihad, mit denen Israel auf den Raketenbeschuss aus Gaza antwortete. Doch bereits in der ersten Juniwoche kam es in Rafah erneut zu einem heftigen Gewaltausbruch, der mit der Erschießung des Bruders eines Fatah-Funktionärs, dessen Haus von Qassam-Brigaden belagert wurde, begann und zu weiteren blutigen Auseinandersetzungen in der Stadt führte. Alle Bemühungen, auch der um Vermittlung bemühten Ägypter, die Ruhe wiederherzustellen, blieben ohne Erfolg. Zwei Tage später kochte die Gewalt so hoch, dass es zu einer regelrechten Schlacht kam, bei der Sprengsätze und Panzerfäuste eingesetzt wurden und Fatah-Milizionäre den Artillerie-Kommandanten der Qassam-Brigaden erschossen.[7]

Die Krawalle in Rafah heizten die Spannungen im Gazastreifen wieder an. Tags darauf wurde in Gaza-Stadt nicht nur ein Mitglied der Präsidentengarde entführt, misshandelt und aus dem fünfzehnten Stock eines Hochhauses geworfen, sondern auch der Imam einer Moschee der Hamas verschleppt und auf grausame Art hingerichtet. Die Milizionäre beider Seiten verstärkten jetzt ihre Straßenkontrollen und bezogen nun auch in Wohnblöcken Stellung. Bei einem Überfall auf das Haus eines ranghohen Kommandanten der Al-Aqsa-Brigaden in der Stadt Beit Lahiya veranstalteten Kämpfer der Hamas, die ihre Kampfkraft inzwischen deutlich ausgebaut hatte, ein regelrechtes Gemetzel: Das Opfer wurde mit über vierzig Schüssen exekutiert und sein Bruder ebenfalls ermordet. An diesem Tag kamen bei Gewalttätigkeiten zwischen den verfeindeten Palästinensergruppen fünfzehn Menschen ums Leben, darunter auch unbeteiligte Zivilisten.[8]

Die Situation spitzte sich weiter zu, als der Regierungssitz in Gaza unter Beschuss genommen und ein Attentatsversuch auf Bassem Naeem, Hamas-Minister für Sport und Jugend, verübt wurde, dem er unversehrt entging. Die Islamisten versetzten daraufhin ihre Milizen in höchste Alarmbereitschaft und griffen über einen extra dafür gebauten Tunnel das Hauptquartier des Terrorabwehrdienstes der Fatah in Khan Yunis im Süden des Gazastreifens an. Die offensichtlich von langer Hand geplante Offensive traf die Fatah, deren Sicherheitschef Mahmud Dahlan sich schon seit Wochen zu einer medizinischen Behandlung in Ägypten aufhielt, völlig unvorbereitet, und ihre Sicherheitskräfte erlitten hohe Verluste. Weitere bestens koordinierte Hamas-Operationen in ganz Gaza gegen Ziele der Fatah zwangen die Säkularen schließlich, am 12. Juni ihre Stützpunkte nicht nur im nördlichen Gazastreifen, sondern auch im Süden und vor allem in Gaza-Stadt aufzugeben.[9]

Die Fatah aber dachte nicht daran, sich geschlagen zu geben. Sie gab bekannt, diverse Überfälle der «Umstürzler» mit Erfolg abgewehrt und mehrere Hauptquartiere der eigenen Sicherheitsdienste weiter unter Kontrolle zu haben. Beide Seiten sahen sich jetzt offensichtlich als Kriegsgegner an, worauf auch die Kampfsprache hindeutete. Die Fatah warf den Islamisten einen Staatsstreich vor, während diese die Sicherheitskräfte der säkularen Rivalin, die sie ohnehin schon seit Monaten des «Umstürzlertums» bezichtigten, nun überdies als Kollaborateure der Zionisten diffamierten. Sich ihrer militärischen Überlegenheit gewiss, rief die Hamas die Gegnerin zur Kapitulation auf. Ihre Milizen setzten sogar die Angriffe in der Nacht in aller Härte fort. An diesem zweiten Putschtag nahmen die Islamisten die restlichen Kommandozentralen der Fatah und die Präsidentenresidenz in Gaza ein. Der Eroberungszug wurde auch medial inszeniert. Im Hamas-eigenen Fernsehsender *Al-Aqsa* war zu sehen, wie gefangen genommene Fatah-Angehörige erniedrigt und misshandelt wurden; mitunter wurde ein Gefangener sogar vor laufender Kamera hingerichtet – so etwa im Fall von Samih al-Madhun, einem der Kommandanten der Al-Aqsa-Brigaden der Fatah.[10] Und selbst vor Zivilisten machte man nicht halt: Bei einer Protestveranstaltung gegen das Blutvergießen in Gaza wurden zwei Demonstranten von Putschisten erschossen. Unterdessen stellten die Qassam-Brigaden den von ihnen als Kollaborateure der USA diffamierten Fatah-treuen Milizen und Sicherheitsdiensten ein Ultimatum von vierundzwanzig Stunden, ihre angeblich von den Amerikanern erhaltenen Waffen freiwillig abzugeben. Angesichts der aussichtslosen Lage ergaben sich viele der Fatah-Kämpfer, andere, die noch nicht kapitulierten, wurden bei Razzien verhaftet.[11]

Während die Hamas nach ihrer gewaltsamen Machtübernahme, die allein in den Tagen zwischen dem 11. und 14. Juni mehr als hundertvierzig Menschen das Leben kostete,[12] die «Befreiung von Gaza» verkündete, löste Palästinenserpräsident Mahmud Abbas per Dekret die Koalition mit den Islamisten auf und setzte Ministerpräsident Ismail Hanijeh ab. Gleichzeitig rief Abbas den Notstand aus, was der Autonomiebehörde nun erlaubte, alle bewaffneten Hamas-Aktivisten in der Westbank zu verhaften. Am 17. Juni wurden auch der militärische Flügel und die im Gazastreifen aktive Polizeimiliz der Hamas verboten, und die neue Notstandsregierung unter der Führung des Wirtschaftsfachmanns Salam Fayyad vereidigt. Die weiterhin in Gaza amtierende Hamas-Regierung hingegen wurde für illegal erklärt.[13] Von nun an herrschten in der Westbank und im Gazastreifen zwei parallel agierende Regierungen, die sich gegenseitig nicht anerkannten.

Der Machtkampf zwischen Islamisten und Säkularen, der die palästinensische Gesellschaft seit 1988 zunehmend gespalten hatte, hatte damit einen neuen Höhepunkt erreicht. Hamas wie Fatah setzten nun alles daran, jeglichen Versuch der gegnerischen Partei, die Herrschaft der Rivalin zu destabilisieren, zu verhindern. Auf die Verhaftungsaktionen beider Seiten folgte schon bald die Ausschaltung der Presseorgane sowie der Fernseh- und Radiostationen der Kontrahentin im eigenen Herrschaftsgebiet. Die Hamas begann zudem, die Arbeit unabhängiger palästinensischer Nachrichtenagenturen sowie ausländischer Reporter zu blockieren.[14]

8.
Das islamistische Regime in Gaza vertieft die palästinensische Spaltung

In Gaza diente die Zensur der Medien nicht nur der politischen Indoktrinierung. Sie war auch ein wichtiges Instrument bei der Islamisierung der Gesellschaft entlang der ideologischen Linien der palästinensischen Fundamentalisten. Der wachsende Islamisierungsdruck, den die Bevölkerung dort bald zu spüren bekam, kündigte sich bereits während des Putsches an: in den emphatischen Bekundungen der Hamas-Funktionäre zum Sieg des Islams. Ein Zeichen dafür, dass ein Paradigmenwechsel bevorstand, war die Zerstörung des Denkmals für den unbekannten Soldaten, eines der wichtigsten säkularen Symbole in Gaza-Stadt, am Tag der Vereidigung der palästinensischen Notstandsregierung in der Westbank. Es befand sich auf einem Platz, der ein beliebter Treffpunkt junger Menschen war und oftmals Sammelpunkt politischer Demonstrationen.

Einige Wochen später traf man hier keine Mädchen und Frauen mehr in Jeans oder ohne Kopftuch an. Das hing vor allem damit zusammen, dass die Polizeikräfte der Hamas schon damals auch als islamische Sittenwächter eingesetzt waren und nun auf «gesittetes» Verhalten, Geschlechtertrennung und die Einhaltung des Alkoholverbots zu achten hatten. Und bereits im Sommer 2007 wurde eine Frauenpolizei ins Leben gerufen, die dafür sorgte, dass Frauen «islamgerecht» gekleidet waren und sich nicht ohne Kopftuch in der Öffentlichkeit zeigten. Selbst vor den Haftanstalten machte die religiöse Umerziehung nicht halt. Dort stellte man den Gefangenen jetzt eine Haftverkürzung von bis zu einem Jahr in Aussicht, wenn sie sich im Koranunterricht bewährten und Teile des Korans – jeder Gefängnisinsasse erhielt ein Exemplar – auswendig rezitieren könnten.[1]

Die erzwungene Islamisierung des öffentlichen Lebens und der Gesellschaft schritt auch deshalb voran, weil die Hamas, seit sie die Kontrolle über den Gazastreifen gewaltsam übernommen hatte, dort ungehindert ihre politischen und religiösen Institutionen mit ihrem sozialen Netz, einem eigenen Erziehungssystem, ihrer Polizeimiliz und dem militärischen Flügel weiter verzahnen konnte. Der von der Hanijeh-Regierung intendierte umfassende Umbau des Rechtssystems auf der Grundlage der Scharia gelang ihr allerdings nicht. Zwar verabschiedete der Legislativrat in Gaza im September 2008 ein *Zakat*-Gesetz, das die religiöse Pflichtabgabe für soziale Zwecke rechtlich verankerte,[2] und im November 2008 wurde mit dem Entwurf eines auf der *Scharia* basierenden Strafgesetzes begonnen, das körperliche Züchtigung von Schlägen bis hin zu Verstümmelung vorsah. Als aber dieses Vorhaben nach seinem Bekanntwerden für Empörung sorgte, ruderte die Regierung zurück. Dennoch wurde im Mai 2009 das Strafgesetz aus der britischen Mandatszeit, das im Gazastreifen wie im Westjordanland bis heute gilt, novelliert. Demnach wird dem islamischen Recht gemäß nach einem Tötungsdelikt dem Täter die Option eingeräumt, als Buße ein sogenanntes Blutgeld zu zahlen.[3]

Dass es dennoch nicht zu einer umfassenden Einführung der *Scharia* kam, lag wohl daran, dass die in Gaza regierenden Islamisten sich nicht durch das Verhängen und Vollstrecken drakonischer Körperstrafen den Ruf einhandeln wollten, eine palästinensische Version der afghanischen Taliban zu sein. Damit gingen sie in klare Opposition zu den im Gazastreifen ebenfalls agierenden radikalen salafistischen Gruppen, die nach der Machtübernahme die unverzügliche Implementierung solcher Strafen forderten. Eine war das «Heer der Unterstützer Gottes» *(Dschund Ansar Allah)*, deren Anführer Abdel Latif Moussa als Antwort auf das in diesem Punkt zögerliche Verhalten der Hamas-Regierung am 14. August 2009 in einer Moschee in Rafah kurzerhand ein «Islamisches Emirat an den Flanken von Bayt al-Maqdis» ausrief – *al-Maqdis* ist eine arabische Bezeichnung für die islamischen heiligen Stätten auf dem Tempelberg in Jerusalem. Am nächsten Tag schon machten Sicherheitskräfte der Hamas dort kurzen Prozess und töteten Moussa wie auch ein Dutzend seiner Anhänger bei einer Razzia.[4]

Die vollständige Umsetzung des islamischen Religionsgesetzes wurde indessen von der Hamas-Regierung lediglich langfristig angestrebt, wie im Dezember 2009 ihr Abgeordneter Yunis al-Astal darlegte. Von einer weiteren Verankerung des islamischen Rechts im palästinensischen Rechtswesen – sogar als Vorbild für die ganze Welt – sprach damals Ahmed Bahar, ebenfalls Hamas-Abgeordneter sowie stellvertretender Parlamentsvorsitzender.[5] Er besuchte damals mit einer parlamentarischen Delegation, darunter auch der Rechtsgelehrte al-Astal, den von der Hanijeh-Regierung ins Leben gerufenen Obersten Rechtsrat, um die Kooperation der beiden Institutionen vor allem im Hinblick auf die Islamisierung der Justiz zu stärken. Die Installierung des Obersten Rechtsrats war nur ein weiterer Schritt bei der sukzessiven Schaffung einer administrativen Parallelwelt zu den Behörden in Ramallah – ein Unternehmen, das die Hamas seit ihrem Staatsstreich betrieb. Schon im Dezember 2007 hatte sich die Palästinensische Autonomiebehörde in der Westbank dagegen zu wehren versucht, indem sie sämtliche Gerichte im Gazastreifen für illegal erklärte, nachdem dort ihre ranghohen Juristen von der Hamas-Polizei vertrieben oder verhaftet worden waren.[6] Um sich von Abbas' konkurrierender Parallelinstanz auch semantisch abzusetzen, wurde die islamkonforme Justizbehörde unter dem Namen «Oberster Justizrat» gegründet. Mit der späteren Umbenennung in «Obersten Rechtsrat»[7] sollte noch einmal unterstrichen werden, dass es sich dabei um eine nationale Behörde handelt.

Der Oberste Justizrat erließ im Sommer 2009 eine neue Kleiderordnung für Rechtsanwälte, die umgehend in Kraft treten sollte. Sie zwang Anwältinnen, mit Kopftuch und in Arme und Beine bedeckender Bekleidung zu Gerichtsterminen zu erscheinen.[8] Die Vorschrift, die auch im Westen Aufsehen erregte, stieß in der palästinensischen Bevölkerung auf breite Kritik, zumal sich damit die Befürchtung bestätigte, dass die Hamas-Regierung schon bald wie angekündigt mit der Einführung eines islamischen Sittenkatalogs beginnen würde. Diese Entwicklung stieß in der Westbank eine Reihe besonders Hamas-kritischer Presseberichte an, die die Sorge vor einer Zwangsislamisierung des Gazastreifens durch die regierenden Islamisten artikulierten.[9] Um diese Bedenken zu zerstreuen, versicherte der Vorsitzende des «Obersten Rechtsrats» Abdel Ruuf al-Halbi gegenüber der Presse, dass es keinerlei Grund zur Aufregung gebe, schließlich trügen ohnehin schon 95 Prozent der Anwältinnen das Kopftuch. Da die Proteste jedoch anhielten und der palästinensische Rechtsanwaltsverband auch noch mit Proteststreiks drohte, ruderten die Islamisten zurück und al-Halbi legte die Umsetzung der Kleidervorschrift für Rechtsanwältinnen erst einmal auf Eis.[10]

Auch wenn sich die Hamas wie in diesem Fall wiederholt zu kleinen Rückziehern veranlasst sah, gab sie ihre schon seit Jahrzehnten bei der angestrebten Islamisierung ihres Stammgebiets erfolgreich verfolgte Strategie von Einschüchterung und subtilem Druck in keiner Weise auf. Sie hatte ohnehin schon längst dazu geführt, dass die überwiegende Mehrheit der Frauen, Rechtsanwältinnen eingeschlossen, im Gazastreifen das Kopftuch trug. Dort stieg seit dem Hamas-Putsch der Anpassungsdruck auf die Frau unaufhörlich weiter, wie ein Bericht der Frauenrechtsorganisation «Palestinian Women's Information and Media Center» aus Gaza im November 2009 zeigte, der in diesem Zusammenhang von «politischer Gewalt» sprach.[11] Diese erfuhren auch den Islamisten suspekte Lokalitäten wie etwa Coffee-Shops oder Spielhallen, die das Ziel von Bombenanschlägen wurden.[12] Die Anschläge wurden von der Hamas-Führung immer wieder verurteilt, die stets betonte, den Menschen die islamische Lebensweise nicht aufzwingen, sondern sie durch Überzeugungsarbeit für den Islam gewinnen zu wollen. Doch die Täter blieben in der Regel im Dunkeln.[13]

Im Sinne dieses Credos verlautbarte Gazas Regierung im Sommer 2009, dass sie den von ihr erstellten islamischen Sittenkatalog nur schrittweise einführen und die Bevölkerung mit Informations- und Motivierungsaktionen darauf vorbereiten werde. Zu diesem Zeitpunkt war die erste Kampagne bereits im Gange. Gestartet hatte sie die Abteilung für Religiöse Ermahnung und Belehrung des Ministeriums für Waqf und Religiöse Angelegenheiten in Zusammenarbeit mit der Polizei. Unter dem Slogan «Ja zur Tugend» wurde in Moscheepredigten, Radio- und Fernsehsendungen sowie im Internet für die wahre islamische Lebensweise geworben. Es wurden auch einschlägige Audiokassetten verteilt und überall an zentralen öffentlichen Orten entsprechende Plakate angebracht. Als lasterhaft galten ebenso westliche Satellitensender und Internet-Cafés wie Kaugummikauen, das als Zeichen westlicher Dekadenz verfemt war. Unverheiratete Paare und Frauen ohne angemessene Begleitung im öffentlichen Raum wurden als unmoralisch und sittenlos diffamiert und Rauchen, unzüchtige Kleidung und unangemessene Bekleidung am Strand als frevelhaft gebrandmarkt. Inhaber von Bekleidungsgeschäften mussten jetzt selbst ihre Schaufensterpuppen züchtig bedecken. In den Straßen patrouillierten Sittenwächter und wiesen Passanten zurecht, die sich nicht an die propagierten Verhaltensregeln hielten.[14]

Auch das globale Netz, das die Islamisten von Anfang an für ihre Zwecke zu nutzen verstanden, diente als Umerziehungsplattform. Das neu eingerichtete Internetportal *Masjedna* (Unsere Moscheen) stellte eine Auswahl der unters Volk gebrachten Propaganda-Plakate zum Herunterladen bereit. Auf einem davon wurde die Gewohnheit palästinensischer Mädchen, Kopftuch und Hosen zu tragen, als Teufelswerk verdammt; sie sei Produkt einer «Satanic industrie». Als islamgerechte Kopfbedeckung wurde ihnen indessen der *Hidschab* ans Herz gelegt – ein Schleier, der Kopf, Haar und Hals bedeckt und vor allem von Fundamentalisten propagiert wird. Das *Masjedna*-Portal avancierte schnell zu einem wichtigen Instrument islamistischer Indoktrinierung und wurde beständig ausgebaut. Es belehrte die Besucher auch über ihre Pflicht, am Dschihad teilzunehmen, etwa mit der über 90 Seiten langen Schrift *Mudhakirat al-Mudschahid* (Denkschrift für den Dschihad-Kämpfer), die bis zum Relaunch der Website Ende 2018 heruntergeladen werden konnte und aus dem Propagandamaterial der Qassam-Brigaden stammte.[15]

Zu dem bisherigen Ziel, Palästina zu befreien, kam nun auch noch der erklärte Kampf gegen die von Israel über den Gazastreifen verhängte Land-, Luft- und Seeblockade, mit der die Islamisten ihren sich intensivierenden Raketenbeschuss gegen Israel erneut begründeten. Die Bevölkerung musste nicht nur hinnehmen, dass sich die Versorgungslage wegen der Blockade verschlechterte, sondern hatte auch unter den verheerenden Folgen der israelischen Militäroperation «Gegossenes Blei» *(offeret yetzuka)* zu leiden. Von Ende Dezember 2008 bis Mitte Januar des Folgejahres antwortete Israel damals auf die massiven Raketenangriffe aus dem Gazastreifen mit Luftangriffen auf Einrichtungen und Stellungen der Islamisten wie auch dem Einsatz von Bodentruppen. Der Hamas lieferten die Kämpfe einmal mehr die Gelegenheit, dem Konflikt eine religiöse Dimension zu geben, und sie nannte ihn entsprechend «Schlacht der Offenbarung» (*maarakat al-furqan,* wobei *furqan* auch eine Bezeichnung für den Koran ist). Auch scheute sie nicht davor zurück, bei den mehr als fünfhundert Zivilisten, die bei dem israelischen Militärschlag getötet wurden (auf israelischer Seite waren es drei Todesopfer),[16] von Opfern eines «Holocaust» *(mahraka)* an den Palästinensern zu sprechen.[17] Sie sah auch keinen Widerspruch darin, sich gleichzeitig zum Sieger[18] zu stilisieren.

Die politische Führung der Islamisten hatte bereits vor der kriegerischen Auseinandersetzung mit Israel einen entscheidenden Schritt zur Institutionalisierung des bewaffneten Kampfs getan. Im Mai 2008 verabschiedete das Gaza-Parlament das «Gesetz zum Schutz des palästinensischen Widerstands [*muqawama*]», das die Vertreibung der zionistischen Besatzung aus Palästina als heilige Pflicht festschrieb und den Kräften des Widerstands das unverbrüchliche Recht zusicherte, gegen die Besetzung Palästinas zu kämpfen – ein Recht, das dem Gesetzestext zufolge «nie erlischt» und auch nicht durch eine Gesetzesänderung beziehungsweise -auslegung oder eine Volksabstimmung aufgehoben werden kann. Ebenso wurden jegliche gesetzgeberische Maßnahme und jegliches Abkommen, die das Recht auf Widerstand antasten, für ungültig und die «Waffen des palästinensischen Widerstands» für unantastbar erklärt.[19]

Das Gesetz hatte wohl auch den Zweck, sich gegenüber der Rivalin Fatah noch einmal grundsätzlich zu positionieren. Der Begriff *muqawama* fand denn auch Eingang in den Entwurfstext des Abkommens, auf das sich die zerstrittenen Palästinensergruppen im Oktober 2009 in Kairo unter ägyptischer Vermittlung verständigten. Die Vereinbarung sollte die politische Spaltung zwischen der Westbank und Gaza beenden und den Weg für neue Präsidenten- und Parlamentswahlen am 28. Juni 2010 freimachen. In Punkt 3 des Entwurfs, den die Fatah-nahe Zeitung *Al-Ayyam* abdruckte, hieß es unter dem Stichpunkt Sicherheit: «Die Sicherheitsorgane achten das Recht des palästinensischen Volkes auf Widerstand [*muqawama*] und Verteidigung [*difa*] des Vaterlands und der Bürger.»[20]

Aber selbst diese Formulierung ging den Islamisten nicht weit genug. Sie bestanden auf einem Anhang zu dem Dokument, überschrieben mit «Ehren-Charta», worin sich beide Seiten ausdrücklich verpflichteten, den Widerstand *(muqawama)* gegen die israelische Besatzungsmacht aufrechtzuerhalten und die dafür notwendigen Waffen bereitzuhalten. Dieser Zusatz sollte offensichtlich vor allem einer Entwaffnung der Hamas-Milizen durch die Palästinensische Autonomiebehörde vorbeugen. Obwohl ihnen die säkulare Konkurrentin gerade auch in der heiklen Frage des bewaffneten Widerstands entgegenkam, weigerten sich die Islamisten, die unter ägyptischer Verhandlungsführung erarbeitete und von der Fatah bereits unterschriebene Vereinbarung wie vorgesehen am 15. Oktober ebenfalls zu unterzeichnen. Sie baten sich im Gegenteil noch Bedenkzeit aus und kündigten an, einige Ergänzungen nachverhandeln zu wollen.[21] Eine Abänderung des unterschriftsreifen Abkommens kam jedoch weder für Abbas noch für die über den Rückzieher der Islamisten verärgerten Ägypter infrage, die der Hamas vorwarfen, den innerpalästinensischen Dialog zu sabotieren. Schließlich hieß es aus Kairo, dass man die geplante Unterzeichnung bis auf Weiteres auf Eis gelegt habe. Auch der Versuch, zumindest eine Einigung darüber zu erzielen, im Juni 2010 in den Palästinensergebieten Wahlen stattfinden zu lassen, scheiterte.[22]

Damit steckten die innerpalästinensischen Versöhnungsbemühungen erneut ebenso in der Sackgasse wie der Nahost-Friedensprozess. Hier stand Palästinenserpräsident Abbas seit Februar 2009 mit Benjamin Netanjahu, dem Chef der Likud-Partei und einer rechtsgerichteten, an einem Friedenskurs wenig interessierten Regierung, ein nicht minder erbitterter Gegner gegenüber. Zwar war der neue amerikanische Präsident Barack Obama nach Kräften bemüht, die stillstehenden Friedensverhandlungen zwischen Israel und den Palästinensern wieder in Gang zu bringen, und forderte in seiner historischen Rede in Kairo im Juni 2009 die Netanjahu-Regierung mit Nachdruck auf, den Siedlungsbau einzustellen.[23] Aber die sich daran anschließende Forderung der Palästinensischen Autonomiebehörde, noch vor Aufnahme neuer Gespräche den Bau der Siedlungen in Ostjerusalem und der Westbank zu stoppen, konnte Washington in Jerusalem nicht durchsetzen.[24] Auch US-Außenministerin Hillary Clinton, die Palästinenserpräsident Mahmud Abbas Ende Oktober in Abu Dhabi traf und anschließend nach Jerusalem weiterreiste, konnte den israelischen Premier nicht umstimmen. Als sie aber kein Wort der Kritik an Netanjahus kategorischer Ablehnung palästinensischer Vorbedingungen zur Wiederaufnahme des Friedensdialogs mit Israel verlauten ließ, erwog Palästinenserpräsident Abbas seinen Rücktritt. Am Ende unternahm er diesen Schritt aber doch nicht. Denn dann hätte, so sah es das palästinensische Grundgesetz vor, der von der Hamas gestellte Parlamentsvorsitzende Aziz Dweik das Amt interimsmäßig übernommen.[25]

Durch den Wahlboykott der Islamisten stand die Fatah vor dem Problem, dass mit dem Ende der Legislaturperiode am 25. Januar 2010 auch Abbas' Mandat erlöschen und ihm damit die demokratische Legitimität als Präsident fehlen würde. Um dem zuvorzukommen, verlängerte der Zentralrat der PLO am 16. Dezember die Amtszeit des Präsidenten wie auch die des Parlaments bis zum 28. Juni 2010, das heißt bis zu dem in Kairo im Zuge des gescheiterten Versöhnungsabkommens festgesetzten Termin für palästinensische Neuwahlen. Von der Hamas wurde dieser Schritt erwartungsgemäß nicht anerkannt.[26] Abbas, der aber weiterhin hoffte, dass die Islamisten von ihrer Verweigerungshaltung doch noch abrücken würden, zögerte die offizielle Annullierung des Wahltermins so lange wie möglich hinaus. Am 22. Januar wurden die Wahlen dann von ihm per Dekret auf unbestimmte Zeit verschoben. Seitdem fanden Wahlen ausschließlich in der Westbank und auch nur auf kommunaler Ebene statt, zuletzt in den Jahren 2012, 2016/17, 2021/22. Über ein Jahrzehnt lang nahmen Fatah und Hamas immer wieder neue Anläufe, um zu einer Einigung zu gelangen – vergebens. Und auch die Versuche, erneut eine Einheitsregierung wie in den Jahren 2014/15 und 2017 zu bilden, scheiterten.

9.
Israel und die Hamas im Modus Vivendi

Aus der palästinensischen Spaltung versuchten alle drei Konfliktparteien für sich das Beste zu machen. Die beiden Rivalinnen Hamas und Fatah nutzten die Lage, um ihre jeweilige Herrschaft zu konsolidieren. Derweil versicherte Israels Ministerpräsident Benjamin Netanjahu wenige Wochen nach seiner Wahl dem US-Nahostgesandten George Mitchell zwar, dass seine Regierung «auf ihre Art» – was auch immer damit gemeint war – in Richtung Frieden mit den Palästinensern hinarbeiten werde. Gleichzeitig äußerte der israelische Premier aber auch seine Auffassung, dass eine innerpalästinensische Versöhnung unausweichlich zu einer Radikalisierung in der Westbank und im Gazastreifen führen würde und man sie deshalb nicht fördern dürfte – die linksliberale Zeitung *Haaretz* machte dieses Statement umgehend publik.[1]

Netanjahus großspuriges Versprechen, das er bereits vor der Militäroperation «Gegossenes Blei» abgegeben hatte, er werde der Herrschaft der Hamas im Gazastreifen ein Ende setzen,[2] schien jetzt jedenfalls obsolet zu sein. Denn während Israel die Sicherheitskooperation mit der Autonomiebehörde in der Westbank auch mit dem Ziel aufrechterhielt, ein dortiges Erstarken der Islamisten zu verhindern, wurden bewaffnete Auseinandersetzungen mit der Hamas, den Al-Quds-Brigaden des Islamischen Dschihad und einzelnen Splittergruppen zur Routine – ebenso periodische Vereinbarungen über kurzfristige Waffenruhen. Auf den sporadischen Raketenbeschuss der Qassam-Brigaden und anderer Milizen reagierte die Netanjahu-Regierung mit Vergeltungsaktionen in Form von gezielten Artillerie- und Luftangriffen. Nach der israelischen Militäroperation «Starker Fels» im Sommer 2014, bei der auch Bodentruppen eingesetzt wurden, kam es unter Netanjahu ab 2018 so gut wie jedes Jahr zu größeren Interventionen gegen Ziele im Gazastreifen, denn Israel antwortete hauptsächlich mit Luftangriffen auf den Raketenbeschuss der Islamisten. Ende 2018 nahmen israelische Scharfschützen aber auch erstmals unbewaffnete palästinensische Demonstranten am Grenzzaun ins Visier, die am sogenannten «Großen Marsch der Rückkehr» teilnahmen. Mehr als zweihundert von ihnen kamen damals durch israelische Kugeln ums Leben.[3]

In Israel etablierte sich die Auffassung, dass es neben der Aufrechterhaltung der Abriegelung des Gazastreifens ausreiche, von Zeit zu Zeit gegen militärische Stützpunkte und sonstige Einrichtungen der Islamisten härter vorzugehen, was israelische Politiker unterschiedlicher Couleur auch in nahezu jedem Wahlkampf in einer Art Überbietungswettbewerb gerne versprachen. Die hohe Zahl an palästinensischen Zivilopfern, die billigend in Kauf genommen wurde, rechtfertigte Israel mit der Behauptung, die Islamisten würden ihre Stellungen absichtlich in Wohngebieten und auch in der Nähe von Schulen und Krankenhäusern errichten – überprüfen ließ sich das kaum. Tatsächlich offenbarte Israels Antwort auf die internationale und auch innerisraelische Kritik an der groß angelegten Militäroperation «Gegossenes Blei» von 2008/09, dass die Völkergemeinschaft keine wirkliche Handhabe gegen Israel besitzt, weder gegen seine aus UN-Sicht völkerrechtswidrige Aufrechterhaltung der Blockade noch gegen die Art seines militärischen Vorgehens gegen die Islamisten und ihre Einrichtungen. Ein Gleiches gilt für die Menschenrechtsverletzungen des islamistischen Regimes im Gazastreifen. Auch dagegen fehlen den Vereinten Nationen die Mittel.[4]

So blieb der Umgang mit dem Dauerkonflikt letztlich Israel und der Hamas überlassen, die ihn – meist mit ägyptischer Vermittlung – mehr oder weniger verwalteten. An einem totalen wirtschaftlichen Zusammenbruch des Gazastreifens, der in eine humane Katastrophe geführt hätte, hatte keine der Seiten ein Interesse: Er hätte die Herrschaft der Hamas ernsthaft gefährdet und die Welt hätte den Israelis die Schuld an der Lage gegeben. Als die militärisch weit überlegene Macht nahm Israel für sich in Anspruch, die Spielregeln des bewaffneten Konflikts zu diktieren, musste aber immer wieder die Erfahrung machen, dass militärische Interventionen dieses Diktat nur begrenzt oder gar nicht durchzusetzen vermochten. Ebendieses Unvermögen der Welt zu demonstrieren, war Ziel der Hamas, deren Qassam-Brigaden sich nach jeder israelischen Militäroperation mit Siegesparolen feierten und ihren heiligen Krieg gegen Israel immer wieder aufs Neue auch mit dessen «Verbrechen» an der Zivilbevölkerung des Gazastreifens rechtfertigten. Verhandlungen mit Israel über – immer nur befristete – Waffenruhen sahen die Islamisten nicht nur als Bestätigung ihrer Herrschaft über den Küstenstreifen. Sie konnten sie auch den eigenen Anhängern als Beweis für die Schlagkraft ihrer Milizen präsentieren. Und weil die Vereinbarungen unter Vermittlung Dritter zustande kamen, ließ sich auch das Image einer gegenüber dem zionistischen Feind kompromisslos bleibenden islamischen Widerstandsbewegung aufrechterhalten. Dieses Taktieren der Führungen beider Konfliktparteien war allerdings von der Dauerklage der Radikalen und Oppositionellen auf beiden Seiten begleitet, dass man gegenüber dem Gegner viel zu nachgiebig sei. So nahm die Hamas mal mehr, mal weniger Rücksicht auf die gegen ihren Kurs vorgebrachten Einwände des Islamischen Dschihad und gelegentlich auch der säkularen Milizen «Volksfront» beziehungsweise «Demokratische Front für die Befreiung Palästinas».[5]

Auch auf israelischer Seite war die Kritik an der vermeintlichen Tatenlosigkeit der Regierenden gegenüber den Islamisten im Gazastreifen eine Konstante. Eine solche Passivität im Umgang mit der Islamisten-Herrschaft in Gaza warf Benjamin Netanjahu 2008/09 Ministerpräsident Ehud Olmert und dessen Stellvertreterin Tzipi Livni vor. Als Mitglied des Mitte-Links-Parteienbündnisses «Das zionistische Lager» hielt Anfang 2015 – ebenfalls im Wahlkampf – Tzipi Livni wiederum Netanjahu vor, mit der von ihm im Vorjahr autorisierten Militäroperation «Starker Fels» lediglich vorübergehend für Sicherheit und Ruhe gesorgt zu haben. Netanjahu habe schöne Bücher geschrieben, wetterte Livni, wie man Terrorismus bekämpfen soll. Doch am Ende sei er derjenige, der mit den Terroristen verhandele, und zeige gegenüber dem Hamas-Terror nur Schwäche.[6]

Die Analysen, Einwände und auch Verbesserungsvorschläge zum Umgang der Regierung Netanjahu mit dem Gazastreifen, die israelische Politiker, Militärexperten, Politikwissenschaftler und Journalisten wie auch Bewohner des vom Raketenbeschuss besonders betroffenen Südens des Landes über die Jahre äußerten beziehungsweise publizierten, füllen ganze Regale. Die meisten lassen durchblicken, dass die Herrschaft der Hamas und der Dauerkonflikt mit ihr Israel vor ein letztlich unlösbares Dilemma gestellt hat. Der allgemeinen Ratlosigkeit verlieh Yohanan Plesner, Leiter des Israelischen Demokratie-Instituts in Jerusalem und ehemaliger Parteifreund Tzipi Livnis, 2021 prägnant Ausdruck:

> Israels nationale Strategie bezüglich des Gazastreifens besteht darin, dass es keine Strategie gibt. In den letzten zehn Jahren hat sich die Regierung entschieden, sich mit einer Taktik zu begnügen, deren Hauptmerkmal es ist, regelmäßige Runden bewaffneter Konflikte mit dem Gazastreifen als Schicksal hinzunehmen. Das bescheidene Ziel, das die Regierung der israelischen Armee vorgegeben hat, ist, die Phase der Ruhe von einer Runde zur nächsten zu verlängern und den von uns zu zahlenden Preis zu senken, während wir den Preis, den die Gegenseite bei jeder Kampfrunde zu zahlen hat, erhöhen. Dies ist eine Politik, die de facto die Souveränität der Hamas über den Gazastreifen anerkennt und es ihr ermöglicht, ihre Macht und ihre Kampfmethoden für künftige Runden auszubauen, in denen der Grad an Raffinesse und Gewalt nur weiter steigt.[7]

10.
Der Arabische Frühling wird islamistisch – und die Hamas rüstet auf

Von den dramatischen Ereignissen des Arabischen Frühlings blieben auch die Islamisten im Gazastreifen nicht unberührt. Der Ausbruch des Bürgerkriegs in Syrien und die damit einhergehende brutale Unterdrückung von Oppositionellen, darunter Regimegegner aus den Reihen der syrischen Muslimbrüder, hatte auch folgenreiche Konsequenzen für die palästinensische Gemeinde im Land. Die Hamas, deren politische Auslandsführung seit den Neunzigerjahren in Damaskus saß und dort Büros unterhielt, steckte nun im Dilemma. Sie musste sich entscheiden, ob sie ihre Loyalität zu dem syrischen Schutzherrn – und so indirekt auch zu dessen Verbündeten Iran – aufrechterhält und damit seine Verbrechen duldet, oder sich mit den Opfern des syrischen Assad-Regimes solidarisiert. Im Dezember 2011 wählte sie die zweite Option und verlegte in den nächsten Monaten den größten Teil ihres Auslands-Personals aus der syrischen Hauptstadt ins qatarische Doha.

Der Entschluss war auch vor dem Hintergrund der dramatischen politischen Entwicklungen in den arabischen Ländern Nordafrikas gefallen. Dort hatten nach dem 2011 erfolgten Sturz autokratischer Langzeitherrscher zunächst in Tunesien und dann in Ägypten islamistische Parteien die ersten demokratischen Wahlen gewonnen. Mit dem Regimewechsel im Nachbarland Ägypten, wo die Muslimbrüder unter der Führung des im Mai 2012 gewählten Präsidenten Muhammad Mursi die Regierung stellten, schien die Hamas als Herrscherin über den Gazastreifen in eine vielversprechende Zukunft blicken zu können, zumal es so aussah, als sei entlang der nordafrikanischen Achse ein neues islamistisches Zeitalter angebrochen. Ismail Hanijeh, Chef der Hamas-Regierung in Gaza, und der neue ägyptische Präsident Muhammad Mursi kamen sich denn auch schnell nahe. Schon im Juli 2012 lockerte Kairo die strengen Vorschriften für das Passieren des Grenzübergangs in Rafah im südlichen Gazastreifen. Im Monat darauf richtete die Hamas in Kairo ein Büro ein, in dem sich bereits Anfang Oktober ihre politische Führung traf.[1] Und nur wenig später wurde eine enge Kooperation im Sicherheitsbereich mit dem ägyptischen Militär und Geheimdienst vereinbart, die auch zum Ziel hatte, gemeinsam gegen radikale Dschihadisten-Gruppen im nördlichen Sinai vorzugehen.

Sie betraf auch die Kontrolle der entlang der Grenze zwischen dem südlichen Gazastreifen und Ägypten verlaufenden zahlreichen Schmuggeltunnel, die die Palästinenser schon seit dem letzten Jahrzehnt des Mubarak-Regimes illegal bauten. Obgleich das ägyptische Militär in der Endphase der Mubarak-Regierung einen großen Teil zerstörte, waren im Sommer 2012 noch immer mehr als tausend solcher Tunnel in Betrieb,[2] wovon die Hamas-Regierung gleich doppelt profitierte. Denn durch die Besteuerung der geschmuggelten Waren konnte sie Einnahmen generieren, und außerdem verringerte der Schmuggelbetrieb die Abhängigkeit von der durch Israel streng kontrollierten Wareneinfuhr. Auf diesem Weg konnten sich die Qassam-Brigaden leichter Waffen besorgen, und sie begannen schon bald, unter dem Gazastreifen ein ganzes Tunnelsystem anzulegen, das ihre Waffendepots beherbergte und ihnen zum Schutz vor israelischen Luftangriffen sowie an der Grenze zu Israel auch als Angriffsbasis diente. Durch solch einen Tunnel war es bereits im Jahr 2006 Kämpfern der Qassam-Brigaden und zweier weiterer Milizen aus dem südlichen Gazastreifen gelungen, ins israelische Grenzgebiet einzudringen und den Soldaten Gilad Schalit zu entführen, der erst über fünf Jahre später im Rahmen eines Gefangenenaustausches freikam. Die Mursi-Regierung schränkte den Tunnelbetrieb nur bedingt ein. Ihr ging es um eine gute Versorgungslage im Gazastreifen – und um die Stärkung der Hamas.

Die Qassam-Brigaden nutzten die Jahre nach dem Putsch, um massiv aufzurüsten. Über ihre militärischen Strukturen im Jahr 2007 wusste der damalige Chef des israelischen Südkommandos, General Yoav Galant – im Dezember 2022 sollte er Netanjahus Verteidigungsminister werden – zu berichten:

> Es handelt sich nicht mehr nur um einige Terroristen, sondern um einen ganzen Apparat. Es gibt vier verschiedene Brigaden: Nord-, Gaza-, Zentral- und Südbrigade. An der Spitze steht jeweils ein Kommandeur, dem Bataillone, Kompanien und Züge unterstehen. Alles ist systematisch durchorganisiert, es ist keine Terrorgruppe. Der Apparat wird allem Anschein nach vom Iran, aber auch von Syrien und der Hizbullah entwickelt und unterstützt. Ziel ist der Aufbau einer Militärmacht im Gazastreifen. Es gibt Delegationen, die zur Ausbildung in den Iran reisen, und es gibt Vertreter aus dem Iran, die kommen, um die «Kämpfer» auszubilden.[3]

Von sechs Brigaden war bereits im Jahr darauf in einem Bericht des Informationszentrums der israelischen Militäraufklärung die Rede, in dem die Zahl der Qassam-Mitglieder auf mehr als zehntausend geschätzt wurde; eine ähnliche Größenordnung hatten damals die Kräfte der Polizei und der sechs verschiedenen Sicherheitsdienste.[4] Ein weiterer, 2010 veröffentlichter Bericht der Militäraufklärung, bei dem es sich um eine Gegendarstellung zu dem UN-Goldstone-Bericht über die israelische Militäroperation «Gegossenes Blei» (2008/09) handelte, lieferte neben diesen Zahlen auch eine detaillierte Auflistung der Waffen, über die die Qassam-Brigaden neben Maschinengewehren verfügten: unter anderem 2500 bis 3500 teils selbst gebaute, teils aus dem Iran geschmuggelte Raketen mit Reichweiten von 20 bis 50 Kilometern, Mörsergranaten mit einem Kaliber bis zu 122 Millimeter, Panzerfäuste und Anti-Panzer-Raketen, Boden-Luft-Raketen und verschiedene Arten von Sprengsätzen.[5]

Im Winter 2012 ging man in Israel schon von rund 5000 Raketen mit teilweise noch größeren Reichweiten aus. Tatsächlich feuerten die Qassam-Brigaden während der achttägigen israelischen Militäroperation «Wolkensäule» im November 2012 bereits

1506 Raketen ab. Die Hamas nannte den Waffengang in Anspielung auf eine im Koran beschriebene Kriegsepisode «Tonsteine».[6] Darunter befanden sich auch Raketen iranischer Produktion vom Typ «Fadschr» (3 und 5) sowie die selbst gebaute «M-75». Damit wurde trotz des erstmals eingesetzten israelischen Raketenabwehr-Systems «Iron Dome», das fast ein Drittel abschoss,[7] zum ersten Mal auch der Großraum Tel Aviv erreicht.[8] Die Qassam-Brigaden verbreiteten denn auch Erfolgsmeldungen über Treffer im nördlich von Tel Aviv gelegenen Herzliya und gar auf dem Knesset-Areal in Jerusalem.[9] In Israel allerdings wurden Einschläge weder in Herzliya noch in Jerusalem registriert, aber mehrere Raketeneinschläge südwestlich von Bethlehem neben palästinensischen Ortschaften gemeldet.[10]

Auslöser dieser Eskalationsrunde war die gezielte Tötung Ahmad al-Dschabaris, einem der beiden Chefs der Qassam-Brigaden, durch eine israelische Drohne. Muhammad Deif, der eigentliche Militärchef, konnte damals diese Funktion seit einer schweren Verletzung durch einen israelischen Angriff 2006 anscheinend kaum noch wahrnehmen. Die Zielperson des Attentats war keineswegs zufällig ausgewählt, denn al-Dschabari war bei den internen Hamas-Wahlen im April 2012 zusammen mit dem ebenfalls ranghohen Qassam-Kommandanten Marwan Issa in das Politbüro der Bewegung gewählt worden. Das Wahlergebnis spiegelte den gestiegenen Einfluss des militärischen Arms innerhalb der Organisation – und im Fall al-Dschabari ihres radikalsten Flügels. Dieser hatte im Dezember 2010 in einer Publikation der Qassam-Brigaden erklärt: «Solange die Zionisten unser Land besetzen, gilt für sie Tod oder Weggang.»[11] Nach dem tödlichen Attentat auf al-Dschabari übernahm Marwan Issa seine Funktion als operativer Chef der Qassam-Brigaden. Deren Einfluss innerhalb der Hamas-Führung war mittlerweile auch durch die Rückkehr der rund vierhundertfünfzig Hamas-Kader – etliche davon vom militärischen Arm – erheblich gewachsen. Sie wurden im Oktober 2011 neben sechshundert weiteren palästinensischen politischen Gefangenen im Austausch für den entführten israelischen Soldaten Gilad Schalit freigelassen. In Israel wurden diese internen Kräfteverschiebungen mit Sorge registriert, was mit ein Grund dafür war, dass die Luftwaffe bei der Militäroffensive im November 2012 den Sitz der Hamas-Regierung, Hanijehs Büro eingeschlossen, zerstörte. Dennoch ließ es sich der Hamas-Chef nicht nehmen, den vereinbarten Waffenstillstand mit einer Siegesrede in Gaza zu feiern, in der er sich emphatisch dafür bedankte, dass der Arabische Frühling der Hamas Sieg und Heldentum gebracht habe.[12]

Damals herrschte angesichts der politischen Erfolge der Islamisten in Nordafrika in der ersten Phase des Arabischen Frühlings bei der Hamas schon länger Aufbruchstimmung. Das unter der Hanijeh-Regierung schon zuvor teilweise errichtete islamistische Regime sollte nun auf sämtlichen Ebenen gemäß den Grundsätzen der Hamas zementiert werden. Besondere Bedeutung kam dabei dem Aufbau eines eigenen Erziehungssystems zu, das den Schülern streng islamisches Verhalten wie auch die militante Ideologie der Bewegung einimpfen sollte – neben einer paramilitärischen Ausbildung. So wurde im November 2011 von Hanijeh und seinem Bildungsminister Usama al-Mazini[13] die nach dem Gründungsvater der Hamas benannte «Ahmad Jassin Jungen-Oberschule» in Rafah eröffnet. Das offizielle Organ der Hamas-Regierung *Al-Ray* (Die Meinung) zitierte Hanijeh mit der Aussage, Ziel der Schule sei, palästinensische Menschen heranzuziehen, die fähig seien, ihre Rechte zurückzugewinnen, einen eigenen Staat mit Jerusalem als Hauptstadt zu gründen und die Rückkehr aller Flüchtlinge durchzusetzen. Bei dieser Gelegenheit besuchte der Hamas-Chef in Rafah auch zwei Familien von Hamas-Märtyrern. Den Angehörigen eines Kämpfers, der bei der Entführung des israelischen Soldaten Gilad Schalit getötet worden war, sicherte er den Wiederaufbau ihres Hauses zu, das bei einer israelischen Militäroperation zerstört worden war.[14]

Schon bald nach Eröffnung dieser Lehranstalt dürfte den Schülern dort auf dem Schulhof Unterricht an der Waffe erteilt worden sein. Einen der frühesten dokumentierten Belege hierfür liefert ein Video auf dem Youtube-Kanal der Schule aus dem Jahr 2014, auf dem zu sehen ist, wie Uniform tragende Jugendliche mit einer Kalaschnikow exerzieren und sich in Kampfposen präsentieren.

Eine weitere Videoaufnahme zeigt, wie Schüler, die mit geschlossenen Augen ihr Gewehr auseinanderbauen, von dem anwesenden Publikum, darunter auch Vertreter der örtlichen Elite, begeistert beklatscht werden.[15] Und selbst bei einer von martialischer Musik begleiteten Schulaufführung tragen die Schauspieler echte Waffen. Das von den Schülern einstudierte Stück handelt davon, wie es einer Gruppe palästinensischer Jugendlicher, die israelische Wachposten an einem «Checkpoint» angreifen, gelingt, einen Soldaten zu töten und die übrigen zu vertreiben. Es endet damit, dass die «Sieger» auf die «Leiche» eintreten, während sie die Palästinafahne hochhalten.[16]

Paramilitärisches Training wurde schon seit 2009 bei den von der Hamas organisierten Sommercamps für Kinder und Jugendliche angeboten. Dieses Trainingsprogramm wurde jetzt um Schülereinheiten, die sogenannten *Futuwwa* (Jugendliche, jugendliche Tugend), ergänzt. Das Konzept knüpft an das Vorbild mittelalterlicher muslimischer Männerbünde an, die unter modernen Vorzeichen in etlichen arabischen Ländern zur Ertüchtigung und Militarisierung der Jugend wiederaufgelegt wurden. Das Projekt, das zu Schuljahresbeginn 2012 vom Bildungsministerium der Hamas in Zusammenarbeit mit Angehörigen der eigenen Miliz der Nationalen Sicherheit gestartet wurde, sah nach eigenem Bekunden vor, dass jede Schule einen Offizier zugeteilt bekommt. Das Lehrprogramm sollte paramilitärische Übungen enthalten und auch entsprechende Werte wie Disziplin, Gehorsam, Opferbereitschaft und Patriotismus vermitteln sowie den Jugendlichen beibringen, wie man feindliche Spione abwehrt.[17]

In den nächsten Jahren wurden im gesamten Gazastreifen solche *Futuwwa*-Einheiten auf lokaler Ebene aufgebaut. In den Städten entstanden «*Futuwwa*-Bataillone», die periodisch durch die Straßen paradierten. Zusätzlich zu der paramilitärischen Ausbildung an den Schulen wurden ab 2013 auch Trainingscamps veranstaltet, zu denen man sich an improvisierten Ständen vor Moscheen anmelden konnte. Hatten zunächst rund fünftausend Jugendliche an diesen sogenannten «Vorhuten der Befreiung» *(tala'i al-hurriya)* teilgenommen, stieg laut Angaben der Hamas-Medien ihre Zahl im Folgejahr bereits auf dreizehntausend. 2014 fand schon kurz nach Jahresbeginn eine als Spektakel inszenierte Zentralveranstaltung in Gaza statt, auf der uniformierte Jugendliche beim Exerzieren und Vorführen militärischer Übungen präsentiert wurden und Ismail Hanijeh wie auch weitere Hamas-Kader flammende Reden hielten.[18]

Im Jahr darauf übernahm dann der bewaffnete Arm der Hamas diese Trainingslager, deren Teilnehmer ihm offensichtlich als Rekrutierungsmasse dienten. Die Qassam-Brigaden jedenfalls behaupteten, im Sommer 2015 an die fünfundzwanzigtausend Jugendliche im gesamten Gazastreifen trainiert zu haben. Für die Trainingskurse wurde mit Slogans wie «Wir lieben dich, Al-Aqsa» geworben, entsprechend dem Logo der «Vorhuten der Befreiung», auf dem neben einer Palästinafahne mit dem islamischen Glaubensbekenntnis sowie einer Kalaschnikow auch der Felsendom prangte. Zum Programm gehörten überdies Aufmärsche, bei denen ein von mehreren Paradeteilnehmern getragenes Modell des Felsendoms mitgeführt wurde. Und bei einer Abschlusszeremonie in Gaza-Stadt stellten sich die Absolventen des Camps, die als «Kern der künftigen Befreiungsarmee» und als «Generation des kommenden Sieges» gepriesen wurden, in einer Formation in Form seiner Umrisse auf.[19] In einer der fotografischen Inszenierungen der Campteilnehmer posierten vier eine Kalaschnikow hochhaltende Jugendliche vor dem Hintergrund eines entfernten israelischen Wachturms am Grenzzaun zum Gazastreifen; ein anderer wurde bei der Beobachtung des Turms fotografiert – eine Übung, die offenbar ebenso zum Trainingsprogramm gehörte wie der Angriff auf die Attrappe eines israelischen Militärfahrzeugs einschließlich der «Gefangennahme» eines seiner Insassen sowie die Erstürmung des israelischen «Grenzzauns». An den Übungen nahmen mittlerweile augenscheinlich auch schon unter Zwölfjährige teil und sogar Seniorengruppen. Letztere allerdings dürften jedoch vielmehr Propagandazwecken gedient haben, ebenso wie die sich aus einigen Hundert Mädchen rekrutierende «Al-Quds-Armee», die die Qassam-Brigaden im Sommer 2015 in einem Kulturzentrum in Gaza präsentierten. Wie damals verkündet wurde, sollten Mädchen-Einheiten zu einem festen Bestandteil der «Vorhuten der Befreiung» werden, was dann aber letztlich nicht geschah.[20]

Im Rahmen des *Futuwwa*-Projekts wurde an den dem Hamas-Bildungsministerium direkt unterstehenden Oberschulen bereits im September 2013 ein einschlägiges Fach eingeführt mit einem eigenen Lehrbuch. Von den ebenfalls neu hinzugekommenen Schulbüchern sorgte eines zur nationalen Erziehung für die 8., 9. und 10. Klasse sogleich für Aufsehen. Darin waren nämlich nicht nur die Grundpositionen der Hamas zu Palästina als islamischem Land und der Notwendigkeit des bewaffneten Befreiungskampfes (Schlagwort: *muqawama*) festgeschrieben. Es behandelte auch die militärischen Auseinandersetzungen mit der israelischen Armee in den vergangenen Jahren, die kurzerhand in Siege umgemünzt wurden – einschließlich der Legende vom Raketeneinschlag auf dem Areal des israelischen Parlaments bei der Operation «Tonsteine», die dem Lehrbuch zufolge die Zionisten gezwungen habe, um einen Waffenstillstand zu flehen.[21] Zum Gedenken an den damals getöteten Qassam-Chef Ahmad al-Dschabari und den Triumph in der «Schlacht der Tonsteine» fanden denn auch im November an Hamas-Schulen sogenannte «Festivals» statt, so etwa an der Dschulis-Jungen-Oberschule in West-Gaza unter dem Motto «Al-Dschabaris Blut – unauslöschlicher Brennstoff». Neben Beamten des Bildungsministeriums wohnte der Veranstaltung nicht nur der damalige Sprecher der Regierung und Leiter ihres Pressebüros Ihab Ghusain bei. Es waren auch mehrere hochrangige Kader des Islamischen Blocks anwesend, einer der Unterorganisationen der Hamas, die im gesamten Bildungswesen aktiv war und medienwirksam Schulabschlussfeiern zu Indoktrinierungszwecken inszenierte.[22]

Noch beflügelt vom Wahlerfolg der ägyptischen Muslimbrüder, verabschiedete im Dezember 2012 der Legislativrat in Gaza ein neues Bildungsgesetz. Es trat Mitte März 2013 in Kraft und schrieb die Trennung der Geschlechter an Schulen für Kinder ab neun Jahren vor. Außerdem verpflichtete sich das Bildungsministerium, die «Mädchenschulen zu feminisieren», was bedeutet hätte, dass männliche Lehrer dort nicht mehr unterrichten dürften.[23] Auch dieser Schritt sorgte für Aufregung und führte zu Protesten vor allem vonseiten der palästinensischen Kirchen und christlichen Schulen im Gazastreifen, die eine Einführung der Geschlechtertrennung ablehnten. Bildungsbeamte der Hamas versprachen daraufhin, sich um einen Kompromiss zu bemühen, und schließlich blieben diese Schulen von der Maßnahme verschont.[24]

Die Sorge, dass die Hamas ihre rigide Bildungspolitik noch weiter intensivieren würde, erhielt im Frühjahr 2013 neue Nahrung. Bei den internen Wahlen zum Politbüro der Bewegung wurde Ismail Hanijeh zum Stellvertreter des langjährigen Vorsitzenden Khaled Meschal gewählt, was die lokale Kaderschicht gegenüber der Auslandsführung deutlich stärkte. Alles schien darauf hinzuweisen, dass die Hanijeh-Regierung in Gaza beabsichtige, nun auch die Islamisierung massiv voranzutreiben. Polizisten griffen auf der Straße männliche Jugendliche auf, die Waist-Down-Jeans trugen oder gegelte Haare hatten; teilweise wurden sie geschlagen, manchmal gar verhaftet. Unter dem Slogan «Meine Werte, Mein Leben» kündigte das Ministerium für Jugend, Sport und Kultur nun ein neues Tugendprojekt an, das mit zahlreichen Veranstaltungen, Unterhaltungsevents und einer Facebook-Seite zumindest bis 2015 bei Jugendlichen und auch Müttern für «korrektes» Verhalten im Sinne der Islamisten warb. Das Projekt schloss sich auf Facebook auch den bereits erwähnten schulischen Gedenkaktionen für die Operation «Tonsteine» an und lud im November zu einer einschlägigen Kundgebung mit Musikdarbietungen in Khan Yunis ein.[25]

Empörung rief auch der Entwurf eines Strafgesetzes hervor, den nach den Politbüro-Wahlen der Legislativrat in Gaza in Regierungskreisen im Mai 2013 in Umlauf brachte und anschließend zur Diskussion stellte. Wie weit die Pläne der Hamas zu einer Anpassung des Rechtssystems an das islamische Religionsgesetz tatsächlich gingen, machten gleich mehrere Gesetzesartikel deutlich, von denen zwei die Einführung von Körperstrafen vorsahen. In Artikel 15 des Gesetzentwurfs wurde das Auspeitschen festgeschrieben als

> Schläge mit einer milden Peitsche, nicht befeuchtet, aber auch nicht zu trocken, nicht zu glatt und so schmerzlos zu sein, aber auch nicht so grob, dass es Verletzungen verursacht. Der Schlagende darf seinen Arm nicht über den Kopf heben, muss es vermeiden, lebenswichtige Bereiche zu treffen, und seine Schläge auf Rücken, Gesäß und Beine verteilen.

Und laut Artikel 260 sollte, «wer einen geringfügigen Diebstahl begeht», mit «dem Abtrennen der rechten Hand am Handgelenk bestraft» werden. Artikel 59 wiederum garantierte Straffreiheit eigener Art: «Es gibt keine Strafe, wenn eine Straftat im Rahmen der Ausübung oder Erfüllung der von der Scharia vorgeschriebenen Pflichten begangen wird.»[26]

Die vehementen Proteste, die den Rechtsgelehrten der Hamas entgegenschlugen, brachten sie zu der Einsicht, dass so ein Gesetz doch eher kontraproduktiv sein würde. Nach Darstellung des Abgeordneten Yahya Moussa war der Gesetzentwurf bereits bei einer internen Besprechung von seinen Kollegen zurückgewiesen worden. Sie waren der Auffassung, dass die Hamas-Regierung den Menschen islamische Formen der Bestrafung nicht aufzwingen könne, solange man sich noch in der Phase der nationalen Befreiung befinde und noch kein unabhängiger palästinensischer Staat existiere.[27] Über den Entwurf wurde in den arabischen Medien fast ein Jahr debattiert – und das Gesetzesvorhaben am Ende fallen gelassen.

11.
Der Gazakrieg 2014: «Starker Fels» gegen «Abgefressenes Getreidefeld»

Ihre Vision von einer islamistischen Achse zwischen Kairo und Gaza musste die Hamas bereits Anfang Juli 2013 aufgeben, als das ägyptische Militär unter der Führung von Abd al-Fatah al-Sisi in einem Staatsstreich die Regierung der Muslimbrüder absetzte. Wie zahlreiche Angehörige der Muslimbruderschaft landete auch der gestürzte Präsident Muhammad Mursi im Gefängnis, wo er, mehrfach zu langen Freiheitsstrafen verurteilt, im Oktober 2019 starb. Al-Sisi, der im Juni 2014 sein Amtsnachfolger wurde, verfolgte die Muslimbrüder mit aller Härte und markierte von Anfang an ihre Gesinnungsgenossen aus dem Gazastreifen als Feinde. Das ägyptische Militär schloss den Grenzübergang in Rafah fast vollständig und begann schon kurz nach dem Putsch, die dortigen Schmuggeltunnel zu zerstören, was für die Islamisten-Regierung in Gaza einen erheblichen Verlust an Steuereinnahmen bedeutete. Die Hamas war jetzt noch stärker auf Hilfe aus Qatar angewiesen, wo ein Großteil ihrer Auslandsführung saß. Auch deshalb suchte sie nun wieder die Nähe zum Iran.

Bis zu ihrem Bruch mit dem Assad-Regime hatte Teheran die palästinensischen Islamisten jährlich mit schätzungsweise mehr als 200 Millionen Dollar unterstützt. Schon wenige Monate nach dem Militärputsch in Ägypten begann der Iran erneut, Geld nach Gaza zu schicken, doch erwies sich der Transfer als schwierig.[1] In dieser prekären Lage suchte die Hamas-Regierung den Dialog mit der verfeindeten Fatah, mit der sie sich bald auf eine Nationale Einheitsregierung verständigte. Sie wurde Anfang Juni 2014 gebildet, bekam aber nicht nur wegen interner Streitigkeiten schnell

Risse. Der israelische Ministerpräsident Benjamin Netanjahu, der sich anders als etwa die USA und die Europäische Union weigerte, die neue palästinensische Regierung anzuerkennen, stoppte die Friedensverhandlungen und warf Palästinenserpräsident Mahmud Abbas vor, mit Terroristen zu kooperieren. Schon nach einem Jahr brach die Einheitsregierung zusammen.

Mit ein Grund war die schwere militärische Auseinandersetzung im Sommer 2014 zwischen Israel und der Hamas, ausgelöst durch die Entführung und Ermordung dreier jugendlicher Siedler in der Westbank durch Mitglieder der Qassam-Brigaden. Israel reagierte darauf mit einer Verhaftungswelle von Hamas-Aktivisten und -Funktionären, woraufhin militante Palästinenser aus dem Gazastreifen zahlreiche Raketen in Richtung Israel und Mörsergranaten auf die benachbarten israelischen Ortschaften abfeuerten. Als Reaktion auf die anhaltenden Raketenangriffe startete Israel am 8. Juli die Militäroperation «Starker Fels», bei der zusätzlich zu Artilleriebeschuss und massiven Luftangriffen die israelische Armee diesmal auch mit Bodentruppen in den Gazastreifen einrückte. Bei den Kriegshandlungen, die nach 51 Tagen mit einer Waffenruhe endeten, wurden auf palästinensischer Seite mehr als 1200 Militante und rund 1400 Zivilisten getötet, auf israelischer Seite starben 68 Soldaten und 5 Zivilisten.

Von den Qassam-Brigaden und ihren verbündeten Milizen wurden bei diesem Waffengang dreimal so viele Raketen (rund 4500) abgefeuert wie bei dem bewaffneten Konflikt im November 2012, und zwar immer wieder auch in ganzen Salven, um das israelische Raketenabwehrsystem Iron Dome zu umgehen. Die Raketen reichten jetzt noch weiter und schlugen sogar bei Jerusalem und südlich von Haifa ein. Auch vom Boden aus griffen die Qassam-Brigaden jetzt an, so etwa durch einen in den benachbarten Kibbuz Nachal Oz führenden Tunnel, durch den sie sich nach einem Gefecht, bei dem fünf israelische Soldaten und einer ihrer Kämpfer getötet wurden, wieder zurückzogen. Es war nur ein Bodeneinsatz von mehreren, die offensichtlich die Entführung von Israelis zum Ziel hatten. Auch vom Meer aus wurde ein Angriff in Richtung des im Norden an den Gazastreifen angrenzenden

Kibbuz Zikim gestartet, doch waren die Angreifer hier rechtzeitig von einem Beobachtungsturm aus entdeckt und sofort erschossen worden. Ein gefangen genommener Qassam-Kämpfer berichtete später vor Gericht, dass er trainiert worden sei, mit einem Gleitschirm ins israelische Grenzgebiet einzudringen.[2]

Von der Hamas wurde auch diese Kriegsrunde, nun mit noch größerem propagandistischen Aufwand, als Sieg gefeiert. Die Qassam-Brigaden gaben ihr schon kurz nach Beginn den Namen «Abgefressenes Getreidefeld» *(al-'asf al-ma'kul)* – eine Bezeichnung, die ebenso wie schon der Operationsname «Tonsteine» der Koransure 105 (Der Elefant, Vers 4 bzw. 5) entnommen ist, in der ein Militärsieg der Muslime geschildert wird. Bereits einen Tag nach Beendigung der kriegerischen Auseinandersetzungen am 26. August 2014 feierte Ismail Hanijeh mit einer Massenkundgebung vor dem Gebäude des Legislativrats in Gaza, wo sich einige Tausend Anhänger versammelt hatten, den Waffengang, der um ein Vielfaches umfangreicher gewesen sei als die Operation «Tonsteine» 2012, als einen großen Triumph. Die siegreiche Schlacht habe man mit der Bombardierung von Haifa begonnen und bereite sich nun auf einen «umfassenden Krieg zur Befreiung von Jerusalem, Al-Aqsa und Palästina» vor.[3] Hanijeh sprach von einer «wichtigen Wende im Konflikt mit dem zionistischen Wesen» und besuchte Ortschaften, die von den Zerstörungen durch die israelischen Luftangriffe besonders massiv betroffen waren. Wiederholt war dabei von «Massakern» die Rede.[4]

Das Regierungsblatt *Al-Ray* brachte im Laufe des September eine Reihe von Berichten über das Schicksal der vielen Kinder, die bei der israelischen Militäroffensive schwer verletzt worden waren und von denen einigen ein Bein amputiert werden musste. Es bezifferte die in den verschiedenen Sektoren durch die «feindseligen Angriffe» der Besatzer und ihre «Verbrechen gegen die Menschlichkeit» entstandenen Schäden auf mehr als eine Milliarde Dollar. Gleichzeitig verbreitete *Al-Ray* aber auch den Eindruck einer schnellen Rückkehr zur Normalität, um die sich die Regierung in sämtlichen Lebensbereichen kümmere, sei es durch die Eröffnung des Schuljahrs für die halbe Million Schulkinder oder die Bemühungen um größere Importe von Lebensmitteln, deren Preise während der kriegerischen Handlungen explodiert waren.[5]

Auch die Qassam-Brigaden feierten ihren «Sieg». Dazu veröffentlichten sie zum Teil während der Kämpfe aufgenommene Propagandavideos und zogen eine große Veranstaltung auf. So fand im November in Gaza eine Massenkundgebung zu Ehren der Märtyrer der Operation «Abgefressenes Getreidefeld» statt, auf der einer ihrer Sprecher eine flammende Rede zum Sieg über die «Juden» und den «zionistischen Feind» hielt. Neu war nicht der Inhalt der Ansprache, in der, ähnlich wie in den ständigen Verlautbarungen der Qassam-Brigaden, die eigenen militärischen Erfolge aufgezählt wurden. Ein Novum war vielmehr die Art der Inszenierung als Massenveranstaltung. Nahezu die gesamte politische Hamas-Führungsriege des Gazastreifens war anwesend und unterstrich damit den gestiegenen Einfluss des militärischen Arms. Ein weiteres Zeichen dafür war, dass die Qassam-Brigaden nun dazu übergingen, in eigener Regie Propagandaveranstaltungen durchzuführen.[6]

Seitdem wurde der von den Islamisten als glorreich gepriesenen Schlacht jedes Jahr im August mit einschlägigen Veranstaltungen gedacht. 2015 veröffentlichte Hamas-Mitbegründer Mahmud al-Zahar eine knapp 370 Seiten starke Chronik der damaligen Ereignisse, die ebenso gefeiert wurde wie eine zweibändige Sammlung von Gedichten, die während und nach der militärischen Auseinandersetzung verfasst wurden. Hanijeh pries auf der vom dortigen Schriftstellerverband veranstalteten Buchvorstellung den politischen und militärischen Sieg der Operation «Abgefressenes Getreidefeld» und trug auch noch zwei eigene Gedichte über einen palästinensischen Gefangenen und das Durchhaltevermögen der Bewohner von Gaza, der «schönsten Stadt», vor.[7] Am zweiten Jahrestag 2016 wurden sogar einige wie Qassam-Kämpfer gekleidete und mit Spielzeug-Maschinengewehren ausgestattete Kleinkinder auf die Bühne einer Hamas-Kundgebung in Gaza geholt.[8]

Inwieweit die Bevölkerung im Gazastreifen, die hohe menschliche und materielle Verluste erlitten hatte, die Euphorie der Hamas teilte, war aufgrund der strengen Kontrolle des Islamisten-Regimes über die lokalen Medien nicht genau zu eruieren. Laut einer Umfrage des in Ramallah ansässigen Meinungsforschungsinstituts PCPSR, das auch im Gazastreifen Befragungen durchführt, war im September 2014 nur die Hälfte der dortigen Bevölkerung von einem Sieg der Hamas überzeugt; 72 Prozent sprachen sich aber nach wie vor für den Raketenbeschuss auf Israel aus.[9]

Auf israelischer Seite war von Siegeseuphorie wenig zu spüren, obwohl Ministerpräsident Netanjahu am 27. August die Militäroperation zu einer großen militärischen und politischen Errungenschaft für Israel erklärte. Kabinettsmitglieder, Parteifreunde und Koalitionspartner, die eine Fortsetzung der militärischen Intervention lauthals gefordert hatten, kritisierten Netanjahus am Vortag ohne Zustimmung des Kabinetts getroffene Entscheidung für eine Waffenruhe. «Der Krieg ‹Starker Fels›», klagte der Vorsitzende des Likud-Zentralkomitees Danny Danon, «der zu Beginn enorm unterstützt wurde, hat das Volk Israel am Ende verwirrt und ratlos zurückgelassen.» Danon war schon zuvor wegen seiner Kritik an Netanjahus «Politik der Schwäche» gegenüber den Islamisten vom Premier seines Amtes als Verteidigungsminister enthoben worden. Außenminister Avigdor Lieberman lehnte Netanjahus Entschluss mit der Begründung ab, dass die Hamas kein Verhandlungspartner sei und Israels Bürger nicht in Sicherheit leben könnten, solange sie den Gazastreifen regiere. «Niederträchtigen Mördern» könne man nicht trauen, so Liebermans Argumentation, die Hamas werde den Waffenstillstand doch nur wieder nutzen, um weiter aufzurüsten und erneut einen Krieg gegen Israel anzuzetteln, wann immer es ihr passe. Endlich wieder auf eine politische Option durch Verhandlungen mit den Palästinensern zu setzen, forderten hingegen Politiker von der mitregierenden liberalen Partei Yesh Atid und drohten mit Koalitionsbruch.[10]

Zu einem solchen kam es aber nicht, und eine Auseinandersetzung mit den Entscheidungsprozessen der Regierung während der Operation «Starker Fels» sowie deren Folgen blieb aus. Forderungen der Angehörigen getöteter Soldaten nach einer staatlichen Untersuchungskommission wurden ignoriert. Erst im Herbst 2016 wurde bekannt, dass das Militär eine interne Untersuchung der

Vorgänge veranlasst hatte, deren Bilanz ernüchternd ausfiel. Die Armee, hieß es in dem Bericht, sei auf die Bedrohung durch die Angriffstunnel der Hamas nicht vorbereitet gewesen und habe auch den erheblichen Dauerbeschuss mit Raketen nicht verhindern können. Auch seien im Verhältnis zu dem Umfang der israelischen Angriffe die Verluste in den Reihen der Hamas relativ niedrig gewesen. Auf die Enthüllung des internen Untersuchungsberichts reagierte die Armeeleitung mit der Behauptung, man habe daraus Lehren gezogen, die Bekämpfung des unterirdischen Tunnelsystems habe längst höchste Priorität.[11]

Mit der Militäroperation «Starker Fels» befasste sich auch der israelische Staatskontrolleur, dessen im Februar 2017 nach einiger Verzögerung veröffentlichtes Gutachten noch kritischer ausfiel. Der Regierung wurde vorgeworfen, seit ihrer Bildung im März 2013 weder über strategische Ziele im Umgang mit dem Gazastreifen noch über die Option einer politischen Lösung für den Konflikt nachgedacht und sich auch nicht mit der schlimmen humanitären Lage dort befasst zu haben. Dem Bericht zufolge wurde das Kabinett von Ministerpräsident Netanjahu und Verteidigungsminister Lieberman sowie dem damaligen Generalstabschef Benny Gantz nicht ausreichend über potenzielle Bedrohungen, Lücken in der Arbeit der Militäraufklärung und die eingeschränkte Effektivität der israelischen Luftangriffe informiert. Über die Gefahr der Angriffstunnel seien sie bis zuletzt nur vage in Kenntnis gesetzt worden. Netanjahu und Gantz hätten sich auch nicht bei der Armee danach erkundigt, ob sie für einen Kampf auf untertunneltem Gebiet ausreichend vorbereitet war.[12] Die harsche Kritik des Staatskontrolleurs besonders an der unzureichenden Vorbereitung der Armee war mit ausschlaggebend dafür, dass Israel 2017 mit dem Bau einer neuen, 30 bis 40 Meter in den Boden reichenden Grenzbarriere begann.

Das gewachsene Bewusstsein der Israelis für die Gefahr der Angriffstunnel nutzten die Islamisten geschickt für ihre Propaganda, um den Tunnelkampf als besondere Waffe ihrer «Tunnel-Einheit» zu inszenieren. Im Januar 2016 nahm die Hamas den Tod von sieben durch einen Tunneleinsturz ums Leben gekommenen

Qassam-Mitgliedern zum Anlass, sie mit einem großen Beerdigungszug und einem fast zweistündigen Massenspektakel vor mehreren Tausend Zuschauern und einem Dutzend Hamas-Kadern als «Tunnel-Märtyrer» zu ehren. Das Bühnenbild bestand aus einem riesigen Transparent, auf dem zwischen den Silhouetten der Al-Aqsa-Moschee und des Felsendoms eine Fotomontage mit Qassam-Kämpfern und Raketen abgebildet war, an deren rechter Seite sich überdimensionierte Porträtfotos der Qassam-Tunnel-Märtyrer anschlossen. Zu den Klängen einer Männerband, die das Heldentum der «Tunnel-Männer» besang, stiegen aus einer rauchenden Öffnung im Bühnenboden mehrere bewaffnete Qassam-Mitglieder und führten Kriegsposen vor. Khalil al-Haya, Mitglied der lokalen Hamas-Führung, hielt eine seiner minutenlangen Reden, die er auch sonst auf einschlägigen Massenveranstaltungen vorzutragen pflegte. Im Hamas-Märtyrerkult kam ihm eine besondere Symbolfunktion zu, weil mehrere seiner Familienangehörigen 2007 durch israelische Luftangriffe getötet worden waren und später auch zwei seiner Söhne, von denen der eine bei den Qassam-Brigaden gekämpft hatte. Al-Haya bezeichnete die Tunnel als «Waffe der Verteidigung und der Befreiung» und betonte, dass nicht die Hamas-Kämpfer für den Krieg seien, sondern ihnen dieser vielmehr vom Feind, dem tyrannischen zionistischen Besatzer, aufgezwungen worden sei. Auch hier war der kontinuierliche Bedeutungszuwachs der Qassam-Brigaden innerhalb der Hamas-Bewegung zu beobachten: Wie der Redner Khalil al-Haya trugen die anwesenden politischen Kader der Hamas einen weißen Schal, auf dem nicht nur «Islamische Widerstandsbewegung» (Hamas) stand, sondern auch «Brigaden des Märtyrers Izz ad-Din al-Qassam». Als dem als Ehrengast gefeierten und Hände schüttelnd durch die Reihen des Publikums gehenden Ismail Hanijeh von einem Qassam-Mitglied ein solcher Schal umgehängt wurde, schien er darüber etwas irritiert.

Wie bei etlichen solcher Propagandaveranstaltungen der Hamas wurde auch auf dieser «Feier» Solidarität mit dem Widerstand der *Mudschahidin* in der Westbank demonstriert. So marschierte gegen Schluss eine Qassam-Gruppe auf die Bühne und hielt eine Tafel mit dem Foto des zum Märtyrer erklärten Amdschad Sukri hoch, auf der er als Selbstmordattentäter *(istischhadi)* der Qassam-Brigaden ausgegeben wurde. Der Fünfunddreißigjährige hatte sich nicht in die Luft gesprengt, sondern am Tag zuvor an einem Checkpoint bei Beit El in der Westbank drei israelische Soldaten angeschossen, ehe er getötet wurde. Sukri war Mitglied der Polizei der Autonomiebehörde gewesen, eine Verbindung zum bewaffneten Arm der Hamas bestand allem Anschein nach nicht. Die Vereinnahmung Sukris und seine Stilisierung zum Selbstmordattentäter sollte den Eindruck erwecken, dass die Qassam-Brigaden auch in der Westbank heldenhaft gegen die Besatzung kämpfen. Des Weiteren erwartete die Besucher an diesem Abend ein Novum: der erste Qassam-«Panzer». Das Gefährt erinnerte auf den ersten Blick zwar an einen israelischen Merkava-Panzer, war aber in Wahrheit nur ein mit Holz verkleidetes Auto, dessen «Kanone» aus einem Wasserrohr bestand.[13]

Die Angriffe aus den Tunneln und das israelische Vorgehen dagegen wie auch die einschlägige Inszenierung auf beiden Seiten dauerten bis zur Fertigstellung der umgerechnet 800 Millionen Euro teuren israelischen Grenzanlage im Dezember 2021 unvermindert an. Auf die Tunnel-Propaganda der Qassam-Brigaden antwortete die israelische Armee, die immer wieder Tunnel zerstörte, mit nicht weniger martialischen Tönen. So im Dezember 2017, als Eyal Zamir, Kommandant des Südkommandos, nach der Zerstörung eines mehrere Hundert Meter ins israelische Gebiet reichenden unterirdischen Gangs vor laufender Kamera die Islamisten warnte: «Die Terror-Tunnel werden für euch zur Todesfalle.»[14] Die israelischen Medien bejubelten immer wieder die Erfolge der Armee beim Kampf gegen die Tunnel und insinuierten, die Hamas sei darüber zunehmend frustriert.[15] Die Gefahr aus dieser Richtung schien nun aus israelischer Sicht auch deshalb von Jahr zu Jahr zu sinken, weil der sich zum Schluss über die gesamte Grenze zum Gazastreifen erstreckende, 65 Kilometer lange Grenzzaun an zahlreichen Stellen mit Beobachtungstürmen, Überwachungskameras, speziellen Sensoren und auch fernbedienbaren Waffenstationen ausgestattet war. Die Qassam-Brigaden sahen sich ihrerseits veranlasst, die israelische Behauptung, sie seien angeblich desillusioniert, nicht nur mit Propagandainszenierungen zu entkräften, sondern auch mit Taten: Sie feuerten jetzt aus Tunnelöffnungen zunehmend Anti-Panzer-Raketen vom Typ Kornet ab, die israelische Ziele jenseits des Grenzzauns trafen, und dokumentierten den Beschuss per Video.[16]

Der israelische Staatskontrolleur hatte in seinem Untersuchungsbericht zur Operation «Starker Fels» angekündigt, das Vorgehen der israelischen Armee auch unter dem Gesichtspunkt des Völkerrechts kritisch zu beleuchten, was erst im März 2018 mit der Veröffentlichung eines separaten Berichts geschah. Anlass dazu war die vor allem aus dem Ausland kommende massive Kritik an der hohen Zahl palästinensischer ziviler Opfer. Im Kern betraf sie die Frage, ob die vom humanitären Völkerrecht geforderte Wahrung der Verhältnismäßigkeit bei der Gewaltanwendung gegen Zivilisten von der israelischen Armee eingehalten worden sei. Aus Israels Sicht war dies der Fall, und das in dem Zusatzbericht als indirekt dargestellte Mitanvisieren von Zivilisten wurde damit begründet, dass die Hamas ihre Stellungen absichtlich in oder unterhalb von Wohnvierteln und in der Nähe von besonders kritischen zivilen Einrichtungen wie Schulen, Kindergärten und Krankenhäuser oder auch Moscheen platziere. Außerdem missbrauche sie Zivilisten als menschliche Schutzschilde, was gegen das humanitäre Völkerrecht verstoße.[17]

Belege für ein solches Vorgehen der Qassam-Brigaden hatte das israelische Militär bereits nach der Militäroperation «Gegossenes Blei» in seiner Gegendarstellung zum Goldstone-Bericht 2010 vorgelegt.[18] Auch veröffentlichte der israelische Inlandsgeheimdienst Schabak kurz vor dem Ende der Kriegshandlungen im August 2014 Aussagen von Kämpfern aus dem Gazastreifen, die von den Israelis gefangen genommen worden waren. Sie gaben an, dass die Qassam-Brigaden Moscheen als Treffpunkte und Lagerdepots wie auch für militärisches Training nutzten. Wiederholt wurde von Tunneln berichtet, die in die Nähe von Moscheen und Kindergärten führen, wobei letztere auch als Sammelpunkte für eventuell entführte israelische Soldaten vorgesehen waren. Krankenhäuser dienten vor allem ranghohen Hamas-Führern als Zufluchtsorte, die Verstecke innerhalb solcher Einrichtungen würden abgeriegelt und von Bewaffneten bewacht. Die Hamas, lautete das Fazit des Schabak, nehme die Zivilbevölkerung als Schutzschild, in der Annahme, dass für die Schädigung und den Tod von Zivilisten Israel verantwortlich gemacht würde.[19]

Nicht nur damit sollte der Kritik vorgebeugt werden, die Israel von der im August 2014 vom UN-Menschenrechtsrat beauftragten Kommission zur Untersuchung möglicher Kriegsverbrechen beider Konfliktparteien zu erwarten hatte. Jerusalem, das jegliche Zusammenarbeit ablehnte und ihren Mitgliedern die Einreise nach Gaza verweigerte, warf der Ermittlergruppe Parteilichkeit vor. Bereits Anfang August präsentierte man auf der Website des Außenministeriums unter dem Slogan «Der Hamas ist nichts heilig» und gestützt auf eigene Luftaufnahmen die ersten Belege des israelischen Militärs für die Strategie der Islamisten, im zivilen Umfeld militärisch zu operieren.[20] Ab Februar 2015 wurde in Teilen auch ein detaillierter Bericht zu diesem Vorgehen der Hamas ins Netz gestellt, der im Mai vollständig erschien[21] – einen Monat vor der Veröffentlichung des UN-Untersuchungsberichts. In seiner Darstellung gab Israel der Hamas die Schuld an der großen Zahl ziviler Opfer, gestand aber ein, sich der Vorwürfe über Verstöße gegen das Völkerrecht während des Gaza-Konflikts 2014 bewusst zu sein, und verpflichtete sich, jede glaubwürdige Anschuldigung oder jeden begründeten Verdacht auf einen schweren Verstoß gegen das Kriegsrecht gründlich zu untersuchen.[22]

Dies forderte die Untersuchungskommission in ihrem Abschlussbericht, der sich mit der israelischen Stellungnahme gründlich auseinandersetzte, nicht nur von Israel, sondern auch von der Hamas. Obgleich die UN-Kommission bei beiden Konfliktparteien auf Hinweise für «schwerwiegende Verstöße gegen das humanitäre Völkerrecht und die internationalen Menschenrechte» stieß, ließ sie die Frage offen, ob diese auch als Kriegsverbrechen einzustufen seien.[23] Für Israel wie auch die Hamas blieb der UN-Bericht letztlich folgenlos. Das einen hohen Blutzoll fordernde Vorgehen der israelischen Bodentruppen in Rafah am 1. August

2014 bei ihrer – am Ende vergeblichen – Suche nach einem entführten israelischen Soldaten ließ Israels Armee wie angekündigt untersuchen. Die sich hinziehenden Ermittlungen zu den auf palästinensischer Seite als «Schwarzer Freitag» bezeichneten Ereignissen sorgten in Israel zwar für Diskussion, wurden aber Mitte August 2018 eingestellt.[24] Der lange erwartete Bericht des Staatskontrolleurs zu den völkerrechtlichen Aspekten der Operation «Starker Fels» war schon, wie oben erwähnt, im März erschienen. Er bemängelte zwar, dass in den Entscheidungsprozessen der Armee mögliche Verstöße gegen das humanitäre Völkerrecht nicht genügend berücksichtigt wurden. Doch letztlich fiel sein Urteil mild aus: Die Ermittlungen bei Verdachtsfällen hätten zwar bisweilen Lücken aufgewiesen, seien aber «in gutem Glauben und mit dem aufrichtigen Wunsch», die Wahrheit herauszufinden, durchgeführt worden. Konsequenzen für einzelne Personen wurden nicht gefordert.[25]

12.
Mäßigung nach Art der Hamas

Um die verheerenden Folgen für die Infrastruktur, die die einundfünfzigtägige kriegerische Auseinandersetzung angerichtet hatte, zu bewältigen, wurden der Regierung in Gaza auf einer internationalen Geberkonferenz im Oktober 2014 in Kairo mehr als vier Milliarden Euro Hilfe zugesichert. Neben rund achtzehntausend in Schutt und Asche gelegten oder beschädigten Wohneinheiten waren durch die israelischen Luftangriffe zahlreiche öffentliche Gebäude, kommerzielle Bauten, Straßen, Schulen, Hochschulen, Kindergärten, Krankenhäuser, Fabriken und Werkstätten sowie Anlagen der Wasser- und Energieversorgung teilweise oder ganz zerstört worden. Auch fast ein Fünftel der Agrarflächen wurde vernichtet. Im Juli 2016 beanstandete die israelische NGO Gisha, die sich für die Belange der Bewohner im Gazastreifen einsetzt, dass der dortige Wiederaufbau noch immer nur schleppend vorankomme. Als Hauptgründe wurden Israels restriktive Einfuhrregelungen vor allem bei Zement und anderen Baumaterialien genannt sowie die Blockadepolitik der ägyptischen Regierung, die den südlichen Grenzübergang in Rafah nur selten für den Waren- und Personenverkehr öffnete. Die Kritik nicht nur von Gisha an den israelischen Restriktionen, die vor allem, aber nicht nur die Einfuhr von Baumaterialien betrafen, blieb ein Dauerthema. Hinzu kam der Vorwurf, Israels periodische Verschärfungen der Blockade würden als Kollektivstrafe eingesetzt. Besonders die offizielle Begründung, die Beschränkungen der Baustoffe dienten der Eindämmung des Tunnelbaus, war für Gisha kein Argument mehr, seitdem Israels Regierung selbst zugegeben hat, dass diese Maßnahmen nicht greifen würden.[1]

Die Hamas-Regierung in Gaza trieb den Wiederaufbau voran

und sorgte in ihren Medien dafür, dass ihr Engagement auch bekannt gemacht wird. Geschickt verstand sie es, sich dabei mit ihrem Protest gegen die Einschränkungen des grenzüberschreitenden Waren- und Personenverkehrs durch Israel und Ägypten zugleich als Opfer wie auch als Beschützerin der betroffenen Bewohner des Gazastreifens zu inszenieren. So berichtete ihr Organ *Al-Ray* immer wieder in dramatischem Stil und emotionalisierenden Bildern über Protestversammlungen und Schicksale von Menschen, die vergeblich den nur selten geöffneten Grenzübergang Rafah nach Ägypten zu passieren versuchten.[2]

Die Regierung al-Sisi war erst bereit, ihre rigide Grenzpolitik zu lockern, als sie erkannte, dass die Hamas-Regierung und ihre Sicherheitskräfte Ägypten bei der Bekämpfung dschihadistischer Terroristen im nördlichen Sinai von Nutzen sein könnten. Häufigere und längere Öffnungszeiten des Rafah-Übergangs nutzte sie nun als Trumpf, um die Hamas-Führung für die Sicherheitszusammenarbeit zu gewinnen. Nach langen, 2016 aufgenommenen Verhandlungen verständigten sich beide Seiten im Jahr darauf schließlich auf eine Kooperation im Sicherheitsbereich. Eine Bedingung der ägyptischen Seite war wohl, dass die Hamas auch ein neues politisches Programm veröffentlicht. Ein solches präsentierte denn auch Anfang Mai ihre Auslandsführung unter der Leitung des scheidenden Politbüro-Chefs Khaled Meschal auf einer Pressekonferenz im qatarischen Doha und anschließend im Internet. Das neue Programm wurde nicht – wie das Hamas-Gründungsmanifest von 1988 – als «Charta» *(mithaq)* bezeichnet, sondern erhielt den schlichteren Namen «Dokument» *(wathiqah)*. Mit dem vollständigen Titel «Dokument der allgemeinen Grundsätze und politischen Standpunkte» und seinen insgesamt 42 Artikeln hatte es jedoch durchaus den Charakter eines Grundsatzprogramms.

In dieser Neuauflage ihrer Charta kamen die Islamisten besonders dem ägyptischen al-Sisi-Regime entgegen. So verpflichteten sie sich in Artikel 37, sich nicht in die inneren Angelegenheiten eines anderen Landes einzumischen, womit vor allem Ägypten gemeint war. Anders als in ihrer Gründungscharta verzichtete die

Hamas jetzt auf jeglichen Bezug zu den ägyptischen Muslimbrüdern, ihrer Mutterbewegung, und – noch auffälliger – auf Koranzitate, vor denen die Charta nur so gestrotzt hatte. Der ideologische wie auch der religiöse Rahmen blieben jedoch unverändert, und so hieß es in dem Dokument: «Palästina ist das Land des arabisch-palästinensischen Volkes», aber auch ein «arabisch-islamisches Land», dessen «Status durch den Islam aufgewertet wurde». Die Hamas definierte sich jetzt nicht nur wie bis dahin als «Islamische Widerstandsbewegung», sondern als «palästinensische islamische und nationale Befreiungs- und Widerstandsbewegung». Ihr Kampf richtete sich nun nicht mehr wie früher gegen «die Juden». Der Gegner war nurmehr das «rassistische, menschenfeindliche und koloniale zionistische Projekt», das Palästina usurpiert habe. Entsprechend wurde auch auf die explizit antisemitischen Passagen aus der alten Charta mit Zitaten aus den berüchtigten *Protokollen der Weisen von Zion* verzichtet.

Der Anspruch auf das gesamte Gebiet des historischen Palästinas blieb in dem neuen Programm unverändert. Er wurde nun mit geographischen Angaben wie «vom Jordanfluss im Osten bis zum Mittelmeer im Westen» versehen. Es blieb auch dabei, den Staat Israel (zionistisches Wesen) nicht anzuerkennen. Weiterhin lehnte die Hamas die Oslo-Friedensverträge ab und bestand auf dem Recht, Palästina durch den bewaffneten Widerstand zu befreien. Allerdings, und in deutlichem Widerspruch zu dieser Haltung, ließ die Islamisten-Organisation eine Tür offen für die Akzeptanz der Existenz eines zweiten – also des israelischen – Staates neben dem angestrebten künftigen Palästinenserstaat. Wenngleich die Hamas auch weiterhin das zionistische Wesen nicht anerkennen und auf keines der Rechte der Palästinenser verzichten wollte, so betrachtete sie nun doch als «Formel des nationalen Konsenses» die «Errichtung eines vollständig souveränen und unabhängigen palästinensischen Staates mit Jerusalem als Hauptstadt entlang der [Waffenstands-]Linien des 4. Juni 1967», sofern sie «mit der Rückkehr der Flüchtlinge und Vertriebenen in ihre Häuser, aus denen sie vertrieben wurden», verbunden sein würde.[3]

Israels Ministerpräsident Benjamin Netanjahu tat das Dokument als «Täuschung» ab und behauptete, die Hamas investiere weiterhin ihre sämtlichen Ressourcen in Kriegsvorbereitungen und die Erziehung der Kinder zur Vernichtung Israels. Eine wirkliche Veränderung wäre, so der Premier, wenn die Hamas aufhören würde, Tunnel zu graben, und ihre Mittel für die zivile Infrastruktur aufwenden würde.[4] In israelischen Sicherheitskreisen stieß das neue Programm ebenfalls auf Skepsis. Dort war man der Meinung, dass die Islamisten lediglich ihr schlechtes Image im Ausland aufzupolieren versuchten und vor allem bei der ägyptischen Regierung und der Fatah-Führung in der Westbank punkten wollten. Regierungsnahe ägyptische Medien teilten zwar diese Skepsis, bewerteten aber positiv, dass sich die Hamas von den Muslimbrüdern distanzierte. Gemischte Reaktionen gab es auch in Fatah-Kreisen, wo das neue Programm der islamistischen Rivalin, wenngleich man es als stellenweise vage kritisierte, als richtiger Schritt in Richtung der angestrebten nationalen Versöhnung gelobt wurde.[5]

Die Veröffentlichung des neuen politischen Hamas-Programms trug aber auch zu einer gewissen Verwirrung bei, weil die signalisierte Mäßigung teilweise in Widerspruch zu den Verschiebungen innerhalb der lokalen Führung der Islamisten im Gazastreifen zu stehen schien. Denn in den internen Wahlen im Februar 2017 waren in das fünfzehnköpfige, auch als Gaza-Politbüro bezeichnete Führungsgremium nicht weniger als fünf neue Kader mit Qassam-Hintergrund gewählt worden. Yahya Sinwar, ebenfalls mit langer Erfahrung im militärischen Arm der Bewegung, avancierte zu Nummer eins im Gremium. Zu seinem Stellvertreter wurde Khalil al-Haya ernannt, der bereits als Redner bei der Veranstaltung zu Ehren der «Tunnel-Märtyrer» im Januar 2016 aufgefallen war. Die sich schon länger abzeichnende wachsende Bedeutung der Qassam-Brigaden innerhalb der Islamisten-Organisation führten diese Wahlergebnisse noch einmal deutlich vor Augen. Dass der Einfluss der Hamas-Führung des Gazastreifens innerhalb der Auslandsführung der Organisation insgesamt stieg, war auch an der im Mai erfolgten Wahl Ismail Hanijehs zum Chef des Politbüros abzulesen. Mit seiner Person, wie auch mit dem neuen politischen Programm, verbanden Beobachter das mögliche Szenario einer gewissen Mäßigung der Organisation und Wiederbelebung des innerpalästinensischen Dialogs.[6] Sie übersahen aber dabei, dass Hanijeh schon vor und auch nach seiner Wahl wachsende Nähe zu den Qassam-Brigaden demonstrierte, indem er öffentlich an ihren Inszenierungen und auch Märtyrer-Beerdigungen teilnahm, in ihren Propaganda-Videos auftrat und sich ihrer Dschihad-Rhetorik bediente.[7]

Unter Hanijehs Führung fanden Hamas und Fatah zunächst wieder zusammen, allerdings nur für kurze Zeit. Mitte Oktober 2017 unterzeichneten die beiden Rivalinnen in Kairo zwar ein Abkommen über eine Zusammenarbeit und die Bildung einer Einheitsregierung. Doch wie schon in der Vergangenheit verweigerte die Hamas auch diesmal die von der Fatah geforderte Entwaffnung ihrer Milizionäre, und Ministerpräsident Netanjahu, der schon länger darauf bestanden hatte, erklärte die Einheitsregierung zu einer Gefahr für den Frieden.[8] Als im März 2018 auf den palästinensischen Ministerpräsidenten Rami Hamdallah bei seinem Besuch in Gaza ein Sprengstoffattentat verübt wurde – er blieb unverletzt –, kam es zwischen den rivalisierenden palästinensischen Lagern erneut zum Bruch. Er konnte trotz mehrerer Versöhnungsversuche – zuletzt im Oktober 2022 in Algier – nicht mehr überwunden werden.

Der von der Auslandsführung der Hamas mit dem neuen politischen Programm 2017 angedeutete Mäßigungskurs wurde nicht konsequent weiterverfolgt, da er sie den von ihr angestrebten Zielen kaum näherbrachte. Längerfristig trug dies wohl dazu bei, dass das militante Lager innerhalb der Hamas-Führung weiter erstarkte. Vor ein unlösbares Dilemma stellte die Islamisten-Organisation, wie sie sich einerseits im bewaffneten Kampf gegen Israel und der Mobilisierung für den Dschihad immer aufs Neue profilieren und andererseits der Regierungsrolle im abgeriegelten und wirtschaftlich darniederliegenden Gazastreifen mit seinen im Jahr 2018 schon knapp zwei Millionen Einwohnern, die versorgt sein wollten, gerecht werden sollte. Eine der Selbsterhaltungsstrategien der Islamisten in den folgenden Jahren war deshalb, keine massiven militärischen Operationen von israelischer Seite zu provozieren. Denn diese hätten zum Zusammenbruch der Infrastruktur im Gazastreifen führen können, wodurch das Hamas-Regime ernsthaft destabilisiert worden wäre – und daran hatte auch die Regierung Netanjahu kein Interesse. Die sehr junge Bevölkerung, sosehr sie auch durch das Bildungssystem, das Netz an Moscheen und die sozialen Einrichtungen der Organisation indoktriniert wurde, ließ sich im Zeitalter der sozialen Medien nicht mehr nur im Sinne eines strengen Islamismus erziehen. Ein neuer, bunter und zugleich patriotischer Aktionismus musste her, der mit dem Widerstandsvokabular junger Palästinenser in der Westbank wie auch in der Diaspora korrespondieren konnte. Am Grenzzaun des Gazastreifens sollte er geboren werden.

13.
Der «Große Marsch der Rückkehr» endet blutig am Grenzzaun

Anfang 2018 kam bei jungen Palästinensern aus Gaza die Idee auf, eine Demonstration am Grenzzaun zu Israel zu veranstalten, auf der für die Flüchtlinge und ihre Nachkommen auf der Basis von UN-Resolution 194 das Rückkehrrecht eingefordert werden sollte. Den Anstoß gab der Publizist Ahmad Abu Ratima, der im Januar auf dem Londoner arabischen Newsportal *Arabi21* einen mit «Es ist Zeit, nach Palästina zu marschieren» überschriebenen Beitrag veröffentlichte. Er befasste sich mit den Demonstrationszügen, die Mitte Mai 2011 unter dem Motto «Rückkehrmärsche» am Gedenktag für die *Nakba*, die «Katastrophe» von Flucht und Vertreibung 1948, in mehreren arabischen Ländern an der Grenze zu Israel stattgefunden hatten. Im Gazastreifen waren damals nur einige Hundert Menschen in Richtung des nördlichen Grenzübergangs Erez marschiert. Sie waren durch Schüsse israelischer Soldaten aufgehalten worden, durch die vierzig Palästinenser verletzt wurden. Aus Sicht Abu Ratimas waren diese Proteste gescheitert, weil sie nicht auf nationaler Ebene koordiniert waren und auch nicht von führenden palästinensischen Kräften unterstützt wurden. Der Einunddreißigjährige träumte nun seinen eigenen Traum:

> Ihr könnt eure Augen schließen und euch das Szenario vorstellen, in dem eine Million palästinensischer Flüchtlinge die Grenze stürmen und in dem besetzten Land, aus dem sie vor siebzig Jahren vertrieben wurden, einen friedlichen Sitzstreik abhalten und darauf bestehen, es nicht wieder zu verlassen. Was könnte das zionistische Atom- und Raketenarsenal schon tun, um ihnen entgegenzutreten?[1]

Der Gazastreifen, warb Abu Ratima für eine solche Aktion, biete sich dafür nicht nur aus dem Grund besonders an, weil er die Unterdrückung und das Elend der Palästinenser wie auch den Preis exemplarisch vor Augen führe, den sie für das Fortbestehen ihrer historischen Tragödie zahlten. Gerade die dortige Bevölkerung würde der «Jahrhundertplan» des US-Präsidenten Donald Trump hart treffen. Dieser Friedensplan war damals nur in Umrissen bekannt und sorgte deshalb für Spekulationen. So hieß es etwa, mit einer Ausdehnung des Gazastreifens in den Sinai[2] werde die Vertreibung seiner Bewohner auf die ägyptische Halbinsel angebahnt. Angesichts der humanitären Lage, die sich durch die israelische Abriegelung des Küstenstreifens in wirtschaftlicher und medizinischer Hinsicht zuspitzte, sprach der Autor von einem «langsamen Tod» der dort lebenden Menschen und bestand auf ihrem moralischen Recht, in die ursprüngliche Heimat zurückzukehren. Abu Ratima betonte zwar, dass es zunächst nicht darum gehe, sofort die Grenze zu stürmen, würden doch die dadurch zu erwartenden menschlichen Verluste dem Unternehmen nur schaden. Jedoch könnten als ein erster Schritt schon einmal Protestzüge in sicherer Entfernung zum Grenzzaun zur politischen und medialen Mobilisierung beitragen. Der Schlussakkord des Artikels klang allerdings deutlich militanter:

> Wir sterben, während wir zuhause rumsitzen und Israel sich in Sicherheit wiegt. Warum stören wir es also nicht und zwingen es, einen Preis für unser Sterben zu zahlen? Ist es nicht besser, bei einem Ausbruchversuch zu sterben, als sich dem Messer des Metzgers auszuliefern?

Um ihm noch mehr Nachdruck zu verleihen, untermauerte der Palästinenser seinen Protestaufruf am Schluss noch mit einem Koranzitat (5:23), in dem Moses die Gläubigen ermutigt, in das Heilige Land und gegen seine Bewohner zu ziehen: «Tretet gegen sie durch das Tor ein; wenn ihr durch dieses eintretet, werdet ihr Sieger sein.» Auf Facebook postete er ähnliche Botschaften und richtete in den arabischen sozialen Medien den Hashtag «Großer

Marsch der Rückkehr» ein. Die Initiative fiel nicht zuletzt auch deshalb auf fruchtbaren Boden, weil kurz zuvor US-Präsident Trump, der im Dezember 2017 Jerusalem offiziell als Hauptstadt Israels anerkannt hatte, Geld für das Flüchtlingshilfswerk UNRWA in Millionenhöhe strich. Schon bald traf sich Abu Ratima mit Vertretern der verschiedenen politischen Fraktionen im Gazastreifen, darunter auch Mitgliedern der Hamas und der Zivilgesellschaft, deren breite Unterstützung er ebenso gewinnen konnte wie die von Flüchtlingskomitees in der palästinensischen Diaspora. Das anschließend gebildete organisationsübergreifende Komitee wählte als Starttag für die Protestaktion den 30. März, an dem seit 1976 jedes Jahr der ursprünglich im Galiläa in Israel gegen Bodenkonfiszierungen veranstaltete «Tag der Erde» begangen wird. Die Demonstrationen sollten bis zum 15. Mai andauern, dem Tag, an dem die Palästinenser seit Jahrzehnten jährlich der *Nakba* gedenken.

Auf israelischer Seite wurden die Vorbereitungen zu dem «Großen Rückkehrmarsch» mit Argusaugen beobachtet – umso mehr, als die Qassam-Brigaden kurz vor dem Stichtag zum ersten Mal in ihrer Geschichte ein Truppenmanöver öffentlich ankündigten. Außerdem war es unabhängig davon in den Tagen vor dem Beginn der Aktion einigen jungen Palästinensern gelungen, durch den Zaun zu kommen und einen in der Nähe stehenden Bagger der Israelis anzuzünden. Obendrein hatten es drei mit Handgranaten und Messern bewaffnete junge Palästinenser aus Rafah geschafft, bis zu der 20 Kilometer vom Grenzzaun entfernten israelischen Militärbasis Zeelim vorzudringen, wo sie gefasst wurden.[3] Im Vorfeld der Aktion erhielten die israelischen Soldaten damals den Befehl, auf Personen, die versuchen sollten, die Sperranlage zu überwinden, scharf zu schießen. Die Armee warf über der palästinensischen Seite Flugblätter ab, die davor warnten, dass sie sich vorbehalte, auf jeden zu schießen, der nicht einen Mindestabstand von 300 Metern zum Zaun einhalte. Zudem wurden Waffenbesitzer in den angrenzenden israelischen Ortschaften angewiesen, ihre Waffen bei sich zu tragen, um sich gegen etwaige Eindringlinge zur Wehr setzen zu können.[4]

Als am Tag X an mehreren Stellen entlang des Grenzzauns die Protestzüge begannen, an denen Tausende Palästinenser, vor allem Jugendliche und junge Männer, teilnahmen, trat genau das ein, was Abu Ratima in seiner Abhandlung bereits befürchtet hatte. Scharfschützen der israelischen Armee, die auf eigens dafür aufgeschütteten Erdrampen postiert waren, schossen auf die Demonstranten. 15 Palästinenser wurden getötet, 758 verletzt, auch durch den massiven Einsatz von Tränengas. Das Militär, das von einer «gewalttätigen terroristischen Demonstration» sprach, rechtfertigte sein Vorgehen damit, dass die Demonstrierenden Steine und Molotowcocktails in Richtung des Zauns geworfen hätten, und schob die Verantwortung der Hamas zu. Schon in der Nacht befasste sich der UN-Sicherheitsrat mit den weltweit aufsehenerregenden Ereignissen. Israel wurde ermahnt, sich an das Völkerrecht zu halten und den Beschuss mit scharfer Munition nur als letzte Option einzusetzen. In Tel Aviv gingen einige Hundert Demonstranten auf die Straße und forderten, das Feuer einzustellen und mit den Palästinensern über Frieden zu verhandeln.[5]

Aus den in den nächsten Wochen stattfindenden volksfestartigen Aktionen am Zaun, bei denen auch sogenannte «Rückkehr-Zelte» errichtet wurden, wo mit palästinensischer Volksmusik, traditionellen Tänzen und Malaktionen für die ganze Familie an die *Nakba* erinnert und das Rückkehrrecht eingefordert wurde, versuchte die Hamas politisch Kapital zu schlagen. Ismail Hanijeh stattete den Angehörigen der zu Märtyrern erklärten ersten Todesopfer Kondolenzbesuche ab und lud den neunjährigen Muhammad Ayasch mit seinen Eltern in sein Büro ein. Der Junge war mit seiner improvisierten «Gasmaske» – eine Atemschutzmaske mit einer Zwiebel –, die er bei den Protestmärschen trug, inzwischen zu einer Berühmtheit am Zaun geworden und wurde vom Hamas-Chef für sein Heldentum ausgezeichnet. Als persönliches Geschenk bekam er von Hanijeh eine große Holztafel mit einem aufgeklebten überdimensionierten Schlüssel überreicht – Symbol für das Recht der Palästinenser auf Rückkehr.[6]

Die Massenproteste am Grenzzaun forderten von Woche zu

Woche mehr Tote und Verletzte. Um dem Gewehrfeuer der israelischen Soldaten zu entgehen, zündeten die Demonstranten Autoreifen an. Die Armee verbreitete, um ihr Vorgehen zu begründen, von ihr gemachte Aufnahmen, die zeigten, wie junge Männer versuchten, im Schutz der Rauchwand den Grenzzaun zu durchbrechen. Schon eine Woche nach dem Start des «Großen Marsches der Rückkehr» drohte Israels Verteidigungsminister Avigdor Lieberman, dass Israel im Falle weiterer Angriffe gegen den Zaun damit beginnen werde, militärische Einrichtungen der Hamas zu bombardieren. Zwar sank in den nächsten Wochen die anfängliche Teilnehmerzahl von rund dreißigtausend deutlich, die Demonstranten selbst aber wurden immer kühner: Nicht nur, dass ein Teil der «Rückkehr-Zelte» bis auf 50 Meter an den Zaun herangerückt wurde, Demonstrierende unternahmen jetzt auch wieder Durchbruchsversuche. So stieg der Blutzoll immer weiter. Bis Ende April hatten schon 43 Palästinenser am Zaun ihr Leben gelassen und 1876 waren verletzt worden, 139 davon schwer. Der andauernde israelische Beschuss richtete sich jetzt auch gezielt gegen Aktivisten, die Feuerdrachen und Brandballons in Richtung Israel schickten, wo sie über Wochen Hunderte, häufig großflächige Brände verursachten. Mehrere Demonstranten schafften es auch, auf die israelische Seite zu gelangen, wo sie, ehe sie erschossen oder festgenommen wurden, Soldaten angriffen.[7]

Schon im Vorfeld des *Nakba*-Gedenktags am 15. Mai malte Ismail Hanijeh in seinen Mobilisierungsreden am Zaun das Bild einer «menschlichen Flut», die an diesem Tag über die Grenzen Palästinas rollen würde. Das Angebot der ägyptischen Regierung, den Rafah-Grenzübergang im Tausch gegen die Absage der Kundgebungen zu öffnen, wies er zurück. Tatsächlich erreichten an diesem Tag die Proteste am Grenzzaun einen neuen gefährlichen Höhepunkt, nachdem auf palästinensischer Seite bereits mehr als hundert Tote und mehrere Tausend Verletzte zu beklagen waren. Bei dem Protest entlud sich auch der Zorn über die von Donald Trump am Tag zuvor veranlasste Verlegung der amerikanischen Botschaft von Tel Aviv nach Jerusalem. Als die Islamisten aus dem Gazastreifen mit Kampfparolen auf diese Nachricht reagierten, konterte Ministerpräsident Netanjahu, die Hamas schicke Tausende Menschen an den Zaun, «um Israel zu vernichten».[8]

Ismail Hanijeh hatte seinerseits schon im Vorhinein angekündigt, dass die Rückkehrmärsche auch nach dem 15. Mai, an dem sie ursprünglich zu Ende gehen sollten, fortgesetzt würden[9] – was auch geschah. Tendenziell beteiligten sich zwar weniger Demonstranten an den Protestaktionen, aber sie beschränkten sich nun nicht mehr nur darauf, brennende Drachen aufsteigen zu lassen. Nach Angaben des israelischen Militärs wurden immer wieder Handgranaten, Sprengsätze und Molotowcocktails in Richtung des Grenzzauns geschleudert. Außerdem, so hieß es, rufe die Hamas über die Lautsprecheranlagen der Moscheen die Menschen auf, sich an den Demonstrationen am Zaun zu beteiligen, wofür ihnen Transportmittel zur Verfügung gestellt würden.[10]

Tatsächlich waren die Islamisten an der Mobilisierung von Anfang an beteiligt, etwa indem sie Plakate der Initiatoren in ihren Moscheen anbrachten. Manche dieser Moscheegemeinden verlegten sogar ihre Gottesdienste an den Ort des Geschehens und schlossen sich so den Demonstrierenden vor dem Zaun an.[11] Zahlreiche dieser Gemeinden statteten dort vermutlich auch Solidaritätsbesuche ab, sodass sich die Besuchermasse wohl zu einem nicht unerheblichen Teil auch aus diesen Kreisen rekrutierte, denn im Gazastreifen war die Zahl der Moscheen seit der gewaltsamen Machtübernahme der Hamas im Juni 2007 von 681 auf 1114 im Jahr 2018 gewachsen.[12]

Neben der Ehrung der Märtyrer des «Großen Rückkehrmarsches» durch Kondolenzbesuche von Hamas-Kadern oder Regierungsbeamten kam es auch zur Würdigung der zahlreichen Verletzten seitens der Hamas-nahen Moscheegemeinden. Wie auf ihrer Facebook-Seite zu sehen ist, besuchten beispielsweise Vertreter der Hassan-al-Banna-Moschee in Al-Zaytoun, einem Wohnviertel im Süden von Gaza-Stadt, verletzte Demonstrationsteilnehmer zu Hause, um ihnen im Namen der Moschee wie auch der Hamas eine Auszeichnung zu verleihen.[13] Etliche von ihnen wie auch andere verletzte Demonstranten nahmen nach oder noch während ihrer Genesung – vielen mussten Glieder amputiert werden – erneut an den Protesten teil, teilweise auf Krücken, und zogen sich wieder Verletzungen zu.[14]

Den verletzten Jugendlichen wurden auch Ehrungen des Hamas-Bildungsministeriums zuteil. An den ihm direkt unterstehenden Schulen war für die Rückkehrmärsche schon vor dem Start massiv mobilisiert worden. Für die insgesamt vierhundert geplanten Aktionen wurde außer in den sozialen Medien auch im eigenen Radiosender des Ministeriums geworben. Schüler oder auch Schulabsolventen, die bei den Massenprotesten Verletzungen davongetragen hatten, wurden im Rahmen von Schulzeremonien, an denen sie zum Teil auf Krücken teilnahmen, vorgestellt und für ihren Einsatz gewürdigt. Der Todesopfer wurde mit Fotos und Nachrufen auf den Facebook-Seiten der Schulen gedacht, wo ihr Mut, ihre Entschlossenheit und Unbeirrbarkeit – traditionelle Motive des islamischen Märtyrertums – gerühmt wurden. Auch das Bildungsministerium ehrte sie jeweils mit einem Post auf seiner Facebook-Seite.[15] Ständig mobilisierte auch das leitende Komitee der «Großen Märsche zur Rückkehr» potenzielle Aktivisten, indem es zur Teilnahme an den jeweils freitags stattfindenden umfangreicheren Aktionen mit Slogans wie «Freitag der rächenden Jugend», «Freitag der Märtyrer und Verletzten» oder auch «Freitag der Verbrennung der Fahne (der Zionisten)» aufrief.

Weil kurz nach dem *Nakba*-Tag am Zaun nun auf die Soldaten auch geschossen wurde, griff die israelische Luftwaffe sieben Einrichtungen der Hamas im Gazastreifen an. In den nächsten Tagen flogen die Israelis weitere Angriffe, nachdem Palästinenser den Zaun mehrmals durchbrochen und einen Beobachtungsposten in Brand gesetzt hatten. Die Lage drohte zu einer größeren kriegerischen Auseinandersetzung zu eskalieren, als die Armee fünfundsechzig Ziele der Hamas aus der Luft bombardierte und aus dem Gazastreifen angrenzende israelische Ortschaften mit Mörsergranaten und Raketen beschossen wurden.[16] Auch eine kurzfristige Waffenpause konnte die Gewalt nicht stoppen. Nachdem Anfang Juni israelische Drohnen die von den Demonstrierenden spontan gebildete «Drachen-Einheit» beschossen, drohten ihre Mitglieder, 5000 Branddrachen in Richtung Israel zu entsenden. Dort sprach man längst vom «Drachenkrieg», auf den weder Regierung noch Militär eine adäquate Antwort fanden. Obgleich der Druck Israels, den Feuerbomben-Attacken ein Ende zu setzen, zunehmend stieg, dachte die Hamas nicht daran, dagegen vorzugehen, und argumentierte, dass es sich dabei um eine spontane Volksbewegung handele.[17] Unterdessen griffen die Qassam-Brigaden im Schatten des Drachenterrors immer stärker in das Gewaltgeschehen ein, ob mit Mörsergranaten und Raketen als Reaktion auf israelische Bombardements oder auch mit dem Beschuss israelischer Soldaten durch Scharfschützen.[18] In den nächsten Jahren änderte sich an der Dynamik des immer wieder eskalierenden Konflikts am Grenzzaun wenig. Mit Tausenden Gewalteinsätzen auf beiden Seiten, darunter auch solchen des Islamischen Dschihad, hatte er sich schnell zu einem lang andauernden Zermürbungskrieg ausgewachsen. Seitens der Demonstranten wurde er von den im September 2018 gebildeten «Einheiten der nächtlichen Störung» mit den üblichen Aktionen auch nachts geführt. Ab 2020 fanden die Rückkehrmärsche, bei denen auch ein Ende der Abriegelung des Gazastreifens gefordert wurde, nur noch sporadisch statt. Zu deren Aufhebung kam es nicht, auch wenn Israel bereit war, die Blockade immer wieder für kurze Phasen etwas zu lockern.

Ein im April 2020 veröffentlichter UN-Bericht enthielt die Opferzahlen der Rückkehrmärsche für die vorangegangenen zwei Jahre. Demzufolge waren bei den Demonstrationen 214 Palästinenser, davon 46 Kinder, getötet und mehr als 36100, darunter rund 8800 Kinder, verletzt worden – auf israelischer Seite waren ein Todesopfer und 7 Verletzte, alle Soldaten, zu beklagen. Mehr als 8000 der verletzten Demonstranten wurden von scharfer Munition getroffen, 156 von ihnen mussten Gliedmaßen, meist Beine, amputiert werden. Von denjenigen, die Verletzungen an Gliedmaßen hatten, mussten 1200 einer Spezialbehandlung unterzogen werden oder sie warteten noch immer auf eine solche.[19] Das Ministerium für soziale Entwicklung in Gaza begann schon im Sommer 2019, Angehörige der Todesopfer und Verletzten mit regelmäßigen Zahlungen zu unterstützen. Die Demonstranten, die bleibende Schäden durch die Verletzungen davongetragen hatten, organisierten sich auf lokaler Ebene und gründeten ein zentrales Komitee, das sich um ihre Belange kümmerte. Sie wurden auch von einem zu diesem Zweck gebildeten Ärztekomitee unterstützt.[20]

In Israel wurde nicht nur mit Demonstrationen gegen den Einsatz der Scharfschützen protestiert. Menschenrechtsorganisationen versuchten dagegen vorzugehen, so etwa die in Tel Aviv ansässige «Yesh Din», die bereits im April 2018 gegen den Beschuss auch von friedlichen Demonstranten vor dem Obersten Gericht klagte, allerdings vergebens. Zur gleichen Zeit hatte die Armee damit begonnen, Tötungsfälle zu untersuchen. Eine UN-Untersuchungskommission kam in einem im Februar 2019 veröffentlichten Bericht zu dem Schluss, dass israelische Soldaten Menschenrechtsverletzungen begangen hätten, bei denen es sich möglicherweise um Kriegsverbrechen oder Verbrechen gegen die Menschlichkeit handele. Sie forderte Israel auf, diese Fälle umgehend zu untersuchen, und empfahl, die Blockade des Gazastreifens aufzuheben.[21] Erst 2021 wurde von der Armee in zwei Fällen Klage erhoben, bei denen es aber nur in dem einen um einen direkten Beschuss ging. Der Soldat hatte im Juli 2018 einen vierzehnjährigen Palästinenser, der auf den Grenzzaun geklettert war, erschossen, ohne von seinem Vorgesetzten den entsprechenden Befehl dazu erhalten zu haben. Er wurde zu 30 Tagen «militärischer Arbeit» verurteilt, erhielt eine Bewährungsstrafe und wurde degradiert. In Israel rechnete man zuletzt damit, dass der Internationale Strafgerichtshof, den es nicht anerkennt, in seine seit März 2021 laufende Untersuchung zur Menschenrechtslage in Palästina seit 2014 auch das israelische Vorgehen während der Rückkehrmärsche mit einbeziehen wird.[22]

14.
In Gaza werden aus militärischen Übungen Kriegsvorbereitungen

Ende Mai 2018, in der Hochphase der Demonstrationen am Grenzzaun, hielt die Website der Qassam-Brigaden eine Überraschung bereit. Alle zwölf im Gazastreifen operierenden Milizen gaben dort zum ersten Mal ein gemeinsames Statement ab, das auf eine künftige enge Zusammenarbeit hindeutete. Um der Aggression und den «abscheulichen Verbrechen» des «zionistischen Feindes» zu begegnen, erklärte der «militärische Flügel der Fraktionen des palästinensischen Widerstands», müsse Solidarität mit «allen Teilen des Volkes» gezeigt werden. Man wolle es auf seiner gesegneten Reise gemeinsam führen, «bis es all seine Ziele erreicht, so Gott will». Die Erklärung war außer von den Qassam- und Al-Quds-Brigaden auch von zehn bewaffneten Splittergruppen unterzeichnet, davon waren fünf Fatah-Dissidenten.[1] Der Zusammenschluss meldete sich bald als «Gemeinsamer Operationsraum des Palästinensischen Widerstands» zu Wort und gab koordinierte simultane Angriffe auf israelische Militärbasen in Grenznähe bekannt.[2] Von israelischen Militärexperten wurde die Initiative vor allem als Versuch der Hamas bewertet, in ihrem Herrschaftsgebiet eine strengere Kontrolle über die anderen bewaffneten Milizen auszuüben.

Allerdings zeigte sich spätestens im Dezember 2020, dass die fraktionsübergreifende Kooperation auch noch einem anderen, definitiv militärischen Zweck diente, als das Bündnis sein erstes gemeinsames Manöver veranstaltete, das den von Koransure 11:80 – sie handelt von Lot – inspirierten Namen «Feste Stütze» *(al-rukn al-schadid)* trug. Das Vorbild schien eine von den Qassam-Brigaden in Gaza schon im März 2018 unter dem Slogan «Standhalten und Herausfordern» durchgeführte große Übung zu sein, deren vielfältige Aktionen ein Propagandavideo inszeniert hatte. Zu sehen waren darauf der Überfall auf einen israelischen Panzer in bebautem Gebiet, Gefangennahme seiner Besatzung und ihre Entführung in einen Tunnel, Erstürmung eines großen Gebäudes, Häuserkampf, Angriff gegen israelische Panzer in offenem Gelände, Beschuss mit Mörsergranaten, Raketen und Boden-Luft-Raketen und eine Küstenlandung mit einem Gummiboot – manche der Übungen waren von Drohnen aus gefilmt worden.[3]

In dem Manöver des Milizenbündnisses wurde diese Aktionspalette nun noch um den Einsatz von Froschmännern und den Angriff auf einen Bau, der einem israelischen Beobachtungsturm ähnelte, erweitert.[4] Auch diese Übung wurde in Israel nicht als Beleg für verbesserte militärische Fähigkeiten gedeutet. In einem Bericht des Informationszentrums der israelischen Militäraufklärung vertrat man vielmehr die Auffassung, dass die gemeinsame Übung noch kein Beweis für die tatsächliche Kooperation der beteiligen Organisationen sei, zumal sie doch widersprüchliche Interessen verfolgten und auch politisch unterschiedlich ausgerichtet seien. Notiert wurde aber, dass auch geübt wurde, wie man den Kampf auf das Territorium des Gegners ausweitet.[5] Ebendiese Tendenz war bei der zweiten Auflage des Manövers «Feste Stütze» im Dezember 2021 noch deutlicher zu erkennen. Zwar wurde auf offenem Terrain an einer simulierten Grenze eine israelische Invasion mit Panzern nachgestellt, deren Vordringen von den Verteidigern gestoppt wurde. Diese aber griffen anschließend die «israelische» Seite an, während über ihnen eine Drohne das Geschehen aufzeichnete. Auf einigen der dort befindlichen Skelettbauten, die israelische Gebäude simulieren sollten, stand auf Hebräisch der Name der im Süden Israels stationierten «Givati Division».[6] Bei Übungsmanöver «Feste Stütze 3» im Dezember 2022 fehlte das defensive Moment dann schon völlig. In ihm ging es, zumindest nach dem verbreiteten Propagandavideo zu urteilen, nur noch um den Angriff auf eine israelische «Militärbasis». An einem der erstürmten Zielbauten prangte jetzt sowohl auf Hebräisch wie auch

Arabisch die Aufschrift: «Hier haben wir alle Besatzer des Sinai getötet». Ein anderer war mit dem Abzeichen der israelischen «Gaza-Division» versehen, deren Stützpunkte um den Gazastreifen verteilt sind und die zweieinhalb Wochen zuvor dort selbst ein großes Manöver abgehalten hatte.[7]

Die Aktivitäten des Milizenbündnisses «Gemeinsamer Operationsraum» schienen auch eine Folge der turbulenten innenpolitischen Entwicklungen in Israel zu sein, wo die seit 2009 andauernde Regierung der Likud-Partei unter Ministerpräsident Benjamin Netanjahu immer instabiler wurde und wo zwischen April 2019 und November 2022 nicht weniger als fünf Parlamentswahlen stattfanden. Nach dem dritten dieser Wahlgänge musste sich Netanjahus Likud seit März 2020 auch mit einem Teil der bisherigen Oppositionsparteien, darunter Benny Gantz' konservatives Bündnis Blau-Weiß, die Macht teilen. Netanjahu blieb Premier, sollte sich aber gemäß der Koalitionsvereinbarung, die eine Rotation im Amt des Ministerpräsidenten vorsah, mit Gantz, der Verteidigungsminister wurde, abwechseln. In Gaza verband man mit diesen beiden Männern die massive Militärintervention von 2014, die Gantz als Generalstabschef befehligt hatte. Unter Netanjahu hatte Israels Verhalten seitdem zwar keinen Anhaltspunkt dafür geliefert, etwas an den Herrschaftsverhältnissen im Gazastreifen ändern zu wollen. Netanjahu ließ nicht nur zu, dass ein Gesandter des Golfstaates Qatar seit 2019 regelmäßig hohe Summen an Hilfsgeldern persönlich nach Gaza brachte, sondern ab dem Jahr darauf durften erstmals seit 2007 auch deutlich mehr Arbeiter aus dem Gazastreifen nach Israel einreisen. Gleichzeitig machte Gantz aber deutlich, dass er eine härtere Gangart einlegen werde. Israel habe seine bisherige Verhaltensformel geändert, erklärte er im August 2020.[8] Bereits in den Wochen zuvor hatte Israel auf so gut wie jede Attacke aus dem Gazastreifen mit Bombardements aus der Luft reagiert, was auch in den Folgemonaten konsequent beibehalten wurde.

Zu Israels konfrontativerem Kurs gegenüber den Palästinensern kam jetzt auch noch hinzu, dass sich das neue Regierungsbündnis verpflichtet hatte, den Friedensplan von US-Präsident Donald

Trump, der eine Annexion von einem Drittel der Westbank vorsah, ab Juli umzusetzen. Den Plan lehnten Islamisten im Gazastreifen ebenso ab wie Autonomiechef Mahmud Abbas. Am 1. Juli wurde in Gaza gegen die angekündigte Umsetzung des Annexionsplans mit einer Massendemonstration unter dem Motto «Tag des Zorns» protestiert, und auch als Netanjahu kurz darauf die Verschiebung der Annexion bekannt gab, ging die Protestkampagne weiter.[9]

Dass die geplante Annexion erst einmal vom Tisch war, lag auch an der Annäherung zwischen Israel und den Golfstaaten Vereinigte Arabische Emirate und Bahrein. Im September 2020 schlossen die drei Staaten unter amerikanischer Vermittlung ein Friedens- und Kooperationsabkommen, dem im Oktober und Dezember auch Sudan und Marokko beitraten und für das eine der Bedingungen das Einfrieren der Annexionspläne gewesen sein soll. Von der palästinensischen Führung in Ramallah wie in Gaza wurde das Abkommen, in dem wiederholt von Friedensbestrebungen, aber nirgends von den Palästinensern die Rede war, als Verrat an der palästinensischen Sache gesehen. Während jedoch die anfängliche Kritik von Palästinenserpräsident Mahmud Abbas an den sogenannten «Abraham-Abkommen» nach der Abwahl von Donald Trump allmählich verhallte, wurde sie seitens der Islamisten im Gazastreifen nur lauter und zur Begleitmusik ihres ständig artikulierten Beharrens auf der Fortsetzung des bewaffneten Kampfs unter der Losung «Gegen die Normalisierung [mit dem zionistischen Feind]».

Aus ihrer Perspektive betrachtet, war auch die schon im März 2021 eingetretene Wende in der israelischen Innenpolitik alles andere als positiv. Zwar wurden zum ersten Mal nach zwölf Jahren Netanjahu und sein rechter Likud von einem breiten Bündnis unterschiedlicher Parteien auf die Oppositionsbank verwiesen. Aber nach der verspäteten Vereidigung der neuen Regierung im Juni blieb nicht nur der ehemalige Armeechef Benny Gantz Verteidigungsminister. Auch stand an ihrer Spitze der rechte Politiker Naftali Bennett, der schon 2012 gefordert hatte, die gesamte israelisch besetzte C-Zone in der Westbank zu annektieren. Und im

Hinblick auf den Gazastreifen war Bennett als kurzzeitiger Verteidigungsminister (November 2019 bis Mai 2020) durch besonders martialische Drohungen gegenüber der Hamas aufgefallen.[10] Es überraschte daher nicht, dass das Duo Bennett-Gantz im Wesentlichen die schon länger verfolgte Strategie des Ex-Militärchefs fortsetzte, jeden Angriff aus dem Gazastreifen mit einem Gegenangriff zu beantworten, wofür es mittlerweile nur wenig Gelegenheit gab. Denn nach einer Eskalationsrunde im Sommer 2021 hatten die Islamisten im Gazastreifen auch im Jahr darauf ihren Raketenbeschuss auf Israel fast gänzlich eingestellt. Zu jener Eskalation hatte gehört, dass Gantz schon in der Endphase der vorangegangenen Netanjahu-Regierung Hamas-Angriffe hart quittierte. Als die Islamisten im Mai und Juni 2021 als Reaktion auf die Erstürmung der Al-Aqsa-Moschee durch die israelische Polizei bei Unruhen auf dem Tempelberg mit mehr als 3500 Raketen israelische Ziele beschossen, antwortete Gantz mit der massiven Militäroperation «Wächter der Mauern», bei der rund zweihundert palästinensische Militante und mehr als hundertzwanzig Zivilisten getötet wurden. Die Qassam-Brigaden, die auch in Richtung Jerusalem Raketen schossen, nannten ihre Angriffswelle, bei der ein israelischer Soldat und zwölf Zivilisten ums Leben kamen, «Jerusalems Schwert» *(saif al-quds)*. Wie gewohnt feierten sie ihre Attacken auch diesmal als großen Sieg und inszenierten sich so als Beschützer der islamischen heiligen Stätten in Jerusalem.

Am Ende seiner Amtszeit im Juni 2022 zog Bennett, der sich auch damit brüstete, die Zahl der Einreisegenehmigungen für Arbeitskräfte aus dem Gazastreifen deutlich erhöht zu haben, selbstbewusst die Bilanz, dass die Hamas «abgeschreckt» sei.[11] Sollte dies tatsächlich der Fall gewesen sein – die weiterhin militanten Äußerungen der Islamisten sprachen allerdings dagegen –, so konnte das Duo Bennett-Gantz seinen auf Abschreckung und Vergeltung und gleichzeitig auf leichte Blockadelockerungen setzenden Kurs gegen die Hamas ohnehin nur noch wenige Monate lang verfolgen: Die durch Rotation nun von Bennetts Koalitionspartner und Amtsnachfolger Jair Lapid geführte Regierung war schon im Herbst 2022 am Ende.

Nach der nächsten Wahlrunde im November war Netanjahu wieder an der Macht – mit einer noch weiter rechtsaußen stehenden Mannschaft, die das Thema Annexion wieder auf die Agenda hob. Punkt 118 des Koalitionsvertrags zwischen der Likud-Partei und der rechtsextremen Siedler-Partei «Religiöser Zionismus» legte nämlich fest:

> Der Ministerpräsident wird eine Politik festschreiben und fördern, in deren Rahmen die [Staats]Souveränität auf Judäa und Samaria ausgeweitet wird, unter Auswahl des [passenden] Zeitpunkts und unter Berücksichtigung sämtlicher nationaler und internationaler Interessen des Staates Israel.[12]

Bereits im Februar 2023 setzte der rechtsradikale Finanzminister Bezalel Smotrich – zugleich zweiter Minister im Verteidigungsministerium und dort für die Verwaltung der Siedlungen in der Westbank zuständig – durch, neun provisorische Siedlungsaußenposten zu legalisieren und auszubauen. Die Fläche der Siedlungen wäre dabei um ein Vielfaches vergrößert worden. Eine derartige Erweiterung beantragte Smotrich auch für weitere, knapp siebzig solcher Außenposten. Wäre sein Antrag vom israelischen Kabinett genehmigt worden, hätte er damit den Weg frei gemacht, die Gesamtfläche der israelischen Siedlungen erheblich auszudehnen.[13]

Auf palästinensischer Seite läuteten nun die Alarmglocken. Unmittelbar nach der Vereidigung der neuen israelischen Regierung Ende Dezember 2022 bezeichnete sie Palästinenserpräsident Abbas im TV-Sender der Autonomiebehörde als «radikal» und «rassistisch» und warnte Jerusalem mit den Worten: «Wir sagen den Besatzern: Je mehr eure Tyrannei zunimmt, desto stärker wird unser Volk.» Und das Milizenbündnis im Gazastreifen verstand sein Übungsmanöver «Feste Stütze 3» als Machtdemonstration gegenüber der, wie ein Hamas-Sprecher es formulierte, neuen «faschistischen Regierung der Besatzung».[14] Öl ins Feuer goss schon wenige Tage später Israels rechtsextremistischer Minister für Nationale Sicherheit Itamar Ben-Gvir. Als ausdrückliche Entgegnung auf die andauernde Agitation der Islamisten für Al-Aqsa stieg er unter massiver Bewachung auf den Tempelberg, wo er auf dem Moscheenareal einen Rundgang absolvierte und verkündete: «Unsere Regierung wird vor den Drohungen der Hamas nicht kapitulieren.»[15] Die Aktion wurde von zahlreichen Ländern verurteilt, ein Sprecher des deutschen Auswärtigen Amtes kritisierte sie als «Provokation».[16]

Trotz des dadurch auf palästinensischer Seite ausgelösten Entrüstungsturms und der damit verbundenen martialischen Rhetorik kam es in den ersten Monaten des Jahres 2023 nur sporadisch zu Raketenbeschuss aus dem Gazastreifen, der sich lediglich im Mai stark intensivierte. Hintergrund war der Tod eines ranghohen Angehörigen des Islamischen Dschihad, der in israelischer Haft nach einem dreimonatigen Hungerstreik starb. Als Vergeltung feuerte die Miliz auf Israel rund hundert Raketen ab, woraufhin die israelische Armee drei Militär-Kader des Islamischen Dschihad im Gazastreifen gezielt tötete. Die Al-Quds-Brigaden griffen daraufhin israelische Ziele mit Hunderten Raketen an, was Israel wiederum mit massiven Bombardements von Stellungen und Einrichtungen der Miliz beantwortete. Anders als einige der Splittergruppen des Milizenbündnisses hielt sich die Hamas bei dieser Auseinandersetzung zurück.

In den folgenden Monaten blieb es an der israelisch-palästinensischen Front entlang des Gazastreifens bis auf einzelne Zwischenfälle ruhig – anders in der Westbank. Dort kam es seit Anfang 2023 regelmäßig zu gewalttätigen Angriffen auf israelische Soldaten und Zivilisten, insbesondere Siedler, durch militante bewaffnete Palästinenser, gegen die das israelische Militär, etwa in Dschenin und Nablus, rigoros vorging. Die relative Zurückhaltung der Islamisten im Gazastreifen, die jetzt allerdings vermehrt Drohnen einsetzten, war indes nur die Ruhe vor dem Sturm. Denn als das israelische Kabinett im August andeutete, wieder Anführer der Terroristen liquidieren zu wollen, sorgte dies auch bei den Milizen im Gazastreifen für Alarmbereitschaft. Ein Hamas-Sprecher kündigte an, dass auf jede Tötung unmittelbar ein Angriff folgen werde.[17]

Kurz vor dem jüdischen Neujahrsfest im September wurden

nicht nur die Rückkehrmärsche wiederaufgenommen, bei denen es vereinzelt wieder zu Attacken gegen den Grenzzaun kam. Auch hielt das Milizenbündnis «Gemeinsamer Operationsraum» am 12. des Monats – drei Monate früher als in den Jahren zuvor – die vierte Ausgabe des Manövers «Feste Stütze» ab. Die über alle möglichen Kommunikationskanäle verbreiteten Propagandavideos zeigten zwar die bereits aus dem Vorjahr bekannten Übungen wie Überfälle auf simulierte israelische Stellungen und Gefangennahmen von Soldaten. Aber diesmal gab es auf den Videos auch einiges Neues zu sehen. So etwa die Szenerie einer großen Operationszentrale, in der eine Reihe von Kommandeuren, deren Gesichter teilweise mit Tarnfarbe bemalt waren, über das Manöver wachte. Hier stachen besonders die an den Wänden angebrachten und auf den Tischen ausgebreiteten Luft- und Satellitenaufnahmen ins Auge, die detaillierte Bilder von dem an den Gazastreifen grenzenden israelischen Gebiet zu liefern schienen. Des Weiteren hatten sich die uniformierten Kader schon im Vorfeld des Manövers dabei filmen lassen, wie sie unweit des Grenzzauns die Frontlinie studieren. Und auf einem der Videos mit Übungen im offenen Gelände konnte man mitverfolgen, wie die Kämpfer der Milizen nicht nur das Durchbrechen eines «Grenzzauns» mit Sprengstoff trainierten, sondern auch die anschließende Invasion in das «israelische» Gebiet mit etlichen Pick-ups.[18]

15.
Während Israel über die «Justizreform» streitet, greifen Palästinenser in der Westbank Soldaten und Siedler an

In den israelischen Medien wurde die Militärübung des Milizenbündnisses im Gazastreifen durchaus wahrgenommen. *Ynet,* das Newsportal des Massenblatts *Yediot Achronot,* veröffentlichte sogar eines der Propagandavideos und mehrere einschlägige Fotos. Andere Medien berichteten ebenfalls über das Manöver, darunter der populäre TV-Sender *Channel 12,* der auf seiner Website von einer «Schauveranstaltung» sprach und vermerkte, dass Israels Sicherheitsapparat zu Beginn der Neujahrsfeiertage sein Hauptaugenmerk auf eventuelle Terroranschläge der Hamas und des Islamischen Dschihad in der Westbank richte.[1] Die sich dort häufenden Anschläge, die schon seit Monaten von den Qassam-Brigaden als Teil einer «Intifada» und «nationalen Revolution» gefeiert wurden, zogen zwar auch die Aufmerksamkeit der israelischen Öffentlichkeit auf sich. Aber hier war man vor allem mit der umstrittenen «Justizreform» der Regierung Netanjahu befasst, gegen die seit Monaten Abertausende in Israel protestierten.

Mit großer Spannung wurde an jenem 12. September 2023, an dem das Militärmanöver der Islamisten stattfand, eine Anhörung am Obersten Gericht erwartet, der man historische Bedeutung beimaß. Die Richter verhandelten über Klagen israelischer Menschenrechtsorganisationen gegen ein neues Gesetz, das dem Obersten Gericht die Anwendung des sogenannten Angemessenheitskriteriums untersagt und damit seine Autorität erheblich einschränkt. Die Debatte wurde in den israelischen Medien live übertragen und kommentiert, was mit dazu beitrug, dass die Massenproteste auch während der Feiertage fortgesetzt wurden. Und erst recht, als Ministerpräsident Netanjahu den Demonstranten vorwarf, sie würden mit Iran und der PLO gemeinsame Sache machen.[2]

Auch um von dem massiven Widerstand gegen die Pläne seiner Regierung zum Umbau des Justizsystems abzulenken, malte der selbst wegen Korruption angeklagte Premier auf seiner anschließenden USA-Reise, wo er auch vor der UN-Vollversammlung sprach, in seiner Rede die Vision von einem «neuen Nahen Osten». Dieser könne durch den bereits bevorstehenden Friedensschluss zwischen Israel und Saudi-Arabien entstehen, womit sich auch für die Palästinenser neue Perspektiven ergeben würden: «Wenn die Palästinenser also sehen, dass sich der größte Teil der arabischen Welt mit dem jüdischen Staat versöhnt hat, werden auch sie eher bereit sein, die Fantasie von der Zerstörung Israels aufzugeben, und endlich den Weg eines echten Friedens mit Israel einschlagen.» Im selben Atemzug betonte Netanjahu allerdings, «dass wir den Palästinensern kein Vetorecht bei neuen Friedensverträgen mit arabischen Staaten geben dürfen». Über den Gazastreifen oder die Hamas verlor der israelische Premier kein Wort, warf dafür aber der Palästinensischen Autonomiebehörde vor, Terroristen zu glorifizieren, und bezichtigte den Iran, seine «Terror-Tentakel nach dem Nahen Osten, Europa, Asien, Südamerika und sogar Nordamerika auszustrecken». Zur Illustration seiner Friedensvision hatte Netanjahu eine Karte des Nahen Ostens mitgebracht, auf der sich Israel vom Jordan bis zum Mittelmeer erstreckte, ohne dass darauf die besetzten Gebiete markiert waren – auch nicht der Gazastreifen.[3] Hamas-Sprecher Hazem Qassem lieferte all dies den Beleg dafür, dass die «Besatzungsregierung» die «palästinensische Präsenz» zu tilgen versuche. Die von Israel angestrebte Normalisierung seiner Beziehungen zu den arabischen Ländern werde ihm doch nur erlauben, noch aggressiver gegen das palästinensische Volk vorzugehen und die Träume der extremen israelischen Rechten zu verwirklichen.[4]

Während sich Netanjahu noch auf der Rückreise nach Israel befand, trafen sich in Beirut Anführer der Hamas, des Islamischen

Dschihad und der Volksfront für die Befreiung Palästinas. Sie kündigten an, den bewaffneten Widerstand gegen den «zionistischen Feind» zu verstärken, und rechtfertigten dies als Antwort auf Israels jüngste Todesdrohungen gegen palästinensische Kader, seine Annexions- und Siedlungspolitik und sein feindseliges Vorgehen gegen das islamische Jerusalem wie die wiederholte «Erstürmung» des Al-Aqsa-Areals: Als «Erstürmung» werden von den Palästinensern aller Fraktionen schon länger die Besuche religiöser, darunter auch militanter jüdischer Pilger auf dem Tempelberg bezeichnet, denen die Netanjahu-Regierung seit 2019 entgegen dem seit 1967 dort herrschenden Status quo erlaubt, am Rand des Moscheen-Geländes leise vor sich hin zu beten. Die Palästinenser sehen darin eine Entweihung der islamischen heiligen Stätte, als deren Beschützer sie sich betrachten.[5]

Auf die Drohung aus Beirut reagierte Israel postwendend mit der Verlegung der Eliteeinheit der Givati-Division und eines «zusätzlichen Bataillons» an die Grenze zum Gazastreifen. Auch reiste jetzt Verteidigungsminister Yoav Galant zu einem Inspektionsrundgang dorthin.[6] Trotz der angespannten Situation und zwei Waldbränden durch wenige Tage später nahe dem Kibbuz Beeri niedergegangene Brandballons von Demonstranten am Zaun ließ Israel einige Hundert Arbeiter aus dem Gazastreifen über den Grenzübergang Erez einreisen.[7] Unterdessen kochte während der jüdischen Feiertage der innerisraelische Konflikt weiter hoch, als am Versöhnungstag Ende September rechte Siedler mitten in Tel Aviv öffentliche geschlechtergetrennte Gebete abzuhalten versuchten und von säkularen Regierungskritikern daran gehindert wurden. Auf einer zentralen Protestkundgebung gegen die «Justizreform» an der Kaplan-Kreuzung wurde der «Sieg» über die Siedler, die «messianistischen Radikalen, Leute der jüdischen Supremacy», die mit der «Regierung der Zerstörung gemeinsame Sache» machten, gefeiert. Wie schon bei vorangegangenen Protestveranstaltungen gegen die Politik der Regierung Netanjahu, wo Armeereservisten erklärten, den Reservedienst zu verweigern, sprach auch auf dieser Kundgebung ein ehemaliger hochrangiger Militäroffizier. An diesem Tag meldete sich Dan Harel, ehemaliger

Vize-Generalstabschef und Leiter des Südkommandos, zu Wort. Er warnte nicht nur vor Auflösungserscheinungen in der israelischen «Armee des Volkes», sondern auch davor, dass die Sicherheitslage des Landes noch nie so schlecht gewesen sei.[8]

Tatsächlich hatte in der Westbank seit der Bildung der neuen rechtsreligiösen israelischen Regierung die Gewalt zwischen Palästinensern, Besatzungssoldaten und im besetzten Gebiet lebenden Israelis massiv zugenommen. Überfälle junger militanter Siedler auf palästinensische Bauern und Bewohner kleiner, isolierter Dörfer häuften sich ebenso wie Attacken bewaffneter junger Palästinenser auf Armeeposten, Siedlungen und deren Bewohner, die meist während der Autofahrt angegriffen wurden. Bis Ende September waren bei diesen blutigen Zusammenstößen knapp hundertachtzig Palästinenser und sechsundzwanzig Israelis getötet worden.[9] Ronen Bar, Chef des israelischen Inlandsgeheimdienstes Schabak, warnte im August Ministerpräsident Netanjahu, dass der «jüdische Terror den palästinensischen Terror» befeuere. Die Lage, schlug er Alarm, führe zu einem Dauereinsatz von zweiundzwanzig Bataillonen und beeinträchtige das Übungsprogramm der Bodentruppen. Bräche ein Krieg aus, wäre die Situation kritisch.[10]

Einen ersten Höhepunkt hatte die Gewalteskalation schon im Februar 2023 erreicht, als in dem palästinensischen Städtchen Huwara mehr als hundert Radikale aus den umliegenden israelischen Siedlungen stundenlang unbehelligt randalierten und aus Rache Häuser und Fahrzeuge in Brand steckten, nachdem ein Mitglied der Qassam-Brigaden dort zwei junge Siedler erschossen hatte. Die Bilder von den Ausschreitungen, bei denen ein Palästinenser ums Leben kam und Dutzende verletzt wurden, gingen um die Welt. Während Yehuda Fuchs, Chef des Militärkommandos Mitte, von einem «Pogrom» sprach, verstieg sich der rechtsextreme Finanzminister Bezalel Smotrich gar zu der Aussage, Huwara müsse «ausradiert» werden, womit er weltweit für Empörung sorgte und wofür er sich später entschuldigen musste.[11]

Auch danach flammte die Gewalt in Huwara immer wieder auf. Im Laufe des Jahres kam es in dem Ort oder in seiner Nähe immer wieder zu Anschlägen auf israelische Soldaten und Siedler, die ebenfalls Palästinenser angriffen. Als dort am 5. Oktober ein junger Palästinenser auf einer Durchgangsstraße mit einer Pistole auf das Fahrzeug einer Siedlerfamilie Schüsse abfeuerte – die Insassen blieben unverletzt, der Täter wurde erschossen –, wurden die dortigen israelischen Sicherheitsmaßnahmen noch verstärkt. Das Militär verlegte eine weitere Kompanie in die schon seit Längerem von Soldaten streng bewachte Kleinstadt, die jedoch nicht einzugreifen schienen, als am Abend Siedler wieder marodierend durch Huwara zogen. Ein Palästinenser, der sich gegen sie stellte und einen Ziegelstein auf ein israelisches Fahrzeug warf, wurde erschossen. Derweil forderte Bezalel Smotrich von Ministerpräsident Netanjahu nicht nur ein härteres Vorgehen gegen die Terroristen, sondern auch, endlich Abschied von dem «gefährlichen Sicherheitskonzept der Oslo-Jahrzehnte» zu nehmen. Ähnliches äußerte er auch in Huwara am nächsten Tag, wo sein Parteifreund Zvi Sukot ein Protestzelt aufstellte.[12] An diesem 6. Oktober 2023, dem Vorabend des jüdischen Feiertags «Freude der Thora», waren die Schlagzeilen der israelischen Zeitungen außer mit den Ereignissen in Huwara mit etlichen weiteren Anschlägen gegen Besatzungssoldaten in der Westbank befasst. Das rechte Blatt *Makor Rishon* titelte: «Das Militär bereitet sich auf eine Reihe von Operationen auf Divisionsebene vor, um den Terror in Judäa und Samaria abzuwehren.»[13]

16.
Invasion aus dem Gazastreifen und das Massaker des 7. Oktober 2023

Die weitaus größere Gefahr kam jedoch aus dem Gazastreifen, und das völlig unverhofft. Am Morgen des 7. Oktober setzte von dort kurz nach 6 Uhr morgens ein massiver Raketen- und Mörsergranatenbeschuss auf das israelische Grenzgebiet ein. Auch auf das Kernland flogen Hunderte Raketen. Im Schatten des Raketenterrors stürmten schätzungsweise mehr als zweitausendfünfhundert palästinensische Bewaffnete auf Pick-ups, Motorrädern und auch zu Fuß die Grenzanlage, die sie an mehreren Dutzend Stellen mit Sprengstoff durchbrachen, und drangen in israelisches Gebiet ein. Laut arabischen Medienberichten handelte es sich bei den Angreifern um rund tausendzweihundert Mitglieder der Qassam-Brigaden und tausendfünfhundert Angehörige anderer Kampfgruppen aus dem Gazastreifen.[1] Die israelischen Wachtürme entlang des Zauns wurden mit Anti-Panzer-Raketen und von Drohnen abgeworfenen Mörsergranaten beschossen. Israelische Soldatinnen der Gaza-Division, sogenannte Beobachterinnen, die die Verteidigungsanlagen von Militärbasen in der Nähe des Grenzzauns aus bedienten, konnten zwar noch vereinzelt auf die Invasoren schießen. Aber die auf den Türmen postierten Überwachungssysteme und fernbedienbaren Waffenstationen waren schon bald vollständig ausgeschaltet. Die Beobachterinnen waren auch die Ersten, die an diesem Samstagmorgen den Großangriff meldeten. «Wir sind im Krieg», lautete die weitergeleitete Meldung ihrer Vorgesetzten.[2]

Der Beschuss der Grenzregion wurde nach rund einer halben Stunde eingestellt. Jetzt rückten die Invasoren ungehindert auf die dort befindlichen zehn israelischen Militärbasen und -stützpunkte vor. Der Überfall traf auch mehr als zwei Dutzend Ortschaften: achtundzwanzig vorwiegend landwirtschaftliche Siedlungen, davon einundzwanzig Kibbuzim und sieben Moschawim (Genossenschaftsdörfer), dazu die Städte Sderot und Ofakim. Die Auswahl der Ziele deutete darauf hin, dass es nicht nur eine rein militärische Operation war, sondern auch ein gezielter terroristischer Angriff gegen die Zivilbevölkerung. Die anrückenden Terroristen mussten allerdings damit rechnen, in den etwas mehr als zwanzig nicht in unmittelbarer Nähe zu den dortigen Militärbasen liegenden israelischen Siedlungen auf stärkeren bewaffneten Widerstand zu stoßen. Jede Gemeinde verfügt nämlich über sogenannte Bereitschaftstrupps *(kitot konenut),* die je nach Größe des Ortes aus rund einem Dutzend Reservisten und Veteranen von Kampfeinheiten bestehen. Sie sind in den verschiedenen Sektoren des Gebiets per Funk miteinander verbunden, stehen mit der Armee in Kontakt und werden auch periodisch von ihr trainiert. Allerdings hatte das Militär von 2020 an in etlichen dieser Ortschaften die Gewehre der Schutzgruppen, die in einem abgeschlossenen Raum aufbewahrt wurden, sukzessive eingezogen, mit der Begründung, dass der Aufbewahrungsort eine erhöhte Gefahr von Diebstählen berge. Das Militär versicherte, die Waffen zurückzugeben, sobald Panzerschränke dafür geliefert würden. Wer zu Hause einen Safe hatte, hatte sein Gewehr aber offensichtlich zurückbekommen. Nachdem sich aber die Lieferung der angekündigten Waffenschränke immer weiter verzögerte, begannen Mitglieder der Bereitschaftstrupps so laut zu protestieren, dass in israelischen Medien und sogar im Fernsehen über diese Vorgänge berichtet wurde.[3] Dass man im Gazastreifen keine Notiz davon nahm, dürfte eher unwahrscheinlich sein.

Wie mörderisch die Absichten der Terroristen waren, zeigte sich schon daran, dass sie auf ihren Fahrten, meist in kleinen Konvois, in Richtung der genannten Ziele auf israelische Fahrzeuge, die ihren Weg kreuzten, das Feuer eröffneten und die Insassen systematisch töteten. Das gleiche Schicksal traf auch die mehr als zwei Dutzend israelischen Zivilisten, die sich an einem Strand in der Nähe des wenige Kilometer von der Nordgrenze des Gazastreifens entfernten Kibbuz Zikim aufhielten. Sie wurden von einem dort anlandenden Marinekommando der Qassam-Brigaden attackiert, denen sich eine von der nahe gelegenen Militärbasis zu Hilfe geeilte Gruppe Soldaten entgegenstellte, von denen einige bei den Kämpfen umkamen. Die an Land gekommenen Terroristen waren nur der Rest eines mehr als fünfzig Mann starken Kommandos, das eine israelische Marinepatrouille schon auf See stark dezimiert hatte. Neun von ihnen gelang es noch, bis an das Eingangstor des Kibbuz vorzudringen. Dort wurden sie von der durch die Marine alarmierten Bereitschaftsgruppe erschossen beziehungsweise im Gefecht mit Soldaten getötet.

Opfer eines Massenmords wurden mehr als dreihundertfünfzig von rund viertausendvierhundert Teilnehmern des Open-Air-Musikfestivals *Nova* unweit des Kibbuz Re'im im südlichen Teil des im Osten des Gazastreifens liegenden Grenzgebiets. Vermutlich hatten Terroristen, die mit Paraglidern über den Grenzzaun flogen, die Veranstaltung aus der Luft entdeckt und Milizen in der Gegend informiert.[4] Siebzehn meist nur mit Pistolen bewaffnete Polizisten, die sich auf dem Festivalgelände befanden, ließen ihr Leben bei dem Versuch, die flüchtenden Festivalbesucher, auf die die Angreifer wahllos schossen, zu schützen. Die Terroristen feuerten auch auf die Fahrzeuge, in denen Personen zu fliehen versuchten, und jagten und ermordeten Fliehende, die sich versteckt hatten. Auf ihrem Rückzug in den Gazastreifen verschleppten sie vierzig Menschen.[5] Hunderte überlebten das Massaker mit teilweise schweren Verletzungen. Wie sich später herausstellte, wurden etliche Frauen Opfer sexualisierter Gewalt und auch vergewaltigt, bevor die Terroristen sie brutal ermordeten – was auch an anderen angegriffenen Orten der Fall war.[6]

Der Überraschungsangriff erstreckte sich auf das gesamte israelische Grenzgebiet. Tatsächlich trafen die Terroristen nicht nur in den Militärbasen, die allerdings wegen der Feiertage nicht voll besetzt waren, sondern überall in den Ortschaften ebenfalls auf bewaffnete Gegenwehr. Angesichts der Stärke der Angreifer und ihrer schweren Bewaffnung mit automatischen Gewehren, Panzerfäusten, Handgranaten, großkalibrigen Maschinengewehren und Sprengsätzen war die Abwehr zwar meist eher begrenzt, erwies sich in vielen Fällen jedoch als effektiv. Die meisten israelischen Todesopfer und Entführten gab es dort zu beklagen, wo die Angreifer deutlich in der Überzahl waren.

Im Norden nahmen die Invasoren im und beim Grenzübergang Erez zwei Militärposten ein. Ein Teil ihrer Besatzungen wurde getötet oder entführt. Gleichzeitig fand ein Angriff auf den direkt an den nördlichen Gazastreifen grenzenden Moschaw Netiv Ha-Asara statt, er ist zum Teil durch eine hohe Mauer vom Palästinensergebiet getrennt. Die Geschichte des Orts geht auf eine gleichnamige israelische Siedlung zurück, die im Norden der damals von Israel besetzten Sinai-Halbinsel, dem sogenannten Jamit-Bezirk, 1973 errichtet wurde. Nach dem israelischen Abzug aus dem Sinai im Rahmen des israelisch-ägyptischen Friedensabkommens gründeten ehemalige Bewohner neun Jahre später an der jetzigen Stelle den gleichnamigen Moschaw. Auf diese Genese wies in den Monaten vor der Überraschungsoffensive ein provokantes und in Israel aufsehenerregendes Transparent hin, das die in Arabisch und Hebräisch verfasste Aufschrift trug: «Von Jamit zu Netiv Ha-Asara und bald raus aus Palästina. Die Vernichtung der Besatzer naht.» Es war an einem auf der palästinensischen Seite improvisierten Wachturm direkt gegenüber dem Moschaw angebracht. Daneben prangten auf einem weiteren Banner die Porträts dreier von den Israelis in Dschenin getöteter Mitglieder der Qassam-Brigaden.[7]

Wie erst später bekannt wurde, hatten von dort aus die Invasoren die Überwachungssysteme des gegenüberliegenden israelischen Beobachtungsturms mit einer Anti-Panzer-Rakete ausgeschaltet. Den Mauerabschnitt überwanden sechs der Terroristen mit Paraglidern, weitere dreißig drangen an einer anderen Stelle durch den Zaun. Seit dem morgendlichen Raketenbeschuss saßen viele der Moschaw-Bewohner wie überhaupt der Großteil der Menschen im Grenzgebiet in den speziellen Schutzräumen ihrer Häuser. Dort harrten sie während der Terrorattacken weiter aus, während sie laufend in örtlichen WhatsApp-Chatgruppen miteinander kommunizierten und auch sonst versuchten, per Handy Hilfe zu holen. Allerdings hatten sie mit einem bis dahin nicht bedachten Problem zu kämpfen. Diese Anbauten, für die spezielle Bauvorschriften gelten, haben besonders dicke Betonwände, ein gegen das Eindringen von Gas und gegen Druckwellen geschütztes Fenster mit Fensterläden aus Stahl und eine massive Stahltür, die jedoch von innen nicht abgeschlossen werden kann. Tatsächlich hätten ohne diesen Schutz viele den Terrorangriff nicht überlebt. Sie mussten aber den Griff, mit dem diese Türen durch eine Drehung nach oben verriegelt werden, häufig stundenlang mit aller Kraft festhalten, um so zu verhindern, dass die Terroristen ihn von außen herunterdrücken und die Tür öffnen. Die Schutzräume sind deshalb von innen nicht abschließbar, um sicherzustellen, dass bei einem Raketeneinschlag Helfer problemlos in den Raum gelangen. Dass aber parallel zu einem Raketenbeschuss auch ein Angriff von Invasoren erfolgen könnte, war bis dahin niemandem in den Sinn gekommen.

Wie man sich Zutritt zu den Verschanzten in den Schutzräumen verschafft, dürfte bei der Planung des Großangriffs mitbedacht worden sein. Denn die Terroristen waren nicht nur mit unterschiedlichen Sprengsätzen zum Durchbrechen massiver Türen ausgestattet, darunter mit Sprengstoff gefüllte Gartenschläuche, Eisenstangen und umgebaute Tretminen. Schon in Netiv Ha-Asara, einer der ersten überfallenen Gemeinden, hatten sie auch thermobarische Waffen bei sich – etwa fünf Kilogramm schwere, mit Trageriemen ausgestattete Sprengköpfe für Panzerfäuste, die mit einem Verzögerungsmechanismus von sieben Sekunden wie Handgranaten eingesetzt werden. Diese tödliche Waffe entwickelt, wenn sie explodiert, eine Temperatur von bis zu 3000 Grad Celsius und verursacht einen Großbrand.[8] Wie auch in anderen Ortschaften wurden bei dem Überfall auf Netiv Ha-Asara damit Häuser nach ihrer Plünderung in Brand gesteckt. Die in den Schutzräumen verschanzten Menschen waren zwar erst einmal vor den Flammen sicher. Aber die starke Hitzeentwicklung und der teilweise etwa durch Schusslöcher in der Tür eindringende Rauch stellte sie nun vor das Dilemma, womöglich zu ersticken, wenn sie weiter dort ausharrten, oder Gefahr zu laufen, bei einer Flucht aus dem Raum gefasst und getötet zu werden.

In Netiv Ha-Asara trafen die Terroristen auf einen Bereitschaftstrupp von knapp einem Dutzend Männern, die ihnen bis zum Eintreffen der Soldaten fast sechs Stunden lang einen erbitterten Kampf lieferten. Dennoch konnten die Verteidiger, von denen drei bei den Kämpfen umkamen, die Ermordung von siebzehn Ortsbewohnern nicht verhindern. In den ebenfalls im Norden angegriffenen nahe gelegenen Kibbuzim Erez und Yad Mordechai waren die Abwehrgruppen unterdessen rechtzeitig vorgewarnt worden, weshalb sie die Angreifer schon an den Zufahrtstoren der Orte aufhalten konnten. In Yad Mordechai eilten Polizisten aus der Gegend zur Unterstützung herbei. Sie konnten an einer Kreuzung in der Nähe des Kibbuz eine Gruppe von Terroristen, die auf acht Motorrädern in Richtung Norden unterwegs war, noch rechtzeitig stoppen und damit wahrscheinlich die Einwohner der rund 10 Kilometer entfernten Stadt Aschkelon vor einem Blutbad bewahren.

Der Hauptteil der Angriffswelle konzentrierte sich auf das Gebiet östlich des Gazastreifens. Von den in diesem Sektor liegenden Militärbasen gelang es nur einer, die Angreifer ohne eigene Verluste abzuwehren. In den Militärbasen neben den gleichnamigen Kibbuzim Nachal Oz, Kisufim und Sufa, die sich in unmittelbarer Nähe zum Gazastreifen befinden, verloren zahlreiche Soldatinnen und Soldaten ihr Leben – teilweise im Abwehrkampf in den nahen Kibbuzim. Unter ihnen waren viele der dort stationierten Beobachterinnen, von denen etliche wie auch weitere Soldaten als Geiseln genommen wurden. Besonders dreist gingen die Terroristen vor, die das rund 8 Kilometer vom Gazastreifen entfernte Hauptquartier der israelischen Gaza-Division nahe dem Kibbuz Re'im infiltrierten. Auch dort standen mehreren Dutzend Angreifern nur wenige Soldaten gegenüber, weil ein Teil der wegen der Feiertage ohnehin reduzierten Mannschaft zum Abwehrkampf in die umliegenden Ortschaften unterwegs war. Zwar wurden die Angreifer am Eingangstor zunächst gestoppt. Sie konnten aber an einer anderen Stelle durch den Zaun auf das Gelände und in einige der Gebäude eindringen, wo sie Büros verwüsteten und ihre Namen sowie «Grüße von den Qassam-Brigaden» an die Wand schrieben. Um sie auszuschalten, nahm ein Kampfhubschrauber die Sporthalle der Basis, in der sich die Eindringlinge verbarrikadierten, unter Beschuss.

In den mehr als fünfundzwanzig überfallenen israelischen Ortschaften spielten sich ähnliche Szenarien ab wie in Netiv Ha-Asara. Generell nahm die Zahl der Angreifer zwar ab, je weiter entfernt die attackierten Ziele vom Grenzzaun lagen, in den größeren Orten war sie aber immer besonders hoch. So stürmte ein erheblicher Teil der Terroristen, vermutlich an die fünfhundert, die Kibbuzim Beeri, Kfar Aza, Nir Oz und Nachal Oz, wo sie insgesamt mehr als zweihundert Menschen, mitunter ganze Familien, häufig auf besonders brutale Weise massakrierten und auch massenhaft verschleppten. Bei dieser Angriffswelle hatten die Milizen viele Zivilisten aus dem Gazastreifen im Schlepptau – allem Anschein nach mehrere Hundert, die mitunter noch bis in die Mittagsstunden in diese Orte eindrangen, plünderten, Bewohner entführten und möglicherweise auch mordeten.

Ohne die Abwehr durch die kleinen Bereitschaftstrupps wäre hier die Zahl der Opfer vermutlich noch weit höher ausgefallen. Dass es in der überwiegenden Mehrzahl der übrigen Kibbuzim und Moschawim nicht zu derartigen Massakern kam, war den jeweiligen örtlichen Verteidigungsgruppen zu verdanken, die dort meist stundenlang auf sich allein gestellt waren. Sechs dieser Ortschaften hatten keine Todesopfer zu verzeichnen, in zwölf blieb ihre Zahl einstellig, wobei es sich bei den Getöteten überwiegend um in den Kämpfen umgekommene Mitglieder der Bereitschaftsgruppen handelte. Die Verstärkung ließ fast ausnahmslos Stunden auf sich warten oder traf überhaupt erst am frühen Nachmittag ein. Die aus unterschiedlichen Einheiten des Militärs und Sondereinheiten der Polizei eiligst zusammengetrommelten Kampfeinheiten konnten zwar dem weiteren Morden Einhalt gebieten. Stellenweise brauchten sie aber einen oder zwei Tage, um sämtliche noch in dem Gebiet befindliche Terroristen zu neutralisieren. Ähnlich lange dauerte es, bis auch die in den Städten Sderot und

Ofakim noch verbliebenen Terroristen ausgeschaltet werden konnten; sie hatten dort fast siebzig Zivilpersonen ermordet und bei Gefechten mit den Polizisten über dreißig von ihnen getötet. Etwa die gleiche Zeit wurde auch für die Evakuierung eines Großteils der Grenzgebiet-Bewohner benötigt, die aus Sicherheitsgründen und wegen der Verwüstung der Orte überwiegend in Hotels untergebracht wurden. Auf Hotels wurden auch mehrere Zehntausend Israelis aus Ortschaften an der Nordgrenze verteilt, die schon während der Invasion im Süden und auch danach immer wieder Raketenangriffen der Hizbullah aus dem Südlibanon ausgesetzt waren. Der Umfang dieser Evakuierung von mehr als hunderttausend Menschen wie auch die Dauer des Aufenthalts in den Notunterkünften sind in der Geschichte Israels einzigartig.

Bei dem verheerenden Terrorangriff wurden mehr als achthundert israelische Zivilisten und Ausländer, meist thailändische Gastarbeiter, getötet sowie dreihundertsechzig Soldaten, knapp sechzig Angehörige von Polizeieinheiten wie auch dreizehn Feuerwehrmänner und Nothelfer. Zweihundertfünfzig Israelis, Zivilpersonen wie Soldaten, und auch mehrere Dutzend Ausländer hatten die Terroristen in den Gazastreifen entführt. Auch wegen des andauernden Raketenbeschusses auf das Kernland belief sich die Zahl der Verletzten an diesem blutigen Samstag auf mehr als zweitausend. Die Identifizierung der Toten war wegen der in den besonders betroffenen Kibbuzim angerichteten immensen Verwüstungen in vielen Fällen äußerst schwierig. Auch deshalb, weil die Menschen, die zum Teil in den Häusern bei lebendigem Leib im Feuer umkamen, bis zur Unkenntlichkeit verbrannten. Die Zahl der Todesopfer auf israelischer Seite musste daher laufend korrigiert werden. Außerdem waren in dem entstandenen Chaos etliche der mehr als tausend Leichen getöteter Terroristen zunächst für die sterblichen Überreste von Israelis gehalten worden. Rund zweihundert Angreifer wurden gefangen genommen.

Bereits in den Morgenstunden dieses 7. Oktobers begann die israelische Luftwaffe mit den schwersten Bombardements des Gazastreifens in der Geschichte des Konflikts. In der völlig überraschten und schockierten israelischen Öffentlichkeit herrschte auch aufgrund des stundenlang anhaltenden Raketenbeschusses, der so massiv war wie nie zuvor, große Verwirrung. Es dauerte etliche Stunden, bis die tatsächliche Dimension des Terrorangriffs klar wurde. Zu der allgemeinen Bestürzung trugen nicht nur die verzweifelten Hilferufe der über Handys in die Livesendungen der israelischen TV-Kanäle zugeschalteten Menschen bei, die noch in ihren Schutzräumen verbarrikadiert waren. Auch kursierten schon sehr bald in den sozialen Medien Videoaufnahmen von den angreifenden Terroristen, die von ihren Organisationen oder ihnen selbst gepostet wurden.

Im Hamas-eigenen TV-Sender *Al-Aqsa* schien man von den Ereignissen ebenfalls zunächst überrumpelt gewesen zu sein. Es dauerte rund eine halbe Stunde, bis sein Sprecher angewiesen wurde, den Großangriff als «Al-Aqsa-Flut» *(Tufan al-Aqsa)* zu bezeichnen. Unmittelbar danach gab dort Saleh al-Aruri, Vizechef des Hamas-Politbüros, den offiziellen Beginn der Operation bekannt, die, wie er erklärte, nicht nur im Namen des gesamten palästinensischen Volkes – also auch der in Israel lebenden Palästinenser –, sondern der gesamten islamischen Umma durchgeführt werde. Die baldige Befreiung der Al-Aqsa-Moschee und Jerusalems, verkündete er, stehe unmittelbar bevor. Nach al-Aruri meldete sich auch Muhammad Deif, Chef der Qassam-Brigaden, mit ähnlichen Kampfparolen zu Wort und verurteilte donnernd die «Verbrechen der Besatzung», der nun ein Ende gesetzt werde. Die Zeit, in der die Besatzer nicht zur Verantwortung gezogen würden, sei vorbei. Überdies rief Deif die palästinensischen Fernsehzuschauer auf: «Beginnt jetzt mit dem Marsch auf Palästina und lasst nicht zu, dass euch Grenzen, Vorschriften oder Beschränkungen die Ehre des Dschihad und die Teilnahme an der Befreiung der Al-Aqsa-Moschee nehmen.»[9] Und ein Sprecher der Al-Quds-Brigaden des Islamischen Dschihad gab in einem Statement deren Beteiligung wie auch die der übrigen «Widerstandsgruppen» aus dem Gazastreifen an dem Angriff bekannt.[10]

Drei Stunden später erklärte Israels Ministerpräsident Benjamin Netajahu, dass sich das Land im Krieg befinde und Reservisten einberufen würden.[11] Die schon laufende israelische Militäroperation erhielt den Namen «Eiserne Schwerter». Gegen Abend hielt der israelische Regierungschef eine Fernsehansprache, in der er von der Hamas als einem «Feind» sprach, «der Kinder und ihre Mütter in ihren Häusern, in ihren Betten, ermordet. Ein Feind, der Alte, Kinder und Mädchen entführt. Mörder, die unsere Bürger und unsere Kinder schlachten und massakrieren, die am Feiertag nur feiern gingen.» Die bereits in den ersten Stunden des Terrorangriffs vernehmbaren Rufe nach seinem Rücktritt konterte Netanjahu hier indirekt, als er sagte, dass so etwas in Israel noch nie geschehen sei und er dafür sorgen werde, dass es auch nicht wieder passiere. Schon jetzt gab er das weitere Vorgehen seiner Regierung und der Armee in groben Zügen vor: «Die israelische Armee wird ihre ganze Stärke einsetzen, um die Fähigkeiten der Hamas zu zerstören.» Der Premier beteuerte, man werde volle Rache üben und alle Orte, an denen sich die Hamas verstecke, in Trümmerhaufen verwandeln. Die Bewohner Gazas forderte er auf: «Geht da raus jetzt, denn wir werden überall und mit aller Kraft operieren.»[12] Nach einer nächtlichen Kabinettssitzung hieß es aus Netanjahus Büro, man habe als erste operative Maßnahmen beschlossen, die Stromversorgung des Gazastreifens sowie die Einfuhr von Treibstoff und Waren zu stoppen.[13]

Die ersten Reaktionen der israelischen Öffentlichkeit waren von Wut über das Sicherheitsversagen und Unverständnis darüber gekennzeichnet, wie es überhaupt zu einem solchen Desaster kommen konnte. Schnell war die Rede von einem falschen «Konzept», das die Regierung Netanjahu jahrelang im Hinblick auf den Umgang mit der Hamas verfolgt habe. Sie sei mitnichten «abgeschreckt», ereiferten sich etliche Kommentatoren, und als Machthaberin im Gazastreifen offensichtlich auch nicht wirklich um das Wohl seiner Bewohner bemüht. Das Kalkül der israelischen Regierung, die Hamas mit der Genehmigung von Geldtransfers und Einreisegenehmigungen für Arbeiter nach Israel zu zähmen, sei alles andere als aufgegangen. Man habe den Einfluss von Militanten wie Muhammad Deif und Yahya Sinwar – Gaza-Politbüro-Chef mit militärischem Hintergrund – unterschätzt.[14]

An diesem noch nie da gewesenen politischen und militärischen Debakel, konstatierte der Sicherheitsexperte von *Haaretz*, Amos Harel, trage Netanjahu die Hauptschuld. «Mr. Security», als der er sich gerne sehe, habe mit Drohungen gegen den Iran und die Hizbullah um sich geworfen, sich aber um notwendige politische Schritte im Umgang mit den Palästinensern nicht gekümmert. Die vermeintlich gewonnene Ruhe bezüglich der Hamas sei bei Netanjahu zu einer Sucht geworden und er habe die Kampfbereitschaft der Armee aus den Augen verloren. Wie auch etliche andere Kollegen fühlte sich Harel an das Versagen der israelischen Führung im Jom-Kippur-Krieg im Oktober 1973 erinnert, die den koordinierten Angriff Syriens und Ägyptens nicht rechtzeitig erkannte. Wenn der Krieg zu Ende sei, so der *Haaretz*-Kommentator, werde der Preis für all diese Fehler gezahlt werden müssen – so, wie ihn nach dem Jom-Kippur-Krieg Ministerpräsidentin Golda Meir mit ihrem Rücktritt gezahlt habe.[15]

Während beide Konfliktparteien die Zahlen der Todesopfer und Verletzten stetig nach oben korrigierten, wurden in Israel allenthalben Vorwürfe nicht nur gegen Netanjahu und sein Kabinett, sondern auch gegen das Militär laut. Allerdings sah man sich angesichts des Krieges zugleich in der Pflicht, Einigkeit zu bewahren und die Armee zu unterstützen. So meldeten sich jetzt Reservisten zum Dienst, die während der monatelangen Proteste gegen die «Justizreform» gedroht hatten, den Dienst zu verweigern, und geplante Protestveranstaltungen wurden bis auf Weiteres abgesagt.[16] Die immer lauter werdende Forderung, eine Untersuchungskommission einzuberufen, wurde meist von der einschränkenden Position flankiert, damit zu warten, bis der Krieg vorbei sei. Nach Erklärungen für das allgemeine Versagen wurde dennoch gesucht. Eine war die gleich aufgekommene Behauptung, dass mehrere Bataillone der gegenüber dem Gazastreifen stationierten Gaza-Division in die Westbank verlegt worden seien, um dort die Siedler zu schützen, und man das Grenzgebiet damit im Stich gelassen habe. Als rechte und dem Siedlerlager nahestehende Medien daraufhin beim Militär nachfragten, wurde von dort eine Truppenverlegung kategorisch verneint.[17] Im Dezember musste die Armee dann aber doch einräumen, dass zwei im Einsatzgebiet der Gaza-Division stationierte Infanteriebataillone der Oz-Division kurz vor dem Terrorangriff in die Westbank in die Nähe von Huwara verlegt worden waren.[18]

Der Kritik, dass die Soldaten viel zu spät in den überfallenen Orten eingetroffen seien, wurde in der Berichterstattung nur wenig Beachtung geschenkt. Betroffene hatten sie noch während des Großangriffs und auch danach geäußert. Von Journalisten befragte Kommandanten der als erste im angegriffenen Gebiet angekommenen Einheiten plädierten dafür, die Klärung der Gründe für die Verzögerungen auf die Zeit nach dem Krieg zu verschieben. Derartige Stellungnahmen gingen in der Masse der israelischen Medienberichte über die Massaker, in denen der heldenhafte Verteidigungskampf der Soldaten und das Durchhaltevermögen der Angegriffenen die Schlagzeilen beherrschten, weitgehend unter. So wurde auch nicht danach gefragt, weshalb etwa die Angehörigen des nach israelischen Medienberichten gegen Ende September in die Nähe des Gazastreifens verlegten Bataillons der Givati-Division am Morgen des Angriffstags nicht an ihrem Stationierungsort waren, sondern offensichtlich über die Feiertage zu Hause. Erst gegen 11.30 Uhr trafen rund hundert von ihnen im Kibbuz Nachal Oz ein, wo einige kleine Soldatengruppen bereits seit Stunden gegen mehr als hundert Terroristen kämpften.[19]

Ein erheblicher Teil der Kritik richtete sich auch gegen die, wie sich herausstellte, falsche Einschätzung der Armeeführung zur Bedrohungslage am Gazastreifen. Sie resultierte offensichtlich aus der festen Überzeugung, dass mit dem neuen Grenzzaun die Gefahr eines Bodenangriffs, sei es ebenerdig oder durch Tunnel, gebannt sei: «Die Sperranlage», erklärte denn auch der frühere Generalstabschef Aviv Kochavi nach der Fertigstellung des Zauns, «ist Teil der eisernen Wand unseres Verteidigungskonzepts zu Land, zur Luft, zur See und überhaupt. Sie schafft eine neue Realität – was war, wird nicht mehr sein.»[20] So waren in der Zeit vor der terroristischen Großoffensive im Grenzgebiet zum Gazastreifen gerade einmal vier Armeebataillone fest stationiert, deren Trupps an diesem Samstag wegen des Feiertags nur zur Hälfte einsatzbereit waren, während gleichzeitig in der Westbank zweiunddreißig Bataillone operierten.

Das starre Sicherheitskonzept war mit ein Grund dafür, dass die wiederholten Warnungen vor der Gefahr eines großflächigen Überfalls auf das Grenzgebiet, die aus verschiedenen Abteilungen der Militäraufklärung kamen, von der Armeeführung konsequent ignoriert wurden. Eine mit der Hamas befasste Analystin hatte in den Monaten vor dem 7. Oktober ihren Vorgesetzten mehrere Berichte vorgelegt, die auf den offensiven Charakter und die erhöhte Intensität der militärischen Übungen im Gazastreifen hinwiesen. Sie enthielten sogar einen während eines solchen Manövers abgefangenen Funkspruch, in dem es hieß: «Wir sind mit der Ermordung aller Kibbuz-Bewohner durch.» Aber selbst dieser alarmierende Hinweis stieß auf taube Ohren, und das von ihr befürchtete Szenario eines Generalangriffs wurde von ihrem Vorgesetzten als «imaginär» abgetan.[21]

Ähnliche Reaktionen erfuhren etliche der Soldatinnen, denen in den Militärbasen entlang des Grenzzauns die Bedienung seiner Überwachungssysteme oblag. Nach dem Angriff schilderten mehrere Überlebende in Interviews ihre vergeblichen Versuche, die höhere Führungsebene davon zu überzeugen, dass sich die militärischen Aktivitäten jenseits des Zauns immer stärker zu konkreten Angriffsübungen auf das israelische Verteidigungssystem verdichteten. Auch ihre direkten Vorgesetzten, rangniedrige Offizierinnen, hatten Mühe, ihren Kommandanten den Ernst der Lage zu vermitteln. Als eine der Beobachterinnen einen hochrangigen Offizier der Gaza-Division, der die Basis einen Monat vor dem Großangriff besuchte, mit den Worten warnte, «hier wird es Krieg geben und wir sind nicht vorbereitet», reagierte dieser lediglich mit einer Rüge dafür, dass sie es gewagt habe, ihn direkt anzusprechen.[22]

Wut und Enttäuschung über die Armeeführung brachen sich auch bei Mitgliedern der zivilen Bereitschaftstrupps Bahn. Wie die Teams der Beobachterinnen hatten auch sie mehrere Dutzend Todesopfer und Geiseln zu beklagen und meldeten sich nun ebenfalls öffentlich zu Wort. Sie erhoben schwere Vorwürfe gegen das

Militär, weil es ihnen die Waffen entzogen hatte, zumal mit der Begründung, die Wahrscheinlichkeit einer terroristischen Infiltration aus Gaza sei gleich null. Wie sich inzwischen immer deutlicher herausstellte, war nicht nur die Verlegung der Bodentruppen in die Westbank auf Kosten der Sicherheit des Grenzgebiets zum Gazastreifen gegangen. Zudem waren die örtlichen Abwehrgruppen der israelischen Siedlungen in den besetzten Palästinensergebieten, inklusive der illegalen «Außenposten», bei der Versorgung mit Waffen bevorzugt worden, während das Militär die Bereitschaftstrupps in den Orten rund um den Gazastreifen immer weiter vernachlässigte – nicht nur durch sukzessiven Entzug der Waffen, sondern auch durch die Reduzierung des Trainings und des direkten Kontakts.[23]

Schon bald nach Beendigung der Kämpfe im Grenzgebiet wurden vonseiten der Überlebenden der Massaker und der Angehörigen der nach Gaza verschleppten Geiseln Vorwürfe gegen die Regierung und das Militär laut, die sie für das Sicherheitsversagen verantwortlich machten. Die Kritik ging bald in einen öffentlichen Dauerprotest über, verbunden mit der Forderung, der Befreiung der Geiseln durch Verhandlungen oberste Priorität einzuräumen. Der so vor allem durch die zahlreichen Medienberichte und Interviews mit Betroffenen aufgebaute Druck war mit ausschlaggebend dafür, dass die israelische Regierung tatsächlich – unter Vermittlung von Ägypten und Qatar – in Verhandlungen mit der Hamas trat. Im Zeitraum vom 20. Oktober bis Ende November kamen so im Austausch gegen ungefähr dreimal so viele palästinensische Häftlinge aus israelischen Gefängnissen in mehreren Runden einhundertdreizehn der Entführten frei, darunter hauptsächlich israelische Frauen und Kinder sowie vierundzwanzig Ausländer, Gastarbeiter aus Thailand und den Philippinen. Der weitere Gefangenenaustausch scheiterte nach israelischer Version daran, dass die Hamas, anders als vereinbart, die Namensliste der Frauen und Kinder, die als nächste freikommen sollten, nicht bis Anfang Dezember vorlegte. Auch war laut israelischen Presseberichten für die verbliebenen 137 Geiseln die Freilassung aller in Israel inhaftierten Palästinenser gefordert worden, was die israelische Regierung ablehnte. Im September 2023 saßen 4764 palästinensische politische Gefangene in israelischen Gefängnissen, hinzu kamen 932, die wegen unerlaubten Aufenthalts in Israel interniert waren. Den ab dem 24. November herrschenden Waffenstillstand kündigte Israel am 1. Dezember auf.[24] Der Forderung, über die Freilassung der übrigen Entführten weiter zu verhandeln, der die Familienangehörigen nun regelmäßig mit Kundgebungen auf dem Platz vor dem Tel Aviver Kunstmuseum Nachdruck verliehen, schlossen sich auch etliche der freigekommenen Geiseln an. Das Thema wurde zum Dauerbrenner in den israelischen Medien.[25]

Für Israel wurde der Terrorangriff schnell zum nationalen Trauma und immer wieder mit dem Holocaust in Verbindung gebracht. «Soweit ich mich erinnern kann», sagte Staatspräsident Itzhak Herzog zwei Tage später, «sind seit der Schoa noch nie so viele Juden an einem Tag ermordet worden.» In seiner Rede setzte er die Hamas mit der radikal-islamistischen IS-Terrormiliz gleich und forderte das Ausland auf, sie als Terrororganisation einzustufen und zu verbieten.[26] Netanjahu schlug bei mehreren Anlässen ähnliche Töne an. So auch bei seinem Treffen am 17. Oktober mit Bundeskanzler Olaf Scholz, der nach Jerusalem gereist war. Der israelische Premier erklärte die Islamistenorganisation zu den neuen Nazis und zog ferner den Vergleich zu dem Massaker von Babyn Jar während des Holocaust.[27] Die Gleichsetzung der Hamas mit den Nationalsozialisten war indes kein Novum in Netanjahus Rhetorik. Schon 2014, als er der damals gebildeten palästinensischen nationalen Einheitsregierung die Anerkennung verweigerte, hatte Israels Regierungschef behauptet: «Die Hamas leugnet die Schoa und versucht unterdessen eine neue Schoa durch die Vernichtung des Staates Israel herbeizuführen.»[28]

Weil nicht nur Politiker, sondern auch Überlebende der Massaker im Grenzgebiet von «Schoa» sprachen oder sich an den Holocaust erinnert fühlten, entzündete sich im Land bald eine Debatte darüber, ob solche Vergleiche und Gleichsetzungen angebracht oder erlaubt seien. Die Meinungen gingen stark auseinander. Konservative Holocaust-Forscher, wie etwa Dina Porat, äußerten nicht nur Verständnis für aufkommende Assoziationen zur Schoa.

Manche, wie Gideon Greif, bestanden sogar darauf, dass der Großangriff in mehrfacher Hinsicht mit dem Holocaust gleichzusetzen sei. Diese Auffassung, der zum Teil massiv widersprochen wurde, teilten nun sogar Historiker, die nicht zum konservativen Lager gehörten und jetzt bekannten, unter dem Eindruck dieser Gräueltaten ihre Meinung bezüglich der Unvergleichbarkeit der Judenvernichtung revidiert zu haben.[29] Das Thema wurde im Ausland Diskussionsgegenstand zweier konträrer offener Briefe in *The New York Review of Books*, die auch von deutschen Historikern unterzeichnet wurden.[30]

Die Suche nach Quellen des Bösen, das sich in den Gräueltaten vom 7. Oktober manifestiert hatte, brachte die israelische Öffentlichkeit schnell auf Yahya Sinwar. Der Anführer der Hamas im Gazastreifen hatte von 1989 bis 2011 in israelischen Gefängnissen gesessen und war immer wieder vom Schabak verhört worden. Nun meldete sich sein ehemaliger Verhörer Micha Kobi zu Wort und beschrieb in Presseinterviews Sinwar als «charismatisch», «mit dem stechenden Blick eines Mörders», als «blutrünstig», «religiösen Fanatiker» und als «schreckliche wilde Bestie». Sinwar habe voller Stolz berichtet, wie er unter Kollaborationsverdacht stehende Palästinenser eigenhändig mit einer Machete getötet habe. Auch im Gefängnis, so Micha Kobi, sei er als «Schlächter aus Khan Yunis» gefürchtet gewesen, dort habe er drei Mithäftlinge mit einem Rasiermesser ermordet. Allerdings neigte der ehemalige Schabak-Agent in seinen Äußerungen dazu, Erinnerung mit Fantasie und Spekulationen zu vermengen. Er erweckte den Eindruck, über Sinwars Pläne für den terroristischen Großangriff so genau im Bilde zu sein, als hätte er sie direkt von ihm erfahren. Kobi meinte, sich nach all den Jahren noch genau erinnern zu können, dass Sinwar zu ihm sagte: «Ich will in israelische Siedlungen eindringen, Gebiete einnehmen und so viele Juden wie nur möglich schlachten – und eines Tages werden wir das auch schaffen.»[31] Ein ähnliches Bild von Sinwar zeichnete auch der ehemalige Gefängniszahnarzt Yuval Biton, der später zur Militäraufklärung wechselte und den Palästinenser in der Rückschau ein «Monster» nannte[32] – diese Beschreibung griff dann auch gern das deutsche

Magazin *Der Spiegel* auf und überschrieb eine Titelstory zum Thema mit «Das Monster von Gaza».[33] Die Fokussierung auf die Figur Sinwar schien, ähnlich wie die erwähnten Nazi-Analogien, nicht nur eine einfache Erklärung für die auffallende Brutalität des terroristischen Überfalls zu liefern. In gewisser Weise war sie auch symptomatisch für die generelle Fixierung der israelischen Sicht auf die Hamas als alleinige Akteurin des verheerenden Gewaltakts – dass ihre Qassam-Brigaden den Angriff im Verbund mit den anderen Milizen ausgeführt und dass sich ihnen auch noch Horden marodierender Zivilisten angeschlossen hatten, wurde dabei außer Acht gelassen.

17. Israels Vernichtungskrieg gegen die Hamas

Im Gazastreifen feierten die Hamas und die mit ihr verbündeten Milizen den Großangriff als Triumph. «An der stolzen Gaza-Front» hätten, wie Hamas-Politbüro-Chef Ismail Hanijeh in einer TV-Ansprache von Qatar aus erklärte, «das palästinensische Volk und die arabische und islamische Nation» durch die «Al-Aqsa-Flut» der Qassam-Brigaden und der Widerstandsgruppen den «erhabenen Sieg» eingeleitet.[1] In bekannter Manier geißelte *Al-Ray*, die Nachrichtenagentur der Hamas-Regierung, die sofort nach dem Raketenbeschuss auf Israel einsetzenden schweren israelischen Luftangriffe ob ihrer gewaltigen Zerstörungskraft und der schnell steigenden Zahl ziviler Opfer als «Holocaust» *(mahraka)* und auch als «Holocaust der Nazi-Besatzung».[2] Im Hinblick auf den eigenen Umgang mit Zivilisten behauptete Hamas-Sprecher Hazem Qassem schon kurz nach dem Einsetzen der Terroroffensive, dass die Kommandanten der Operation den Kämpfern ausdrücklich den Befehl erteilt hätten, Zivilisten – Frauen, Kinder und Alte – zu verschonen.[3] Wie er wollten auch die Qassam-Brigaden den Terrorangriff als eine rein militärische Operation verstanden wissen. Die von ihnen verbreiteten Videos, die mit dem offiziellen Logo ihrer Medienabteilung «Militärinformation» versehen waren, zeigten daher nur Überfälle auf israelische Militärbasen, vereinzelt auch die Tötung israelischer Soldaten und wie Angreifer deren Leichen mit Füßen treten. Ermordete israelische Zivilisten waren hingegen lediglich in wenigen Ausnahmefällen zu sehen, dann aber auch kaum als solche zu erkennen und bloß von Weitem gefilmt.[4] Auch die Videos, die von Kämpfern der Al-Quds-

Brigaden des Islamischen Dschihad aufgenommen und auf ihre Website hochgeladen wurden, handelten nur von Angriffen auf israelische Militärstützpunkte.[5]

Allerdings war dies nur die halbe Wahrheit. In etlichen, vor allem von Autokameras der Opfer oder auch der Täter aufgenommenen Videos, die im Internet zirkulierten, ließ sich beobachten, wie an ihren grünen Stirnbändern erkennbare Qassam-Mitglieder unbewaffnete israelische Zivilpersonen erschossen.[6] Ein dem israelischen Militär in die Hände gefallener detaillierter Angriffsplan der Gaza-Division der Qassam-Brigaden für den Kibbuz Saad enthielt die ausdrückliche Anweisung, möglichst große menschliche Verluste zu verursachen.[7] Gefangen genommene Terroristen, die vom Schabak verhört und dabei aufgenommen wurden, berichteten, dass sie den ausdrücklichen Befehl zum Töten von Zivilisten hatten. Für jede entführte Person, so habe es geheißen, würde man eine Wohnung und 10 000 Dollar bekommen.[8]

Zur weiteren Legitimierung seines angekündigten Rachefeldzugs und Vernichtungskriegs gegen die Hamas lud Netanjahu schon wenige Tage nach dem 7. Oktober das Parteienbündnis «Das staatliche Lager» in die Koalition ein, um eine gemeinsame Notstandsregierung zu bilden. Zu dem Oppositionsbündnis hatten sich vor den israelischen Parlamentswahlen im November 2022 Benny Gantz' Bündnis «Blau-Weiß» und die konservative Partei «Neue Hoffnung» des ehemaligen Likud-Politikers Gideon Saar zusammengeschlossen. Netanjahu beabsichtigte damit wohl in erster Linie, in das jetzt geschaffene fünfköpfige Kriegskabinett neben ihm selbst und Verteidigungsminister Yoav Galant als weiteren Entscheidungsträger Benny Gantz zu holen – und dazu mit Gadi Eisenkot noch einen zweiten ehemaligen Generalstabschef (Februar 2015 bis Januar 2019) als einen der dem Kriegskabinett ebenfalls angehörenden zwei «Beobachter».

Flankiert von ehemaligen hochrangigen Militärs mit Erfahrung in kriegerischen Auseinandersetzungen im Gazastreifen, gab Netanjahu grünes Licht für die Bodenoffensive. Nach vereinzelten kleinen Operationen der Armee begannen am 27. Oktober größere

Truppen in den nördlichen Gazastreifen einzumarschieren. Die israelische Luftwaffe hatte mit ihren Bombardements bis dahin immense Zerstörungen im gesamten Küstenstreifen verursacht. Laut Angaben des Hamas-Gesundheitsministeriums, an denen sich das UN-Nothilfebüro OCHA orientiert, kosteten sie mehr als 7000 Palästinenser das Leben, darunter 2913 Kindern und 1709 Frauen. Als vermisst, vermutlich verschüttet, wurden 1600 Menschen gemeldet, darunter 900 Kinder.[9] Derweil nannte die Sprechereinheit der israelischen Armee nicht jedes der Hunderte Angriffsziele und hielt konsequent an der Behauptung fest, in den bombardierten Gebäuden befände sich ein Büro oder eine Einrichtung der Hamas. Eine typische Meldung zu den Bombardierungen schon am Tag des Überfalls war: «Die militärischen Infrastrukturen sind in Hochhäusern untergebracht, was wieder einmal ein Beweis dafür ist, dass die Terrororganisation Hamas ihre Anlagen gezielt im Herzen der Zivilbevölkerung platziert.»

Bereits an diesem 7. Oktober legte ein Kampfjet den «Palästina-Turm» in Gaza-Stadt in Schutt und Asche, kurz nachdem die Bewohner des Hochhauses mit dem umstrittenen zweistufigen Warnverfahren[10] der Armee – Telefonanruf und anschließend Warnrakete (Aufs-Dach-Klopfen) – zum Verlassen des Gebäudes aufgefordert worden waren. Das Militär behauptete, dass die Hamas dort Büros ihrer Aufklärungs- wie auch Waffenproduktionsabteilung unterhalten habe und dass von dort aus terroristische Aktivitäten gesteuert worden seien.[11] Als Avichai Adraee, ein arabischsprachiger Sprecher der israelischen Armee, diese Begründung gegenüber einem *Al-Dschazira*-Moderator anführte, blieb er die Antwort auf dessen Frage schuldig, weshalb wegen einiger vermeintlicher Hamas-Büros gleich das ganze vierzehnstöckige Gebäude zerstört werden musste.[12] Zweiundachtzig Familien sollen ihre Wohnung mit allem Hab und Gut verloren haben. Bewohner des Turms berichteten, dass sich dort nur Zivilpersonen befanden. Mehrere Wohnparteien hatten bereits Schäden reparieren müssen, die Anfang August 2022 durch einen israelischen Drohnenangriff auf das Gebäude entstanden waren.[13] Damals wurde in einer der Wohnungen ein Anführer des Islamischen Dschihad mit einer Präzisionsbombe getötet, weitere kleinere Raketen trafen benachbarte Wohneinheiten.[14] Auch dieses Mal hätte die Armee so vorgehen und damit auch die Beschädigung umliegender Gebäude vermeiden können.[15]

Offensichtlich war das jetzt gar nicht gewollt, zumal die israelische Luftwaffe keine Hemmungen hatte, so weiterzumachen. Schon am zweiten Kriegstag wurden im Gazastreifen dreizehn Wohntürme vollständig zerstört[16] und die Begründungen des Militärs immer lapidarer. Bis auf eine Ausnahme wurden die einzelnen Gebäude weder benannt noch ihre Standorte angegeben. Man begnügte sich mit den wolkigen Formeln: «Strategische Ziele in Hochhäusern der Hamas» oder «Ziele, lokalisiert in Hochhäusern, die von der Terrororganisation im Gazastreifen benutzt wurden». Wie schon bei den vorangegangenen Erklärungen zu den Luftangriffen lieferten die Militärsprecher keinerlei konkrete Belege für diese Behauptungen.[17] Zu den bekannteren Hochhäusern, die an diesem Tag dem Erdboden gleichgemacht wurden, gehörte auch der «Al-Watan-Turm» in Gaza-Stadt. Er beherbergte neben Wohnungen, Arztpraxen und Läden auch die Büros mehrerer Medien- und Kommunikationsunternehmen.[18] Insbesondere letztere wurden in den darauffolgenden Tagen mit dem offensichtlichen Ziel bombardiert, Telekommunikation und Medien im Gazastreifen auszuschalten.[19]

In den erwähnten Hochhäusern scheinen die Bewohner von der Armee vor dem bevorstehenden Angriff rechtzeitig gewarnt worden zu sein. Ob allerdings auch die Zivilbevölkerung in den zahlreichen, schon in den ersten Kriegstagen durch den Bombenhagel zerstörten Häusern Warnungen erhalten hatten, ist fraglich. Jedenfalls blieb Militärsprecher Daniel Hagari auf einer Pressekonferenz am 8. Oktober, wo er von bereits fünfhundert angegriffenen Zielen berichtete, die Antwort auf die Frage eines Journalisten, ob die Armee dabei auch das übliche Warnverfahren anwende, schuldig.[20] In Rafah waren am Vortag zwei nebeneinander stehende Wohnhäuser zerbombt und lediglich die Bewohner des einen gewarnt worden. Neunzehn Mitglieder der nicht alarmierten Familie Abu Quta kamen bei dem Angriff um.[21] Die Fälle, in denen ganze Familien in den israelischen Bombardements getötet wurden, häuften sich, je länger diese andauerten. Bis zum Beginn der Bodenoffensive hatten 192 Familien mehr als 10 Todesopfer zu beklagen, 136 zwischen 6 und 9, und 444 Familien verloren 2 bis 5 Angehörige.[22]

Schon in den ersten Kriegstagen löste das Vorgehen der Armee angesichts der hohen Zahl an Zivilopfern und auch wegen der Unterbrechung der von Israel bereitgestellten Wasser- und Stromversorgung heftige internationale Kritik aus. Auf Druck der USA stellte die israelische Regierung am 15. Oktober die Wasserversorgung wieder her – dies jedoch nur im südlichen Gazastreifen, um den Druck auf die Bewohner im Norden sowie in der Stadt Gaza aufrechtzuerhalten. Israels Lieferungen hatten allerdings mit sechs bis zehn Prozent nur einen geringen Anteil an der im Küstenstreifen verbrauchten Wassermenge ausgemacht.

Die Bewohner des nördlichen Gazastreifens wurden am 13. Oktober von der Armee aufgefordert, sich «zu ihrer Sicherheit» umgehend in den Süden hinter den Fluss Wadi Gaza zu begeben.[23] Der Maßnahme, die Teil der israelischen Vorbereitungen auf den Einmarsch der Bodentruppen war, verlieh das Militär am 21. Oktober erneut mit Flugblättern Nachdruck. Darin wurde die Bevölkerung nicht nur erneut eindringlich zur Flucht aus dem Norden aufgerufen. Jetzt wurde auch noch all denjenigen, die dem Aufruf aus welchen Gründen auch immer nicht folgen sollten, damit gedroht, sie als Angehörige einer Terrororganisation zu behandeln.[24] Hunderttausende Palästinenser leisteten dieser Aufforderung Folge. In der ersten Flugblattrunde wurde noch eine Rückkehr in Aussicht gestellt, wenn die Armee die Genehmigung dazu erteile. Der erzwungene Transfer dürfte wohl sämtliche Betroffenen an die Vertreibungen von 1948 erinnert haben. Ein eindrückliches Zeugnis dafür ist der Post eines Mitarbeiters der Menschenrechtsorganisation «Al-Mezan» aus Gaza, der, kurz bevor er die Stadt verließ, in den sozialen Medien der NGO der allgemeinen Befindlichkeit mit den Worten Ausdruck verlieh: «Ich bin im Jahr 2023 ins Bett gegangen und 1948 aufgewacht. Wir erleben gerade eine neue Nakba. Die gleiche Szene – Menschenmassen, die nicht wissen, wohin sie gehen sollen. Wir sind bereits Flüchtlinge. Wir erinnern uns noch immer an die Nakba. Wir sterben lieber, als sie noch einmal zu erleben.»[25]

Besser dran war, wer im Süden bei Verwandten oder Bekannten unterkommen konnte. Alle Übrigen waren auf die wenigen provisorischen Zeltlager und die bald überfüllten und weit jenseits ihrer Kapazitätsgrenzen angelangten UNRWA-Einrichtungen angewiesen oder sich selbst überlassen. Kurz vor dem Start der Bodenoffensive am 27. Oktober waren im südlichen Teil des Gazastreifens rund 640 000 Menschen ohne Unterkunft.[26] Wegen des wachsenden Flüchtlingsstroms mussten sich Tausende tagelang auf der Straße aufhalten. Die katastrophale humanitäre Lage spitzte sich weiter zu, weil Israel wiederholt Hilfslieferungen aus Ägypten in den Gazastreifen blockierte und die Luftwaffe weiterhin auch Ziele im Süden bombardierte. Das Gesundheitssystem stand kurz vor dem Kollaps. Laut der Weltgesundheitsorganisation (WHO) war es nur rund einem Drittel der Krankenhäuser im Gazastreifen noch möglich, den Betrieb aufrechtzuerhalten. Die etwa dreihunderttausend chronisch Kranken konnten bei längst knapp gewordenen Medikamenten nur noch zum Teil behandelt werden. Für die eintausend Dialysepatienten standen nicht genügend Geräte zur Verfügung, da 80 Prozent davon im Norden verblieben waren. Von dem notwendigen medizinischen Personal war nur noch ein Drittel vorhanden. Zwischen dem 7. und dem 27. Oktober wurden bei 184 Angriffen auf Gesundheitseinrichtungen 16 ihrer Mitarbeiter getötet und 30 verletzt. Neben der Versorgung Tausender Verletzter unter diesen schwierigen Bedingungen mussten im gleichen Zeitraum durchschnittlich mehr als hundertachtzig Entbindungen täglich vorgenommen werden; unter den Flüchtlingen befanden sich fünfzigtausend schwangere Frauen. Auch angesichts der sich verschlechternden Wasserversorgung – nur noch rund 3 Liter pro Person am Tag – warnte die WHO eindringlich vor einem drohenden Ausbruch von Infektionskrankheiten.[27]

Ende Oktober rückten die israelischen Bodentruppen zunächst in den nördlichen Teil des Küstenstreifens ein, um ihn einschließlich der Stadt Gaza vom Süden abzuschneiden. Bei dem Einmarsch wurden über die Siedlungsgebiete hinaus, die durch die massiven Luftschläge zuvor schon in Trümmern lagen, weitere bebaute Landstriche verwüstet. An zahlreichen Stellen planierten gepanzerte Bulldozer Häuser und auch landwirtschaftliche Flächen, etwa um das Gelände als Truppensammelplätze und provisorische Quartiere zu nutzen. Mit Bulldozern bahnte man sich zusätzliche neue Wege quer durch die Ortschaften, um die Truppen vor eventuellem feindlichen Feuer in den bestehenden Hauptstraßen zu schützen. Wie auf Satellitenbildern schon Ende November zu sehen war, wurden entlang der nördlichen Küste auch ganze Strandanlagen sowie benachbarte Wohn- und Agrargebiete dem Erdboden gleichgemacht. Fast die gesamte bebaute Fläche im Norden – Beit Lahiya, Beit Hanun, Dschabaliya und Gaza – war von Zerstörungen und Beschädigungen betroffen.

Im Süden hatten die Verheerungen zu jenem Zeitpunkt dieses Ausmaß noch nicht erreicht. Aber im gesamten Küstenstreifen waren es schätzungsweise schon mindestens 100 000 Häuser, die in Schutt und Asche lagen oder Schaden genommen hatten.[28] Das Informationsbüro der Hamas-Regierung meldete am 28. November höhere Zahlen: 240 000 beschädigte und 50 000 zerstörte Wohneinheiten. Beschädigungen wiesen demnach 174 Moscheen, 3 Kirchen, 266 Schulen und 103 Regierungsgebäude auf. Laut dem Informationsbüro waren 26 Krankenhäuser, 55 Gesundheitszentren und 56 Krankenwagen Angriffen ausgesetzt.[29] Das Satellitenzentrum der Vereinten Nationen UNOSAT nannte Ende November die Zahl von 37 379 Gebäuden, die von Bombardements betroffen waren, wovon 10 049 als zerstört und 8243 als massiv sowie 19 087 als teilweise beschädigt angegeben wurden.[30]

Das Vorgehen der Streitkräfte ließ kaum einen Zweifel daran, dass sich Israels Vernichtungskrieg gegen die Hamas auch gegen sämtliche mit ihr in irgendeiner Weise verbundenen Gebäude und sonstigen Symbole ihrer Herrschaft im öffentlichen Raum richtete. So fielen nicht nur der Regierungssitz und Ministerien den Bombardierungen zum Opfer. Auch symbolträchtige Bauten in Gaza, wie das Haus des Legislativrats, wurden entweder durch

Luftschläge zerstört[31] oder, wie etwa im Fall des Sitzes des Obersten Rechtsrats, gesprengt.[32] Von der Hamas-Regierung oder den Qassam-Brigaden auf zentralen Plätzen errichtete Denkmäler wurden systematisch demoliert. So auch das Mahnmal im Hafen von Gaza, das an die blutige Erstürmung der «Mavi Marmara» durch die israelische Marine erinnerte. Das türkische Schiff hatte 2010 die Gaza-Hilfsflottille angeführt, mit der die Seeblockade durchbrochen und Hilfsgüter in den Gazastreifen gebracht werden sollten.[33]

Mit der pauschalen Begründung, sie wären zu terroristischen Zwecken genutzt worden, visierte die Armee zahlreiche Schulgebäude an, die ramponiert oder total zerstört wurden. Fotografische oder filmische Beweise für dort gelagerte Waffen, Tunnelschächte oder stattgefundene Kämpfe lieferte sie aber nur spärlich. Zentrale Ziele von Angriffen waren auch Universitäten. Fünf der sechs wichtigsten Hochschulen im Gazastreifen wurden nach Angaben von UNOSAT beschädigt.[34] Einen Großteil der Gebäude der Islamischen Universität in Gaza trafen bereits am 11. Oktober schwere Bomben.[35] Sie stand schon länger im Visier von Israels Militär, das sie bezichtigte, in vielerlei Hinsicht mit der Hamas und den Qassam-Brigaden zu kooperieren,[36] weshalb sie schon bei früheren israelischen Militäroperationen punktuell angegriffen worden war. Nicht einmal Hochschulen, bei denen noch nie die Rede davon gewesen war, dass sie der Hamas in irgendeiner Form naheständen, wurden verschont. So die Zweigstelle der Ostjerusalemer Al-Quds-Universität in Gaza, von der das Militär nur formelhaft behauptete, sie habe «Terrorinfrastrukturen der Hamas» beherbergt. Bei ihrer Erstürmung wurde der Bau erheblich beschädigt und die Inneinrichtung verwüstet. Die in Gaza 1992 unter dem Namen «Al-Quds Open University» eröffnete Hochschule für Geistes- und Sozialwissenschaften bot als rein technischen Studiengang lediglich Informatik an.[37] Auf Gebäude der Zweigstelle der Al-Azhar-Universität Gaza, die im südlich der Stadt gelegenen Dorf Al-Mugharaqa ansässig ist und traditionell der Fatah nahesteht, wurden Anfang November schwere Luftangriffe geflogen.[38]

Auch Kultureinrichtungen und Denkmäler nahm Israel ins Visier. Die größte und wichtigste in Gaza-Stadt, das Rashad-al-Schawa-Zentrum, wurde samt seiner umfangreichen Bibliothek kaputt gebombt. An der Stadtbibliothek von Gaza, die rund zehntausend Bücher in ihrem Bestand hatte, sowie am Stadtarchiv verursachte ein Luftangriff ebenfalls enorme Schäden.[39] Eine Reihe weiterer Gebäude, die Kulturvereine, Verlagssitze und Buchhandlungen beherbergten, wie auch Teile der Altstadt von Gaza wurden ausgelöscht oder beschädigt.[40] Neben der Zerstörung der historischen Omari-Moschee und der Beschädigung der griechisch-orthodoxen Porphyrius-Kirche in Gaza sowie der byzantinischen Kirche in Dschabaliya hatten laut einem Bericht der NGO «Heritage for Peace» bereits Anfang November einundzwanzig Kulturdenkmäler und siebzig historische Bauten überall im Küstenstreifen Schaden genommen.[41]

Die Angriffe auf das kulturelle und historische Erbe des Gazastreifens lösten nicht nur in den palästinensischen und arabischen Medien eine Welle der Empörung aus. Sie sorgten auch im Ausland für heftige Kritik. Noch massiver wurde das aggressive israelische Vorgehen gegen Krankenhäuser kritisiert, das vom Militär stets damit begründet wurde, die Hamas missbrauche die Gesundheitseinrichtungen zu «Terrorzwecken». Bereits am 13. Oktober gab Israel den Befehl zur Evakuierung von zweiundzwanzig der insgesamt vierundzwanzig Krankenhäuser im nördlichen Gazastreifen, was von der WHO scharf, aber vergeblich verurteilt wurde.[42] Sechs von ihnen leisteten schon in den Tagen darauf dieser Anordnung Folge. Bis in die erste Novemberwoche hinein kamen noch sechs weitere hinzu, offensichtlich, nachdem sie von den einfallenden israelischen Truppen belagert und unter Druck gesetzt wurden.[43] Die Einrichtungen, die dem Evakuierungsbefehl aus Sorge um die Patienten und die dort Zuflucht suchenden Binnenflüchtlinge nicht nachkamen, wurden zum Teil durch Beschuss weiter eingeschüchtert. Das Indonesische Hospital in Beit Lahiya, dessen Umgebung schon vor der Bodenoffensive mehrmals Ziel von Angriffen gewesen war, soll am 20. November eine Bombe getroffen haben, die zwölf Menschen tötete. Die israelische

Armee wies nicht nur jede Verantwortung zurück, sondern behauptete, ihre Truppen seien aus dem Krankenhaus heraus beschossen worden. Schon einen Tag später wurde es fast vollständig evakuiert.[44] Noch während sich ein Teil des medizinischen Teams in dem Hospital aufhielt, wurde es, wie Betroffene berichteten, vom israelischen Militär von mehreren Seiten gestürmt. Die Soldaten schossen zunächst auf Fenster und sprengten den Haupteingang. Auch in dem Gebäude feuerten sie um sich, wobei drei Personen Schussverletzungen erlitten, an denen die eine offenbar starb. Angehörige des Krankenhauspersonals wurden geschlagen und zumindest drei von ihnen verschleppt.[45]

Der israelische Militärsprecher Daniel Hagari hatte im Vorfeld der Erstürmung mithilfe älterer Satellitenaufnahmen darzulegen versucht, dass die Hamas das Areal schon vor dem Bau des Indonesischen Hospitals untertunnelt und in der Nähe auch einen Raketenschacht eingerichtet hatte.[46] Nach der Razzia war von alledem nicht mehr die Rede, auch nicht von den allem Anschein nach verhafteten Krankenhausangestellten. Ähnlich wurde in anderen Kliniken vorgegangen. Bei einem Bombenangriff auf das Al-Awda-Krankenhaus in Dschabaliya am 21. November kamen drei Ärzte ums Leben. Später verhaftete man dort dessen Leiter und fünf Angestellte sowie einige Patienten und ihre Begleitpersonen.[47] Eine weitere Klinik, das Kamal-Adwan-Krankenhaus in Beit Lahiya, wurde belagert, unter Beschuss genommen und am 12. Dezember gestürmt. Ein Reporter von *Al-Dschazira* brachte es in die Schlagzeilen, als er unter Berufung auf Augenzeugen berichtete, dass die israelische Armee bei der Erstürmung im Krankenhaushof die Zelte von Vertriebenen mit einem Bulldozer zerstört und dabei etwa zwanzig Menschen, auch Verwundete, getötet habe.[48] Die Vorwürfe ließen sich allerdings nicht unabhängig verifizieren. Krankenhausdirektor Ahmad al-Kahlout und mehr als siebzig Angehörige des medizinischen Personals wurden festgenommen.[49] Die Sprechereinheit des israelischen Militärs veröffentlichte eine Woche später ein vom Schabak mit al-Kahlout geführtes Verhör, in dem er gestand, seit 2010 der Hamas – wohl den Qassam-Brigaden – anzugehören und den Rang eines Brigadegenerals zu haben. Weitere fünfzehn in der Klinik Beschäftigte seien ebenfalls Qassam-Mitglieder, und einer sei von den Al-Quds-Brigaden des Islamischen Dschihad. Ranghohe politische und militärische Funktionäre der Hamas, sagte al-Kahlout bei der Befragung zudem aus, verfügten im Kamal-Adwan-Krankenhaus über Rückzugsräume mit eigenem Telefonanschluss und auch über einen eigenen Krankenwagen.[50]

Über das Al-Schifa-Krankenhaus in Gaza gab ebenfalls in einem Verhör des Schabak ein gefangen genommener, namentlich nicht genannter «Terrorist» zu Protokoll, gesehen zu haben, dass sich dort bis zu hundert Angehörige der Hamas und des Islamischen Dschihad befänden. Wie er sie als solche hatte eindeutig ausmachen können, wo sie doch seiner Aussage zufolge medizinische Arbeitskleidung trugen, blieb allerdings unklar. Die Ärzte seien, wie er betonte, über ihre Präsenz im Haus verärgert gewesen.[51] Der israelische Militärsprecher hatte bereits Anfang November behauptet, unter dem Al-Schifa-Komplex, der größten medizinischen Einrichtung im Gazastreifen, befinde sich die Kommandozentrale der Hamas. Bei der Durchsuchung des Krankenhauses Mitte des Monats, der nach üblichem Muster Einschüchterungsversuche und eine mehrtägige Belagerung vorangingen,[52] wurde auf dem Gelände zwar ein 55 Meter langer Tunnel mit einigen Aufenthaltsräumen entdeckt.[53] Aber einen sicheren Beweis für die behauptete Funktion als Hamas-Zentrale blieb die Armee am Ende schuldig. Dagegen sprachen auch die wenigen Waffen, die im Klinikgebäude aufgespürt wurden. Die Sondereinheit «Schaldag», die den Tunnel schon rund eine Woche später sprengte und erklärte, in Fahrzeugen auf dem Klinikkomplex reichlich Waffenmaterial gefunden zu haben, lieferte ebenfalls keine konkreten Belege für den Waffenfund.[54] Am 21. November verhaftete die Armee Klinikdirektor Muhammad Abu Silmiya bei einem Evakuierungseinsatz von Patienten in den Süden. Nach israelischen Medienberichten wurde ihm nicht nur zur Last gelegt, mit der Hamas zu kooperieren. Er wurde auch dafür verantwortlich gemacht, dass zwei aus Israel entführte Gastarbeiter und eine ebenfalls verschleppte israelische Soldatin in seinem Krankenhaus festgehalten wurden. Laut dem israelischen Militärsprecher hatte ein Hamas-Mitglied die Soldatin dort ermordet.[55]

Das rigorose und trotz aller Mäßigungsversuche immer wieder rücksichtslose Vorgehen der israelischen Armee im Gazastreifen wurde im Ausland zwar zunehmend kritisiert, je höher die Zahl der zivilen Opfer stieg. Doch wie schon in früheren Eskalationsrunden blieb die Kritik wirkungslos. Weder Israels Vernichtungskrieg gegen die Hamas noch der Raketenbeschuss aus dem Gazastreifen konnten gestoppt werden. Nachdem im UN-Sicherheitsrat auch nach vier Resolutionsentwürfen zur Gaza-Krise keine Einigung erzielt worden war, schaltete sich die UN-Generalversammlung ein. Am 27. Oktober forderte sie auf der sogenannten Zehnten Notstandssondertagung neben der «Freilassung aller Zivilpersonen, die derzeit rechtswidrig gefangen gehalten werden», unter anderem einen «sofortigen, dauerhaften und anhaltenden humanitären Waffenstillstand».[56] Die Resolution wurde sowohl von Israel ignoriert, das seine an diesem Tag begonnene Bodenoffensive fortsetzte, als auch von der Hamas, die ihren Raketenbeschuss nicht einstellte. Unter den vierzehn Ländern, die dagegen stimmten, waren neben Israel und den USA auch die vier EU-Staaten Österreich, Kroatien, Tschechien und Ungarn. Deutschland enthielt sich nicht nur hier der Stimme,[57] sondern desgleichen bei der darauffolgenden Abstimmung am 10. Dezember, die den beschlossenen umfangreichen Forderungskatalog von Ende Oktober auf drei Punkte beschränkte: sofortige humanitäre Waffenruhe, Einhaltung des Völkerrechts und des humanitären Völkerrechts, insbesondere im Hinblick auf den Schutz von Zivilpersonen, und die Freilassung aller Geiseln.[58] Offensichtlich orientierte sich der Beschluss dabei an Resolution 2712, zu der sich in der Zwischenzeit der UN-Sicherheitsrat am 15. November doch noch durchgerungen und dabei fünf ähnliche Forderungen aufgestellt hatte.[59]

Nach dem Ende des Waffenstillstands am 1. Dezember setzte die israelische Armee die Kämpfe mit aller Härte fort. Inzwischen hatte die Hizbullah mit ihren fast täglichen Angriffen auf die nördliche Grenzregion eine weitere Front eröffnet, auf die Israel ebenfalls mit Bombardements antwortete. Die Regierung Netanjahu konnte sich der so gut wie bedingungslosen Unterstützung Washingtons und der Solidarität Berlins wie generell auch der Europäischen Union sicher sein, selbst wenn sich diese zuweilen zu der immer katastrophaleren humanitären Lage im Gazastreifen kritisch äußerten. In Israel wurde außer bei den Angehörigen der verbliebenen Geiseln, die eine Rückkehr zu Verhandlungen über einen Waffenstillstand und deren Befreiung forderten, kaum nennenswerter Protest gegen die Kriegspolitik laut. Es blieb allenfalls bei Zweifeln an der Effizienz der Militäroperation «Eiserne Schwerter», die im Laufe des Dezembers in den südlichen Teil des Gazastreifens ausgedehnt wurde und fast täglich Todesopfer und Verletzte unter den israelischen Soldaten forderte. Dennoch lieferte die Armee weiterhin täglich Erfolgsmeldungen von der Vernichtung feindlicher Stellungen, der Eliminierung und Gefangennahme weiterer Terroristen und der Sprengung zahlreicher Tunnel. Die Hamas und der Islamische Dschihad aber gaben sich noch längst nicht geschlagen. Auch ihre Qassam- und Al-Quds-Brigaden meldeten tagtäglich, wenngleich hin und wieder übertriebene, Erfolge und veröffentlichten Videos, die ihre Angriffe auf die Besatzungsarmee zeigten. Und auch unter der andauernden massiven Bombardierung hielt ein letzter Rest der Hamas-Regierung noch weit bis in den Januar Israels Rachefeldzug zumindest im virtuellen Raum stand: Unbeirrbar brachte sie in den sozialen Medien die dramatisch steigenden menschlichen Verluste und Verheerungen im Gazastreifen immer wieder auf den neuesten Stand.

Ausblick

Zu Beginn des Jahres 2024 scheint die israelische Armee ihrem erklärten Ziel einer Vernichtung der Hamas, ihres militärischen Arms und ihrer Herrschaftsstrukturen nur bedingt nähergekommen zu sein. Die von ihr im Gazastreifen angerichteten Zerstörungen sind immens. Noch erschreckender ist die Zahl der Zivilisten, die den israelischen Angriffen zum Opfer fallen. Mitte Januar lag die Zahl der getöteten palästinensischen Kinder nach Angaben des Informationsbüros der Hamas-Regierung bereits bei über zehntausend. Auch weit mehr als siebentausend Frauen sind umgekommen. Ebenso viele Menschen sind als verschüttet gemeldet und viele von ihnen wahrscheinlich bereits unter den Trümmern verstorben. Der hohe Blutzoll und die katastrophale humanitäre Lage der in den Süden des Gazastreifens vertriebenen Palästinenser scheinen die israelische Öffentlichkeit nur wenig zu bewegen. Sie beschäftigt vor allem die Sorge um die noch im Gazastreifen festgehaltenen Geiseln, der Schmerz über das den Opfern des Terrorangriffs vom 7. Oktober angetane Leid und die Trauer um die gefallenen Soldaten.

Trotz Tod und Zerstörung sehen sich die Radikalen auf beiden Seiten jedoch bestärkt. Hamas-Führer verlautbaren abgedroschene Kampfparolen, rechtsradikale israelische Regierungsmitglieder träumen laut von einer Wiederbesiedlung des Gazastreifens. Israels schon vor Jahrzehnten gehegte Aspirationen, sich den Küstenstreifen für immer einzuverleiben, denen der militärische Widerstand der dort lebenden Palästinenser einen Riegel vorschob, erleben gerade in der kursierenden Parole von ihrer «freiwilligen Auswanderung» ihre Renaissance.[1] Der Hamas, so viel scheint jedenfalls schon festzustehen, wird Israel das Gebiet nie wieder überlassen. Ihre eineinhalb Jahrzehnte währende Alleinherrschaft in Gaza wird in die Annalen der Region wohl als weiterer gewaltsam verhinderter Versuch eingehen, ein islamistisches Regime zu etablieren – ähnlich dem ihrer Mutterorganisation, der Muslimbrüder in Ägypten. Wann auch immer Israel seinen Vernichtungskrieg gegen die Hamas für beendet erklärt, wird es als erneute direkte Besatzungsmacht vermutlich über die politische Zukunft und den Wiederaufbau des weitgehend zerstörten Küstenstreifens bestimmen wollen. Für den Gazastreifen kann es aber eine angemessene politische Lösung nur geben, wenn die Palästinenser, möglichst mit Unterstützung der internationalen Völkergemeinschaft, selbst über ihre Zukunft entscheiden.

ANHANG

Abkürzungen

HAMAS	*Harakat al-Muqawama al-Islamiya;* Islamische Widerstandsbewegung
OCHA	*United Nations Office for the Coordination of Humanitarian Affairs;* Amt der Vereinten Nationen für die Koordinierung Humanitärer Angelegenheiten
PFLP-GC	*Popular Front for the Liberation of Palestine – General Command;* Volksfront für die Befreiung Palästinas – Generalkommando
PLO	*Palestine Liberation Organization;* Palästinensische Befreiungsorganisation
PNC	*Palestinian National Council;* Palästinensischer Nationalrat
UNOSAT	*United Nations Satellite Centre;* Satellitenzentrum der Vereinten Nationen
UNRWA	*United Nations Relief and Works Agency for Palestine Refugees in the Near East;* Hilfswerk der Vereinten Nationen für Palästina-Flüchtlinge im Nahen Osten
WHO	*World Health Organization;* Weltgesundheitsorganisation

Anmerkungen

Übersetzungen fremdsprachiger Zitate in diesem Buch sind, sofern nicht anders vermerkt, vom Verfasser.

1. Die wechselvolle Geschichte des Gazastreifens bis nach dem Sechstagekrieg 1967

1 *Haaretz* (linksliberale israelische Tageszeitung) vom 30. Juli 2014, online https://tinyurl.com/57t23v22).

2 Bericht der israelischen NGO *Akevot*, online https://www.akevot.org.il/en/article/gaza-report-1956-1957/?full.

3 *Haaretz* vom 9. Dezember 2016, online https://tinyurl.com/23vucwy7.

4 Ebd. vom 23. August 2019, online https://tinyurl.com/59hf3auu.

5 Siehe etwa *Ynet* vom 8. November 2011, online https://www.ynet.co.il/articles/0,7340,L-4145140,00.html, und 19. März 2021, online https://www.ynet.co.il/news/article/Bkj67FkVoo.

2. Die Muslimbrüder im Gazastreifen ergreifen die neue Chance

1 Siehe Facebook-Seite des *Mudschama*, online https://www.facebook.com/mujamaa.

2 Der frühere Brigade-General Benjamin Ben Eliezer (1936–2016), in den Jahren 1983 und 1984 regierungsbeauftragter Koordinator der israelischen Politik in den besetzten Palästinensergebieten und später Verteidigungsminister, räumte im Gespräch mit *Haaretz* am 27. Dezember 1994 ein, dass die israelische Armeeführung damals die Muslimbrüder hatte agieren lassen und deren Ausbreitung unterschätzte: «Niemand stand auf und sagte, dass hier eine Bedrohung heranwachse, die in zehn oder weniger Jahren explodieren würde. Wir alle waren mit den Terroranschlägen der PLO und der palästinensischen Ablehnungsfront beschäftigt, und die islamische Angelegenheit war an uns vorbeigegangen, als ob nichts geschehen wäre.» Moshe Arens (1925–2019), der in den

1980ern und 1990ern als Israels Verteidigungs- und Außenminister amtierte, gestand ein: «Zweifelsohne sah man darin [in den Aktivitäten der Islamisten] ein gesundes Phänomen, das die PLO stoppen könnte. Vonseiten des Militärs und des Inlandsgeheimdienstes Schabak gab es wohl auch den Versuch, die Fundamentalisten als Gegengewicht zur PLO zu fördern. So hatte man es mir bei Amtsantritt mitgeteilt. De facto wurde jedenfalls nichts unternommen, um sie aufzuhalten.» Arens wurde von den israelischen Autoren Roni Shaked und Aviva Shabi in ihrem auf Hebräisch 1994 in Jerusalem erschienenen Buch auf S. 87 zitiert, *Hamas. Me-emuna be-allah le-derech ha-terror* (Hamas. Vom Glauben an Gott zum Weg des Terrors).

3. Scheich Jassins Muslimbrüder gründen die Islamische Widerstandsbewegung Hamas

1 Im Arabischen steht *intifāḍa* mittlerweile als politischer Schlüsselbegriff für einen legitimen Aufstand gegen Unterdrückung; der Begriff ist abgeleitet vom Verb *nafaḍa,* was so viel meint wie «abschütteln, abstreifen, erschauern lassen».

2 Shaul Mishal, Reuben Aharoni, *Speaking Stones: communiqués from the Intifada underground,* Syracuse 1994, S. 214 f.

3 Jean-François Legrain, *Les voix du soulèvement palestinien: 1987–1988.* Kairo 1991 (in französischer und arabischer Sprache), S. 141.

4 Ebd., S. 266.

5 Alle folgenden Zitate aus der Hamas-Charta stammen aus Helga Baumgarten, *Hamas: Der politische Islam in Palästina,* München 2006, S. 207–226.

6 Mishal/Aharoni, *Speaking Stones,* S. 126.

7 Legrain, *Les voix,* S. 211–212 bzw. S. 286–287.

8 Helga Baumgarten, *Palästina: Befreiung in den Staat*, Frankfurt a. M. 1991, S. 306.

9 Mishal/Aharoni, *Speaking Stones*, S. 252 f.

4. Die Hamas opponiert gegen die Friedensbemühungen der PLO

1 Shaked/Shabi, *Hamas,* S. 118–124.

2 Ebd., S. 134–138.

3 Ebd., S. 140.

4 Siehe die frühere, bis 2011 noch aktive Website der Hamas, online https://tinyurl.com/2kstwa63.

5 Shaked/Shabi, *Hamas*, S. 288; Shaul Mishal, Avraham Sela, *Zman Hamas. Alimut u-fshara* (Hamas-Zeit. Gewalt und Kompromiss, in hebräischer Sprache), Tel Aviv 1999, S. 250.
6 Frühere Hamas-Website, online https://tinyurl.com/yucd2xaw.
7 Shaked/Shabi, *Hamas*, S. 298–300.
8 Menachem Klein, «Competing Brothers: The Web of Hamas-PLO Relations», in: Bruce Maddy-Weitzman, Efraim Inbar (Hgg.), *Religious Radicalism in the Greater Middle East*, London 1997, S. 115.
9 Menachem Klein, *Aschaf we-ha-intifada: hitrommemut ruach u-mezuka* (Die PLO und die Intifada: Zwischen Euphorie und Bedrängnis, in hebräischer Sprache), Tel Aviv 1991, S. 52–53.
10 Shaked/Shabi, *Hamas*, S. 258–259.
11 Meir Hatina, *Radikalizm falastini: tnuat ha-dschihad ha-islami* (Palästinensischer Radikalismus: Die Bewegung des Islamischen Dschihad, in hebräischer Sprache), Tel Aviv 1994, S. 74–75.
12 *Haaretz* vom 26. Juni 1992.
13 Reuven Paz, *Hitabdut we-dschihad ba-islam ha-radikali ha-falastini: hapan ha-raaioni* (Selbstmord und Dschihad im radikalen palästinensischen Islam: Die ideologische Seite, in hebräischer Sprache), Tel Aviv 1998, S. 31.
14 Joseph Croitoru, *Der Märtyrer als Waffe. Die historischen Wurzeln des Selbstmordattentats*, München 2003, S. 80–94.
15 Hatina, *Radikalizm falastini* (Palästinensischer Radikalismus), S. 60 und Anm. 43, 44, S. 106.
16 Ebd., S. 68–69.
17 Hisham H. Ahmad, *Hamas. From Religious Salvation to Political Transformation: The Rise of Hamas in Palestinian Society*, Jerusalem 1994, S. 67; *Al-Quds* (palästinensische Tageszeitung aus Ostjerusalem) vom 22. April 1994.
18 Shaked/Shabi, *Hamas*, S. 311–313; Croitoru, *Der Märtyrer als Waffe*, S. 169–170.
19 Yehezkel Shabat, *Hamas we-tahalich ha-schalom* (Hamas und der Friedensprozess, in hebräischer Sprache), Jerusalem 1997, S. 171–172.
20 *Maariv* (rechtskonservative israelische Tagezeitung) vom 30. Juli 1995 erwähnte einen Bericht des israelischen Rundfunks, in dem von einem Hamas-Mitglied die Rede war, das gemeinsam mit drei weiteren Hamas-Kämpfern aus Gaza 1994 in den Iran gereist war und dort eine militärische Ausbildung erhalten hatte.
21 Shabat, *Hamas we-tahalich ha-schalom* (Hamas und der Friedensprozess), S. 176–177. Der Schulterschluss der Hamas-Auslandsführung mit den Iranern ging mit einer zusätzlichen Annäherung an die mit dem

Iran verbündeten Syrer einher. Im Herbst 1995 wurde ein Hamas-Büro in Damaskus eröffnet.

22 *Haaretz* vom 7. und 10. April 1997.

23 *Frankfurter Allgemeine Zeitung* vom 9. Oktober 1997.

24 *Haaretz* vom 13. Dezember und *Frankfurter Allgemeine Zeitung* vom 24. Dezember 1998.

25 *Yediot Acharonot* (israelisches Massenblatt) vom 30. November; *Haaretz* vom 14. Dezember 1998; *Al-Quds Al-Arabi* (palästinensische Tageszeitung aus London) vom 12. Dezember 1998.

26 *Yediot Acharonot* vom 4. Februar 1999; *Maariv* vom 4. Februar 1999.

27 *Haaretz* vom 19. Mai 1999.

28 Ebd. vom 26. Juli 1999.

29 *Al-Quds Al-Arabi* vom 22. November 1999 und *Haaretz* vom 17. Februar 2000.

30 *Haaretz* vom 19. September 2009.

5. Die Al-Aqsa-Intifada lässt die Hamas erstarken

1 *Maariv* vom 13. Oktober 2000.

2 Dies ist ein häufiges Argument in den mit der Al-Aqsa-Intifada in Zusammenhang stehenden Flugblättern der Hamas; siehe dazu Yonah Alexander, *Palestinian religious terrorism: Hamas and Islamic Jihad*. Ardsley, N. Y. 2002, S. 231–232, 208. Zur längeren Geschichte dieser Behauptung, die von palästinensischen Nationalisten schon in den Zwanzigerjahren des vorigen Jahrhunderts verbreitet wurde, siehe Joseph Croitoru, *Al-Aqsa oder Tempelberg. Der ewige Kampf um Jerusalems heilige Stätten*, München 2021, S. 118–123.

3 *Maariv* vom 5. März 2001.

4 *Haaretz* vom 5. März 2001.

5 Nawaf Hail at-Takruri, *Al-amaliyat al-istischhadiya fi al-mizan al-fiqhi* (Die Märtyrertod-Operationen aus der Sicht des Religionsgesetzes, in arabischer Sprache), Damaskus 1997, S. 134. Eine nähere Besprechung dieses Buches findet sich bei Croitoru, *Der Märtyrer als Waffe*, S. 193–197. Die Hamas stellte dieses arabischsprachige Werk Ende der Neunzigerjahre in die Büchersektion ihres früheren Internetportals, wo es bis 2011 heruntergeladen werden konnte, online https://tinyurl.com/4puvkhc9.

6 *Ynet* (Internetportal der israelischen Tageszeitung *Jediot Achronot*) vom 20. und 22. Dezember 2002.

7 *Ynet* vom 28. Januar 2002, online http://www.ynet.co.il/articles/0,7340,L-1587089,00.html.

8 *Haaretz* vom 6. Februar 2002.
9 Ebd. vom 9. März 2003.
10 UN-Bericht vom 10. Juni 2003, online https://tinyurl.com/3x654wkw.
11 *Ynet* vom 30. Juni 2003, online http://www.ynet.co.il/articles/0,7340,L-2674196,00.html.
12 *Ynet* vom 8. Januar 2004, online http://www.ynet.co.il/articles/0,7340,L-2856193,00.html.
13 Ebd. vom 14. Januar 2004, online http://www.ynet.co.il/articles/0,7340,L-2859046,00.html.
14 Die Hamas-Zeitschrift *Filastin al-Muslima* widmete dem Foto der ihren Sohn auf dem Arm haltenden Attentäterin die zweite Seite ihrer Februar-Ausgabe 2004. Die Website der Zeitschrift wurde Ende 2022 abgeschaltet. Siehe im Internetarchiv unter, online https://tinyurl.com/3n6x3uap.
15 Israelisches Newsportal *News1*, online https://www.news1.co.il/Archive/001-D-42786-00.html.
16 *Al-Quds Al-Arabi* vom 16. April 2004.
17 *Haaretz* vom 11. und *Al-Quds Al-Arabi* vom 12. Juni 2004.

6. Die Hamas kommt an die Macht

1 *Haaretz* vom 11. Januar 2005.
2 Bericht des *National Democratic Institute for International Affairs*, Washington/Jerusalem 2005, zur zweiten Runde der palästinensischen Kommunalwahlen, online https://pdf.usaid.gov/pdf_docs/pdacy019.pdf. Die Fatah gewann in 29 Gemeinden, die Hamas in 22. Die Differenz bei den gesamten Wählerstimmen war allerdings deutlich kleiner. Die Fatah erhielt knapp 470 000, die Hamas etwas mehr als 450 000 Stimmen.
3 *Haaretz* vom 18. Dezember 2005.
4 Ebd. vom 18. Januar 2006.
5 Alle folgenden Zitate stammen aus der deutschen Übersetzung des Hamas-Wahlprogramms, abgedruckt in: Helga Baumgarten, *Hamas. Der politische Islam in Palästina*, München 2006, S. 227–241.
6 In der deutschen Übersetzung, ebd. S. 229 f. und 236, sind zwei klare Bezugnahmen auf den Dschihad untergegangen, so bei «Thema 3: Außenbeziehungen/internationale Beziehungen» und «Thema 12: Frauen, Kinder und Familie». Für die arabische Originalversion siehe online https://tinyurl.com/bde42cv8. Im Gazastreifen warben die Islamisten auch mit einem Wahlplakat, auf dem – unter der Losung «Die vorderste Reihe (der Dschihad-Kämpfer) stirbt den Märtyrertod und die vorderste

Reihe (der politischen Führer) setzt (den Kampf/Dschihad) fort» – der Dschihad und die Politik als dessen Verlängerung beschworen wurden. Für ein Foto des Wahlplakats siehe etwa http://www.ynet.co.il/articles/0,7340,L-3206856,00.html.

7 *BBC* vom 14. Dezember 2006, online http://news.bbc.co.uk/1/hi/world/middle_east/4655146.stm); Bericht des Informationszentrums der israelischen Militäraufklärung vom 28. Februar 2006, online https://www.terrorism-info.org.il/en/18901.

8 *Haaretz* vom 4. April 2006.

9 Shaul Shai, *Der unterirdische Sektor als Element des Sicherheitskonzepts*, August 2014, in hebräischer Sprache, online https://www.runi.ac.il/media/rpmf11gr/securitydoctrine11.pdf.

10 *Filastin al-Muslima* von August 2006, online https://tinyurl.com/5cs76ksa).

11 In diesem Sinne zeigte die Hamas-Zeitschrift *Minbar al-Islah* auf der Titelseite ihrer 41. Ausgabe vom 27. September 2006 führende Hamas-Politiker mit erhobenen Armen in Siegerpose.

12 Online https://tinyurl.com/3nzdpxs9.

7. Mit Gewalt zur Alleinherrschaft im Gazastreifen

1 *NRG* (früheres Newsportal der Zeitung *Maariv*, inzwischen von der rechten Wochenzeitung *Makor Rishon* übernommen) vom 16. Dezember 2006, online https://tinyurl.com/yvuzjhcd; *Al-Quds* (palästinensische Zeitung aus Ostjerusalem) vom 16. Dezember 2006.

2 *Al-Hayat Al-Jadida* (palästinensische Zeitung aus Ramallah, steht der Autonomiebehörde nahe) und *Al-Ayyam* (palästinensische Zeitung aus Ramallah) vom 9. Februar 2007. Für die deutsche Übersetzung – das Koranzitat wurde dort weggelassen – siehe die frühere Website der Generaldelegation Palästinas in Deutschland, online https://tinyurl.com/53bewjc4.

3 Zu den Regierungsprogrammen siehe die deutschen Übersetzungen auf der (archivierten) Seite der Generaldelegation Palästinas in der Bundesrepublik Deutschland online unter https://tinyurl.com/4ub86y4c (Hamas-Regierung) und https://tinyurl.com/tmryas6y (Einheitsregierung).

4 Shlomo Brom, «Memschelet ha-achdut ha-falastinit – tmunat mazaw (Palästinensische Einheitsregierung – Bestandsaufnahme)», in: *Adkan estrategi* (Aktuelle Strategische Mitteilungen), Institute for National Security Studies, Tel Aviv, Bd. 10, Heft 1, Juni 2007, S. 2.

5 Ebd.

6 *Al-Quds* vom 15. Mai 2007.
7 Ebd. vom 10. Juni 2007; sowie Angaben des Al-Mezan-Zentrums für Menschenrechte in Gaza vom 10. Juni 2007, online http://www.anhri.net/palestine/mezan/2007/pr0610-2.shtml.
8 *Al-Ayyam* und *Al-Quds* vom 12. Juni 2007.
9 *Al-Quds* und *Al-Ayyam* vom 13. und 14. Juni 2007.
10 *Haaretz* vom 14. Juni 2007.
11 *Ynet* vom 15. Juni 2007, online http://www.ynet.co.il/articles/0,7340,L-3413252,00.html.
12 Nach Angaben des Al-Mezan-Zentrums für Menschenrechte in Gaza, online https://tinyurl.com/2fm53 *ctd.*
13 *Al-Ayyam* vom 18. Juni 2007.
14 Bericht des Informationszentrums der israelischen Militäraufklärung vom 2. September 2007, online https://www.terrorism-info.org.il/en/18575.

8. Das islamistische Regime in Gaza vertieft die palästinensische Spaltung

1 Bericht des Informationszentrums der israelischen Militäraufklärung vom 30. Juli 2007, online https://www.terrorism-info.org.il/en/18245.
2 Gesetz Nr. 9 für das Jahr 2008, online https://tinyurl.com/mr3j94sh.
3 Gesetz Nr. 3 für das Jahr 2009, Novelle zu Paragraph 74 des mandatsbritischen Strafgesetzes von 1936, online https://tinyurl.com/yxahkrnm.
4 *Ynet* vom 15. August 2009, online https://www.ynet.co.il/articles/0,7340,L-3762150,00.html.
5 *Al-Resala* (Hamas-nahes Blatt aus Gaza) vom 3. Dezember 2009, online https://tinyurl.com/mrk55h4e.
6 *Al-Sharq Al-Awsat* vom 11. Dezember 2007.
7 Erlass der Hanijeh-Regierung vom 27. Oktober 2009, online https://tinyurl.com/ytsy29v5.
8 *Al-Ayyam* vom 24. und 26. Juli 2009; *Spiegel-Online* vom 26. Juli 2009, online http://www.spiegel.de/politik/ausland/0,1518,638403,00.html.
9 Vor allem in *Al-Ayyam* vom 2. August 2009.
10 *Al-Quds* vom 6. September 2009.
11 Bericht von November 2009, online https://tinyurl.com/rj8sduft.
12 Berichte der Unabhängigen Palästinensischen Kommission für Menschenrechte (ICHR) Oktober 2009, S. 9, online https://tinyurl.com/9ddzn8jc, und Januar 2010, S. 7, online https://tinyurl.com/3zen8wy5.
13 Hamas-Abgeordneter Salah al-Bardawil gegenüber *Al-Sharq Al-Awsat* vom 29. Januar 2006; Chef des Hamas-Politbüros Khaled Meschal im

Gespräch mit der palästinensischen Zeitung *Al-Watan* vom 16. August 2009, online http://www.alwatanvoice.com/arabic/content-140611.html.

14 Bericht des Informationszentrums der israelischen Militäraufklärung vom 30. Juli 2009, online https://www.terrorism-info.org.il/en/18245.

15 Siehe online unter https://tinyurl.com/4dj2umc9.

16 In der Militäroperation wurden vor allem bei den Luftangriffen mehr als 700 militante Palästinenser und über 500 Zivilisten getötet, während Israel den Tod von 10 Soldaten und 3 Zivilisten zu beklagen hatte. Israelischer TV-Sender *Kanal 12*, online https://www.mako.co.il/news-military/security/Article-1ec4d0ea599ee11004.htm.

17 *Felesteen* vom 2. März 2008.

18 *Filastin al-Muslima* vom Februar 2009 verkündete nach der von der israelischen Armee als «Gegossenes Blei» bezeichneten und als Erfolg gefeierten Militäroperation auf S. 2: «Wir haben Widerstand geleistet und gesiegt.»

19 Gesetz Nr. 6 zum Schutz des islamischen Widerstands vom 22. Mai 2008, zuletzt abrufbar auf der archivierten Internetseite des Legislativrats Gaza, online https://tinyurl.com/3t8du5fh.

20 *Al-Ayyam* vom 14. Oktober 2009.

21 Ebd. vom 15. und 16. Oktober 2009.

22 Ebd. vom 28. und 29. Oktober 2009.

23 Rede von Barack Obama an der Universität von Kairo am 4. Juni 2009, nachzulesen auf der Internetseite des Weißen Hauses, online https://obamawhitehouse.archives.gov/the-press-office/remarks-president-cairo-university-6-04-09.

24 *Al-Ayyam* vom 1. November 2009.

25 Palästinensisches Grundgesetz, Artikel 37, § 2, englische Fassung, online https://tinyurl.com/2euehfa3.

26 *Al-Ayyam* vom 17. Dezember 2009.

9. Israel und die Hamas im Modus Vivendi

1 *Haaretz* vom 27. Februar 2009.

2 *Ynet* vom 20. November 2008, online https://www.ynet.co.il/articles/0,7340,L-4309326,00.html.

3 Nach UN-Angaben, online https://tinyurl.com/bdhdmkuw.

4 Über den Bericht der UN-Untersuchungskommission «UN Fact-Finding Mission on the Gaza Conflict» vom 15. September 2009, nach dem Kommissionsvorsitzenden Richard Goldstone «Goldstone-Bericht» benannt, wurde noch Jahre diskutiert. Siehe einen der vielen auch deutschen Diskussionsbeiträge, online https://zeitschrift-vereinte-nationen.

de/publications/PDFs/Zeitschrift_VN/VN_2010/Heft_6_2010/02_Tams_beitrag_6-10_29-11-2010.pdf.

5 So geschehen, als die Hamas nach Rücksprache mit diesen Organisationen am 18. Dezember 2008 die seit sechs Monaten anhaltende Waffenruhe aufkündigte, online https://elaph.com/Web/Politics/2008/12/392501.html.

6 *Sicha Mekomit* (israelisches Newsportal) vom 7. Januar 2015, online https://tinyurl.com/2p8622ck.

7 Hebräische Originalversion vom 14. Mai, online https://tinyurl.com/svruxsj4) bzw. englische Übersetzung vom 20. Mai 2021, online https://en.idi.org.il/articles/34539.

10. Der Arabische Frühling wird islamistisch – und die Hamas rüstet auf

1 *Al-Dschazira* (Newsportal des qatarischen TV-Senders) vom 3. Oktober 2012, online https://tinyurl.com/478s75td.

2 *Haaretz* vom 31. August 2012.

3 *Arutz 7* (Newsportal der israelischen Siedlerbewegung) vom 8. März 2007, online https://www.inn.co.il/news/160236.

4 Bericht vom 8. April 2008, online https://www.terrorism-info.org.il//Data/pdf/PDF1/hamas_080408_501786899.pdf.

5 Bericht vom März 2010, online https://www.terrorism-info.org.il//Data/pdf/PDF1/g_report_e1_1502061931.pdf.

6 In Koransure 105:4 (Der Elefant) wird von Vögeln berichtet, die Gott entsandte, um den kämpfenden Muslimen Hilfe zu leisten, indem sie tönerne glühende Steine – das Bild der Hamas für die Raketen – auf ihre Feinde herabwarfen. Auch der hebräische Operationsname Wolkensäule *(amud anan)* ist religiös konnotiert. Im zweiten Buch Mose, 21, heißt es im Zusammenhang mit dem Auszug der Israeliten aus Ägypten: «Und der Herr zog vor ihnen her, am Tag in einer Wolkensäule, um sie den rechten Weg zu führen.»

7 Yiftah S. Shapir: «Iron Dome: The Queen of Battle», in: *In the Aftermath of Operation Pillar of Defense, The Gaza Strip, November 2012*, Tel Aviv, Dezember 2012, S. 40–42, online https://www.inss.org.il/wp-content/uploads/systemfiles/memo124f027134590.pdf.

8 *Ynet* vom 16. November 2012, online https://www.ynet.co.il/news/article/4306631.

9 Publikation der Qassam-Brigaden über die Operation «Tonsteine», Anfang 2013, in arabischer Sprache online https://tinyurl.com/4vr29xv4.

10 *Ynet* vom 12. und 16. November 2012, online https://www.ynet.co.il/

articles/0,7340,L-4309129,00.html und https://www.ynet.co.il/articles/0,7340,L-4306756,00.html.

11 «Weg des Stolzes» (in arabischer Sprache), Dezember 2010, online https://tinyurl.com/2evj4u4u und *Der Spiegel* vom 14. November 2012, online https://www.spiegel.de/politik/ausland/portraet-von-hamas-militaerchef-dschabari-a-867315.html.

12 *Ynet* vom 22. November 2012, online https://www.ynet.co.il/articles/0,7340,L-4310569,00.html.

13 Usama al-Mazini kam am 16. Oktober 2023 bei einem israelischen Luftangriff ums Leben. Die Hamas bestätigte seinen Tod am 21. Oktober, siehe dazu *Felesteen* vom selben Tag.

14 *Al-Ray* vom 28. November 2011.

15 Youtube-Kanal der Schule, online https://www.youtube.com/watch?v=QO6Az6CI2tw und https://www.youtube.com/watch?v=bBDgfTwJSbo.

16 Ebd., online https://www.youtube.com/watch?v=ySPCV5-tVIU&t=305s.

17 MEMRI vom 16. November 2012, online https://www.memri.org/reports/new-program-gaza-schools-teaches-military-skills-cultivates-resistance-spirit.

18 Etliche Fotos online auf https://palinfo.com/news/2014/01/15/400555.

19 Ein Twitter/X-Account hatte die Aktivitäten von 2015 dokumentiert und war im Januar 2024 noch zugänglich, online https://twitter.com/Tahreer2016; Fotos: https://twitter.com/Tahreer2016/status/625764163613237248.

20 *Al-Watan* (palästinensische Tagezeitung aus Gaza) vom 14. Januar 2014, online https://www.alwatanvoice.com/arabic/news/2014/01/14/484139.html.

21 *New York Times* vom 3. November 2013. Das neue Lehrbuch für nationale Erziehung sorgte in der arabischen Presse für großes Aufsehen. Die palästinensische, in London erscheinende Zeitung *Al-Quds Al-Arabi* hatte schon am 22. Mai detailliert darüber berichtet, online https://tinyurl.com/4pvnaj36.

22 *Al-Watan* vom 24. November 2013, online https://www.alwatanvoice.com/arabic/news/2013/11/24/463372.html. Zum Islamischen Block siehe MEMRI vom 21. März 2013, online https://www.memri.org/reports/islamic-bloc-inculcating-hamas-ideology-gaza-schools. Ihab Ghusain wurde 2020 zum Direktor des Ministeriums für öffentliche Arbeiten und Wohnungsbau ernannt.

23 Bildungsgesetz Nr. 1, 2013, Artikel 46 und 47, online https://tinyurl.com/yje5s3dr.

24 Dies zeigen Fotos auf den Facebook-Seiten von zwei der fünf christlichen Schulen im Gazastreifen (*@Rssgaza*, *@holyfamilyschool.2002*).

25 *Al-Monitor* (Portal zu Nahost) vom 12. April 2013, online https://www.

al-monitor.com/originals/2013/04/hamas-islamize-palestinian-society-gaza.html; Facebook-Seite der Kampagne https://www.facebook.com/hiatie.

26 Alle drei Gesetzesartikel in *Al-Monitor* vom 9. Mai 2013, online https://www.al-monitor.com/originals/2013/05/islamic-penal-code-proposed-gaza.html.

27 Ebd.

11. Der Gazakrieg 2014: «Starker Fels» gegen «Abgefressenes Getreidefeld»

1 *Al-Monitor* vom 30. Dezember 2013, online https://www.al-monitor.com/originals/2013/12/iran-hamas-resume-relations-funding.html.

2 *NRG* vom 24. August 2014, online https://www.makorrishon.co.il/nrg/online/1/ART2/611/009.html.

3 *Paltimes* (Hamas-nahes Portal) und *Al-Dschazira* vom 27. August 2014, online https://tinyurl.com/y36s3kxw; https://tinyurl.com/k66s4m7j.

4 *As-Sabeel* (jordanische Zeitung, steht den Muslimbrüdern nahe) vom 13. September 2013, online https://tinyurl.com/4dz2n549.

5 *Al-Ray*, vom 1., 8., 11. und 15. September 2014.

6 Aufzeichnung von *Al-Dschazira*, online https://www.youtube.com/watch?v=oFnm7xDzRLM.

7 Aufzeichnung von *Al-Dschazira*, online https://www.youtube.com/watch?app=desktop&v=3vk5whLBaq4.

8 *Palinfo* vom 25. August 2016, online https://palinfo.com/news/2016/08/25/400229.

9 Website PCPSR zur Umfrage, die vom 25. bis 27. September durchgeführt wurde, online https://pcpsr.org/en/node/498.

10 *Haaretz* vom 28. August 2014.

11 *Maariv* vom 18. Oktober 2016, online https://www.maariv.co.il/news/military/Article-560487.

12 Website des Staatskontrolleurs, online https://www.mevaker.gov.il/he/Reports/Pages/568.aspx.

13 Aufzeichnung von *Al-Dschazira*, gepostet auf YouTube am 31. Januar 2016, online https://www.youtube.com/watch?app=desktop&v=7sr1cmRebUo. Der «Panzer» ist ab Stunde 01:15 zu sehen.

14 *Ynet* vom 10. Dezember 2017, online https://www.ynet.co.il/articles/0,7340,L-5054839,00.html.

15 Ebd. vom 10. Dezember, online https://www.ynet.co.il/articles/0,7340,L-5054641,00.html.

16 So im Mai 2019, siehe *Walla* (israelisches Newsportal) vom 5. Mai 2019,

online https://news.walla.co.il/item/3234467, und 2021, siehe *Ynet* vom 20. Mai 2021, online https://www.ynet.co.il/news/article/SkEnV1Etd.

17 Bericht des Staatskontrolleurs vom März 2018, englische Version, online https://tinyurl.com/35e6mkau.

18 Siehe online https://www.terrorism-info.org.il/Data/pdf/PDF_19064_1.pdf.

19 Bericht auf Website des Schabak vom 26. August 2014, online https://www.shabak.gov.il/moreshet/study/skira250814.

20 Archivierte Website des israelischen Außenministeriums, online https://tinyurl.com/3wxfefhh.

21 Ebd., online https://tinyurl.com/yp465dzb, und Bericht vom Mai 2015, online https://mfa.gov.il/ProtectiveEdge/Documents/2014GazaConflictFullReport.pdf.

22 Ebd., S. 218.

23 UN-Bericht A/HRC/29/52 (Zusammenfassung) vom 25. Juni 2015, online https://tinyurl.com/2trhu9tm; vollständiger Bericht unter https://tinyurl.com/ukfpxhhm.

24 *Ynet* vom 15. August 2018, online https://www.ynet.co.il/articles/0,7340,L-5329096,00.html.

25 Bericht wie oben vom März 2018, online https://tinyurl.com/35e6mkau, S. 20.

12. Mäßigung nach Art der Hamas

1 Berichte auf der Website von Gisha, online https://tinyurl.com/3zcm^{3}4fy *und /ea9xx69e.*

2 *Al-Ray* vom 20. Oktober 2016, online https://tinyurl.com/mvpt778f.

3 Von der Hamas veröffentlichte englische Fassung online unter https://tinyurl.com/27mm9rmv.

4 *Walla* vom 1. Mai 2017, online https://news.walla.co.il/item/3061206.

5 Bericht des israelischen Forschungsinstituts INSS vom Juni 2017, online https://www.inss.org.il/he/wp-content/uploads/sites/2/2022/12/f-1890849297.pdf.

6 Etwa der israelische Araber-Experte Shlomi Eldar in *Al-Monitor* vom 8. Mai 2017, online https://tinyurl.com/yc83e6vw.

7 So im September 2017 mit seiner öffentlichen Rede in Gaza zum Tod von Muhammad Hassan, einem der Mitbegründer der Qassam-Brigaden, siehe dazu *Palinfo* vom 27. September 2017, online https://palinfo.com/news/2017/09/27/24414.

8 *Channel 13* (israelischer News-TV-Sender) vom 12. Oktober 2017, online https://tinyurl.com/3v2ztpff.

13. Der «Große Marsch der Rückkehr» endet blutig am Grenzzaun

1 *Arabi21* vom 10. Januar 2018, online https://tinyurl.com/3fhhnmw6.

2 Der erst im Januar 2020 veröffentlichte Trump-Plan hatte tatsächlich als Kompensation für die israelische Einverleibung von rund einem Drittel der C-Zone in der Westbank für die Palästinenser Gebiete südlich des Gazastreifens, allerdings innerhalb der israelischen Staatsgrenzen, vorgesehen.

3 Informationszentrum der Militäraufklärung vom 15. März, online https://www.terrorism-info.org.il/app/uploads/2018/03/E_069_18.pdf; *Ynet* vom 25. März, online https://www.ynet.co.il/articles/0,7340,L-5195505,00.html mit Video von der Infiltrierung, und *Haaretz* vom 28. März 2018, online https://tinyurl.com/3k3t54ns.

4 *Ynet* vom 26. März und *Haaretz* vom 30. März 2018, online https://tinyurl.com/yrv56yh6 und https://www.ynet.co.il/articles/0,7340,L-5197906,00.html.

5 *Calalist/Ynet* vom 30. März, online https://tinyurl.com/2mur2f5b); *Maariv* vom 29. März und *Haaretz* vom 31. März 2018, online https://www.maariv.co.il/news/military/Article-629677 und https://tinyurl.com/4evwhnhn; *Ynet* vom 1. April 2018, online https://www.ynet.co.il/articles/0,7340,L-5215786,00.html.

6 *Palinfo* vom 1. April 2018, online https://palinfo.com/news/2018/04/01/165031.

7 *Haaretz* vom 8. und 28., *Ynet* vom 19. April, online https://tinyurl.com/3kkkf5yp; *~/ysmm3 2tn*; *~/ycv8ex2p*, *Maariv* vom 2. Mai und *Haaretz* vom 5. Juni 2018, online https://tinyurl.com/yab26dvy; *~/2b4phhb6*, sowie Bericht des Informationszentrums der Militäraufklärung vom 1. Mai, online https://www.terrorism-info.org.il/app/uploads/2018/05/H_112_18.pdf.

8 *Al-Dschazira* vom 21. April und *Haaretz* vom 15. und 18. Mai 2018, online https://tinyurl.com/339rtk3k, *~/4xjdjawf*, *~/2bxh64x8*.

9 *Ynet* vom 19. April 2018, online https://www.ynet.co.il/articles/0,7340,L-5235005,00.html.

10 Ebd. vom 2. Juni 2018, online https://www.ynet.co.il/articles/0,7340,L-5276728,00.html.

11 Wie eine große Männergruppe der Hassan-al-Banna-Moschee aus dem Flüchtlingslager Nuseirat, siehe Facebook-Seite der Moschee, online https://tinyurl.com/wu89ejb8).

12 Angaben des Statistikamtes der Autonomiebehörde, online https://www.pcbs.gov.ps/Portals/_Rainbow/Documents/Mosques-2000-2020-06A.html.

13 Plakat, gepostet am 29. März, online https://tinyurl.com/5b8xwbu8), Besuch eines Verletzten und seine Ehrung etwas später, im Oktober 2018, online https://tinyurl.com/yu3kbw4a. Noch im Januar 2019 wurde hier über die Lautsprecheranlage zur Teilnahme an dem Rückkehrmarsch aufgerufen, online https://tinyurl.com/5a4e7ea9.

14 Zakariya al-Drimli wurde von der Hassan-al-Banna-Moschee im Oktober 2018 für seine drittmalige Verletzung geehrt, online https://tinyurl.com/42u9svzy. Fotos von Demonstrierenden auf Krücken waren eines der bevorzugten Motive auf der Facebook-Seite der Marsch-Initiatoren, siehe Beispiel von Juni 2018, online https://tinyurl.com/35wc9pmb.

15 All dies lässt sich exemplarisch anhand der Gazaer Jungenschule Hassan al-Harazeen belegen. Dort wurde schon im Vorfeld der «Tag der Erde» begangen, online https://tinyurl.com/4mbuwa5r, eine von vierhundert schulischen Veranstaltungen, für die das Bildungsministerium warb (*~/ms4r6vc9*). Am 1. April gedachte der Schuldirektor der ersten «Märtyrer der Rückkehr» mit einer Rede (*~/7xa9ndvz*). Nachdem am 14. Mai ein Schüler getötet worden war, trauerte sein Vater, Physiklehrer an der Schule, um ihn mit einem rezitierten Gedicht (*~/y5d6wrwd*). Ein langer Nachruf folgte (*~/4nk545c7*). Einem verletzten Schüler überreichte ein Beamter der Schulverwaltung Gaza-West am 19. April 2018 eine Auszeichnung (*~/59j4bf2p*). Und im Oktober wurde ein sich auf Krücken stützender Absolvent in einer Schulzeremonie geehrt (*~/269y926b*). Der getötete Schüler, wie auch andere, wurde vom Bildungsministerium mit einem Post gewürdigt (*~/yc4ew365*).

16 *Haaretz* vom 18., 24. und 31. Mai, online https://tinyurl.com/2bxh64x8, *~/5dmtc9mn*, *~/yz9kskdj*.

17 *Haaretz* vom 19. Juli 2018, online https://tinyurl.com/ys5uja5f.

18 Am 20. Juli starb der erste Soldat im Gaza-Konflikt seit der israelischen Militäroperation von 2014 durch Scharfschützen-Beschuss unweit des Grenzzauns. Knapp eine Woche später wurde dort ein weiterer verletzt.

19 UN-Bericht (OCHA) vom 6. April 2020, online https://tinyurl.com/52fdbhje.

20 Eine der Initiativen der Verletzten, siehe online unter https://www.facebook.com/Gaza.00972597802838.

21 Klage von «Yesh Din» beim Obersten Gericht, in hebräischer Sprache, online https://tinyurl.com/mr2auhtd; UN-Bericht vom 25. Februar 2019 (*~/k3xep89s*); umfassender Kommentar des Nürnberger Menschenrechtszentrums (*~/4rh9rps4*).

22 *Haaretz* vom 29. Juni 2021, online https://tinyurl.com/289fuw3d.

14. In Gaza werden aus militärischen Übungen Kriegsvorbereitungen

1 Erklärung auf der Website der Qassam-Brigaden vom 30. Mai 2018, online https://tinyurl.com/mr2s6dhj.

2 *Al-Ghad* (ägyptisches Newsportal) vom 20. Juni 2018, online https://tinyurl.com/68zu8mpr.

3 Video Qassam-Brigaden, online https://www.alqassam.ps/arabic/specialfiles/details/23.

4 Video aus dem Telegram-Account des «Gemeinsamen Operationsraums», online https://t.me/mediawars2/23789.

5 Bericht vom 7. Januar 2021, online https://tinyurl.com/yc8jsdzn.

6 *Al-Dschazira,* Video vom 30. Dezember 2021, online https://www.youtube.com/watch?v=qiFtP1vfibM.

7 *Al-Manar* (Portal der Hizbullah) vom 29. Dezember 2022, wo ein Sprecher im Videobericht eingangs betont, dass es dabei um ein rein offensives Manöver gegangen sei, online https://www.manartv.com.lb/10235623. Die israelische Armee meldete das Manöver im Operationsraum der Gaza-Division am 12. Dezember, online https://tinyurl.com/bde2cak3.

8 Bericht des Tel Aviver Forschungsinstituts INSS vom 31. August 2020, online https://www.inss.org.il/publication/gaza-escalation-old-new-story.

9 *Al-Dschazira* vom 25. Juni, 2. und 7. Juli 2020, online https://tinyurl.com/449p7c97, *~mtcr542r*, *~2s43sk8r*.

10 *Walla* vom 9. Februar 2020, online https://news.walla.co.il/item/3339828.

11 *Haaretz* vom 2. August, online https://tinyurl.com/9xt9rsnc, und Facebook-Seite von Naftali Bennett vom 22. Juni 2022, online https://tinyurl.com/mbfd6sxk.

12 Online unter https://main.knesset.gov.il/mk/government/Documents/CA37-RZ.pdf; archiviert unter https://tinyurl.com/v37pcukt oder IDI *~/ffut9bx8*.

13 *Haaretz* vom 12. Februar und 15. August 2023, online https://tinyurl.com/bdh8f6yw, *~/2e83mmxf*.

14 Bericht der Palästinensischen Nachrichtenagentur *NPA* vom 31. Dezember, online https://tinyurl.com/36n27nrf, und *Al-Quds Al-Arabi* vom 28. Dezember 2022, online https://tinyurl.com/5yr94mtn.

15 *Maariv* vom 3. Januar 2023, online https://www.maariv.co.il/news/politics/Article-969718.

16 Aus AA-Pressekonferenz vom 4. Januar 2023, online https://tinyurl.com/yxmc5zuu.

17 *Ynet* und Israelisches Staatsfernsehen *Kan* vom 23. August 2023, online

https://www.ynet.co.il/news/article/skx8sdmth und https://www.kan.org.il/content/kan-news/defense/500037.

18 Beispiele für Videos siehe online unter https://t.me/paltimenet/338429, https://www.youtube.com/watch?v=h4lt4XDARgs. Fotos vom Grenzbesuch der Kader im Vorfeld unter https://www.alqassam.ps/arabic/news/details/19471, siehe hier auch ~/*19483*.

15. Während Israel über die «Justizreform» streitet, greifen Palästinenser in der Westbank Soldaten und Siedler an

1 *Ynet* und *Channel 12* vom 12. September, online https://www.ynet.co.il/news/article/hyuitopa3 und https://tinyurl.com/2xywn6kv.

2 *Ynet* vom 18. September 2023, online https://www.ynet.co.il/news/article/hjxeaihjt.

3 UN-Rede vom 22. September 2023, online https://www.gov.il/en/departments/news/epmungaspeech.

4 *Palinfo* vom 22. September 2023, online https://palinfo.com/news/2023/09/22/851265.

5 *Al-Ittihad TV* (libanesischer Hizbullah-naher Sender), vom 24. September 2023, online https://alittihad.tv/20144. Zur Geschichte des Konflikts um den Tempelberg siehe Joseph Croitoru, *Al-Aqsa oder Tempelberg. Der ewige Streit um Jerusalems heilige Stätten*, München 2021.

6 *Ynet* vom 24. September 2023, online https://www.ynet.co.il/news/article/rkpfc5tja.

7 Ebd. vom 28. September 2023, online https://www.ynet.co.il/news/article/rj1qsgfe6.

8 Ebd. vom 30. September 2023, online https://www.ynet.co.il/news/article/r1e4u6ret.

9 UN-Bericht von 26. September 2023, online https://www.ochaopt.org/poc/5-18-september-2023.

10 *Ynet* vom 6. August 2023, online https://www.ynet.co.il/news/article/hkjodnnj3.

11 *Haaretz* vom 28. Februar, online https://tinyurl.com/bdhkhjhp, und *Maariv* vom 1. März 2023, online https://www.maariv.co.il/news/politics/Article-984743.

12 *Ynet* vom 6. Oktober 2023, online https://www.ynet.co.il/news/article/r1i9phtea.

13 *Makor Rishon*, Titelseite vom 6. Oktober 2023, online https://tinyurl.com/5xapakph.

16. Invasion aus dem Gazastreifen und das Massaker des 7. Oktober 2023

1 *Al-Dschazira* vom 18. Oktober 2023, online https://tinyurl.com/88az7pch.

2 *Channel 12* vom 15. Oktober 2023, online https://tinyurl.com/mr3m9pjt.

3 Ebd. vom 24. September 2021, online https://tinyurl.com/2jm89yc9.

4 *Haaretz* vom 18. November 2023, online https://tinyurl.com/2tn8bx8d.

5 *Maariv* vom 18. November 2023, online https://www.maariv.co.il/news/military/Article-1053124.

6 *Channel 13* (israelischer TV-Sender) vom 8. November 2023, https://tinyurl.com/4usr24st, und Bericht der israelischen NGO «Ärzte für Menschenrechte» vom 11/2023, online *~/ym4pxdc5*.

7 *Ynet* meldete dies mit einem Foto auf Facebook am 19. Juni 2022 in einem Post, der für eine erregte Diskussionen sorgte, online https://tinyurl.com/479ehbh6.

8 *Ynet* vom 15. Oktober 2023, Video auf Hebräisch zu erbeuteten Waffen der Terroristen, Minute 01:23–01:55, online https://www.youtube.com/watch?v=LjQzVzNgILo.

9 Website Qassam-Brigaden vom 7. Oktober 2023, online https://www.alqassam.ps/arabic/news/details/19594. Saleh al-Aruri wurde am 2. Januar 2024 in Beirut durch einen israelischen Drohnenangriff getötet.

10 *Alqudsnews* (palästinensisches islamistisches Newsportal) vom 7. Oktober 2023, online https://tinyurl.com/yu9dwh47.

11 *Ynet* vom 7. Oktober 2017, online https://www.ynet.co.il/news/article/ry3xd5rxa.

12 *Makor Rishon* vom 7. Oktober 2023, mit Video der Ansprache auf Hebräisch, online https://www.makorrishon.co.il/news/676117. Rufe nach einem Rücktritt Netanjahus wurden vor allem in Leserreaktionen auf israelischen Newsportalen und in den sozialen Medien laut.

13 *Ynet* vom 8. Oktober 2023, online https://www.ynet.co.il/news/article/bklkuwkwa.

14 So etwa der israelische Araber-Experte Avi Issacharoff in *Ynet* vom 7. Oktober 2023, online https://www.ynet.co.il/news/article/hyxuphox6.

15 *Haaretz* vom 7. Oktober 2023, online https://tinyurl.com/3cumf87a.

16 *Israel Hayom* (regierungsnahe Tageszeitung) vom 7. Oktober 2023, online https://tinyurl.com/yhhk4rmm.

17 *Haaretz* vom 8. und *Israel Hayom* vom 17. Oktober, online https://tinyurl.com/yc6xrwws; *~/4zt3ckxm*; und *Arutz7* vom 1. Dezember 2023, online https://www.inn.co.il/news/621755.

18 *Kan* (israelisches Staatsfernsehen) vom 4. Dezember 2023, online https://tinyurl.com/4w4kn7yx.

19 *Ynet* vom 13. Oktober 2023, online https://www.ynet.co.il/news/article/r1i6iprb6.
20 *Haaretz* vom 29. Oktober 2023, online https://tinyurl.com/mv89m²5j.
21 Ebd. vom 24. November 2023, online https://tinyurl.com/2budfe6j.
22 Ebd. vom 18. November 2023, online https://tinyurl.com/ycywkch4.
23 Ebd. vom 20. Oktober 2023, online https://tinyurl.com/454y8d3n.
24 Daten zu den Entführten siehe *Kan*, online https://www.kan.org.il/content/kan-news/defense/620676; zu inhaftierten Palästinensern, online https://www.btselem.org/statistics/detainees_and_prisoners; *Ynet* vom 2. Dezember 2023, online https://www.ynet.co.il/news/article/hyk6i1kra.
25 *Ynet* vom 9. Dezember 2023, online https://www.ynet.co.il/news/article/r15slqmup.
26 *Walla* vom 9. Oktober 2023, online https://news.walla.co.il/item/3614839.
27 Netanjahus Rede auf Englisch, online https://www.gov.il/en/departments/news/event-scholz171023.
28 *Channel 12* vom 27. April 2014, online https://tinyurl.com/ysjv7pxw.
29 Dina Porat in *Haaretz* vom 23. Oktober, online https://tinyurl.com/3etwzu8 f. Gideon Greif in *Maariv* vom 9. November, online https://tinyurl.com/3wadu6va, sowie Liat Steir-Livni und Noam Patt in *Times of Israel* (liberales israelisches Newsportal) vom 9. Dezember 2023, online https://tinyurl.com/3bu3z9nf.
30 Offene Briefe in *The New York Review of Books* vom 20. November und 8. Dezemer 2023, online https://tinyurl.com/6wt6326v; *~/58nfy2fp*.
31 *Maariv* vom 6. Dezember 2023, online https://www.maariv.co.il/news/military/Article-1057546.
32 *Channel 12* vom 27. Oktober 2023, online http://tinyurl.com/2dpfbcry.
33 *Der Spiegel* vom 16. Dezember 2023, S. 10, online http://tinyurl.com/287m7fku.

17. Israels Vernichtungskrieg gegen die Hamas

1 *Felesteen* vom 8. Oktober 2023.
2 *Al-Ray* (Nachrichtenagentur der Hamas-Regierung) vom 29. Oktober 2023, online https://twitter.com/alrayps/status/1718586338981613881.
3 *Al-Huriya* (ägyptisches Newsportal) vom 7. Oktober 2023, online http://tinyurl.com/yc3pjr4c.
4 Näheres dazu siehe Joseph Croitoru, «Schuss und Gegenschuss», *Zeit Online* vom 13. Oktober 2023, online https://www.zeit.de/kultur/film/2023-10/palaestinenser-israel-medien-hamas-angriff. Videos der Qassam-Brigaden, online https://alqassam.ps/arabic/specialfiles/details/46/preview.

5 Wie ihr Telegram-Account, online https://t.me/s/sarayaps, wurde die Website der Al-Quds-Brigaden, online https://saraya.ps, schon kurz nach dem 7. Oktober abgeschaltet. Der ursprüngliche Link zu den Videos fand sich unter der Rubrik «Dschihad-Operationen», online http://tinyurl.com/2s3fb9er. Einzelne dieser Videos kursieren anderswo im Netz, wie etwa vom Überfall auf die Militärbasis Nachal Oz, online https://www.youtube.com/watch?v=AYnKkc5RcEI.
6 *Palinfo* postete am 9. Oktober 2023 ein solches Video, behauptete jedoch, dass die darauf zu sehenden Israelis Soldaten seien – es waren aber Zivilisten, online https://tinyurl.com/mry53nku.
7 *NBC* (US-TV-Sender) vom 13. Oktober 2023, online https://tinyurl.com/2aakj9n8. Die Anweisung steht auf der hier abgebildeten S. 4 des Angriffsplans.
8 Youtube-Kanal der israelischen Polizei vom 23. Oktober 2023 (Video mit englischen und hebräischen Untertiteln), online https://tinyurl.com/yezt8rfn.
9 Facebook-Seite Informationsbüro der Hamas-Regierung vom 26. und OCHAPOT vom 27. Oktober 2023, online http://tinyurl.com/3pckfrsx; *~/yc26vhd8*.
10 *Tages-Anzeiger* vom 16. Juli 2014 (http://tinyurl.com/yf9xyp3k).
11 IDF-Website, Kriegstagebuch 7. Oktober, http://tinyurl.com/3c53xnme.
12 *Al-Dschazira* X-Account vom 7. Oktober, online http://tinyurl.com/33cv3wex.
13 *Middle East Eye* (Nahost-Portal aus London) vom 9. Oktober 2023, online http://tinyurl.com/mv6eavaw.
14 Video des Angriffs in *Maariv* vom 6., online https://www.maariv.co.il/news/military/Article-936838, und weitere Beschreibung in *Ynet* vom 9. August 2022, online https://www.ynet.co.il/news/article/sknyq6ko9.
15 B'tselem (israelische Menschenrechtsorganisation) vom 14. Oktober 2023, online https://www.btselem.org/voices_from_gaza#215300.
16 *Palinfo* nach Angaben des Hamas-Gesundheitsministeriums vom 8. Oktober, online https://palinfo.com/news/2023/10/08/853046.
17 IDF-Website Kriegstagebuch 8. Oktober 2023, online http://tinyurl.com/y5ztts9n.
18 Recherche anhand zahlreicher Quellen. Zu den Medienunternehmen gehörten etwa «Idea Media» (10. Stock), das sich auf Porträtfotografie, Werbeclips und andere Videoproduktionen spezialisiert hatte, wie seine Facebook-Seite belegt, online https://www.facebook.com/IdeaMedia05. Die Firma des früheren preisgekrönten Fotoreporters Mo'men Qureqa', der bei einem israelischen Luftangriff 2008 beide Beine verloren hatte, war in den «Al-Watan-Turm» gezogen, nachdem ihre Büroräume im

Mai 2021 samt des sie beherbergenden sechsstöckigen «Al-Walid-Gebäudes» von der israelischen Luftwaffe zerstört worden waren, siehe *Al-Watan* und Facebook-Seite von «Idea Media» vom 13. Mai 2021, online http://tinyurl.com/4nw7jnmm; *~/5z446b2c*.

19 Human Rights Watch schilderte am 15. November einige Facetten dieser Strategie, online http://tinyurl.com/4s9tnjrd.

20 *Haaretz* vom 8. Oktober 2023, online http://tinyurl.com/59tdmh8s.

21 *Al-Arabiya* (Portal des gleichnamigen saudischen TV-Senders) vom 9. und *Al-Ghad* vom 12. Oktober, online http://tinyurl.com/483yn447; *~/yck3a2p2*.

22 OCHAOPT vom 27. Oktober 2023, online http://tinyurl.com/mrd8tha9.

23 *Calcalist* (israelisches Wirtschaftsportal) vom 15. Oktober 2023, online http://tinyurl.com/yc7yjna2.

24 Amnesty International vom 25. Oktober 2023, online http://tinyurl.com/4tupktdy.

25 Post auf X (vormals Twitter) vom 13. Oktober 2023, online http://tinyurl.com/5ak3t8hn.

26 UNRWA-Bericht vom 27. Oktober 2023, online https://tinyurl.com/kxnmmmp8.

27 WHO-Bericht vom 26. Oktober 2023, online https://tinyurl.com/5x54vwjb.

28 *BBC* vom 1. und *New York Times* vom 12. Dezember 2023, online https://tinyurl.com/37sp5jkj; *~/ms9ch3nz*.

29 Telegram-Account vom 28. November 2023, online https://t.me/mediagovps/1787.

30 UNOSAT vom 26. November 2023, online https://unosat.org/products/3769.

31 Das Gebäude des Legislativrats wurde von Soldaten der Golani-Division am 14. November eingenommen, die sich darin mit einer Israel-Fahne fotografieren ließen. Ein zehn Tage später aufgenommenes Video des saudischen TV-Senders *Al-Hadath* zeigt das komplett zerstörte Gebäude, online https://www.youtube.com/watch?v=MX46EWPdyBQ.

32 *Maariv* vom 4. Dezember 2023, online https://tinyurl.com/4v6bayk4.

33 *Al-Dschazira* und Website des Militärsprechers vom 16. November 2023, online https://tinyurl.com/mrxu5bwe; *~/yc6abwb7*.

34 Bericht der US-Zeitschrift *Nature*, Übersetzung durch *Spektrum der Wissenschaft* vom 20. November 2023, online https://tinyurl.com/2bvszraa.

35 *Ynet* vom 11. November 2023, online https://tinyurl.com/4mew7pvt.

36 Bericht des Informationszentrums der israelischen Militäraufklärung vom 22. September 2020, online https://tinyurl.com/34byf7wd.

37 Website des Militärsprechers vom 13. und Facebook-Seite der Hochschule vom 26. November 2023, online https://tinyurl.com/r4hc75ya; *~/bdd5svz4*.

38 *Al-Ghad* vom 4. November 2023, online https://tinyurl.com/4p8zyk7k. Soweit ersichtlich, lieferte die Armee dafür keine Begründung. Sie meldete am 8. Dezember die «Zerstörung von Gebäuden» der Universität, gab jedoch ihren zentralen Campus im Rimal-Viertel in Gaza an. Dort habe man einen Tunnel entdeckt, der mit einer einen Kilometer entfernten Schule verbunden gewesen sei und in dem man Waffen gefunden habe, online https://tinyurl.com/bddww36.

39 Video von den Ruinen des Kulturzentrums Raschad al-Schawa *Al-Ghad* vom 26. November, X-Thread der Stadtverwaltung Gaza vom 27. November und *Washington Post* vom 1. Dezember 2023, online https://tinyurl.com/pkcf93n4; *~/4ddyj9mf*; *~/5n7kufe7*.

40 *Al-Arabi al-Jadid* (Zeitung aus London) vom 10. Dezember 2023, online https://tinyurl.com/2k3cxtef.

41 Bericht vom 7. November und Bericht des Kulturministeriums Gaza vom 6. Dezember 2023, online https://tinyurl.com/yr24dyzj; *-2s4e5w4b*.

42 WHO vom 14. Oktober 2023, online https://tinyurl.com/wsh42srw. Israelische Medien sprachen von nur zwanzig zur Evakuierung aufgeforderten Krankenhäusern.

43 *Channel 12* vom 10. November 2023, online https://tinyurl.com/27f5zvu9.

44 *New York Times* vom 20. und *Reliefweb* (Portal für humanitäre Information) vom 22. November 2023, online https://tinyurl.com/2jecrw4w; *~/3h23fswt*.

45 Videos vom 24. November 2023 der *WAFA* (Fatah-nahe Presseagentur), *Al-Dschazira* und des palästinensischen Senders *Fajer-TV*, in letzterem ist die Rede von einem Toten, vermutlich einer der Angeschossenen, online http://tinyurl.com/29w3x894; *~/yv9xpvn6*; *~/4wtvtwrx*. Siehe auch die Dokumentation der Recherchegruppe Forensic Architecture und der palästinensischen Menschenrechtsorganisation Al-Haq zum Indonesischen Krankenhaus vom 20. Dezember 2023, online https://indonesian.alhaq.org.

46 Pressekonferenz vom 5. November 2023, Video ab Minute 11:00, online https://tinyurl.com/49fmndh9.

47 OCHAOPT vom 21. November und Facebook-Seite des Krankenhauses vom 19. Dezember 2023, online http://tinyurl.com/5n8btv3f: *~/yvsw9yej*.

48 Anas Al-Sharif, Post auf X vom 16. Dezember 2023, http://tinyurl.com/2et436vt.

49 *CNN* vom 13. Dezember 2023, online http://tinyurl.com/259mkm4d.

Anmerkungen

50 Youtube-Kanal des Militärsprechers vom 19. Dezember 2023, online http://tinyurl.com/2htjd4fb.

51 *Ynet* vom 20. November 2023, online https://www.ynet.co.il/news/article/hjvobruvp.

52 Dokumentationen der Recherchegruppe Forensic Architecture vom 20. Dezember 2023, online https://gaza-hospitals.forensic-architecture.org, https://shifa.forensic-architecture.org.

53 Website des Militärsprechers vom 19. November 2023, online https://www.idf.il/153299.

54 *Maariv* vom 27. November 2023, https://www.maariv.co.il/news/military/Article-1055329.

55 *Haaretz* vom 23. (http://tinyurl.com/yc7accyf) und *Ynet* vom 19. November 2023 (https://www.ynet.co.il/news/article/h1ifvadvt).

56 Resolution A/RES/ES-10/21 der UN-Generalversammlung vom 27. Oktober 2023, deutsche Fassung online http://tinyurl.com/yzuzmjhn.

57 UN-Post auf X vom 27. Oktober 2023, online http://tinyurl.com/yvuwv553.

58 UN-Resolution A/ES-10/L.27 vom 10. und UN-Post auf X zur Abstimmung vom 12. Dezember 2023, online http://tinyurl.com/4c8tm7ty; *~/46jwns6p*.

59 Resolution 2712 des UN-Sicherheitsrats vom 15. November 2023, online http://tinyurl.com/ydcpp5wp.

Ausblick

1 Mitte November 2023 hatte Israels rechtsradikaler Finanzminister Bezalel Smotrich, was in der arabischen Welt umgehend Furcht vor einer zweiten *Nakba* auslöste, in den sozialen Medien propagiert: «Die freiwillige Abwanderung und die Aufnahme von arabischen Gaza-Bewohnern durch die Länder der Welt ist eine humanitäre Lösung, die dem Leiden von Juden und Arabern gleichzeitig ein Ende setzen wird.» Diesem Post auf der Plattform X, vormals Twitter, ließ Smotrich auf Facebook die Erklärung folgen, die Aufnahme der Geflüchteten könne mit «großzügiger finanzieller Hilfe der internationalen Gemeinschaft – inklusive Israels –» geschehen. Dabei verwies er auf einen ähnlichen Meinungsbeitrag zweier Knesset-Abgeordneter im *Wall Street Journal*. Vgl. dazu *Spiegel-Online* vom 15. November 2023, online https://www.spiegel.de/ausland/israel-finanzminister-fuer-freiwillige-emigration-aus-gaza-a-cf5e78dc-67a0-4d7e-873c-149c72ea7f23.

Personenregister

Personenregister